Jogos para a estimulação das múltiplas inteligências

Dados Internacionais de Catalogação na Publicação (CIP)
(Câmara Brasileira do Livro, SP, Brasil)

Antunes, Celso
   Jogos para a estimulação das múltiplas inteligências / Celso Antunes. 20. ed. – Petrópolis, RJ : Vozes, 2014.
   Bibliografia.

   9ª reimpressão, 2024.

   ISBN 978-85-326-2111-5

   1. Inteligência 2. Jogos educativos 3. Psicologia educacional I. Título.

98-4699   CDD-370.152

Índices para catálogo sistemático:
1. Jogos educativos : Psicologia educacional 370.152

Celso Antunes

Jogos para a estimulação das múltiplas inteligências

Petrópolis

© 1999, Editora Vozes Ltda.
Rua Frei Luís, 100
25689-900 Petrópolis, RJ
www.vozes.com.br
Brasil

Todos os direitos reservados. Nenhuma parte desta obra poderá ser reproduzida ou transmitida por qualquer forma e/ou quaisquer meios (eletrônico ou mecânico, incluindo fotocópia e gravação) ou arquivada em qualquer sistema ou banco de dados sem permissão escrita da editora.

CONSELHO EDITORIAL

Diretor
Volney J. Berkenbrock

Editores
Aline dos Santos Carneiro
Edrian Josué Pasini
Marilac Loraine Oleniki
Welder Lancieri Marchini

Conselheiros
Elói Dionísio Piva
Francisco Morás
Gilberto Gonçalves Garcia
Ludovico Garmus
Teobaldo Heidemann

Secretário executivo
Leonardo A.R.T. dos Santos

PRODUÇÃO EDITORIAL

Aline L.R. de Barros
Marcelo Telles
Mirela de Oliveira
Otaviano M. Cunha
Rafael de Oliveira
Samuel Rezende
Vanessa Luz
Verônica M. Guedes

Conselho de projetos editoriais
Luísa Ramos M. Lorenzi
Natália França
Priscilla A.F. Alves

Editoração e organização literária: Enio Paulo Giachini
Capa: Renan Rivero

ISBN 978-85-326-2111-5

Este livro foi composto e impresso pela Editora Vozes Ltda.

"Em diferentes graus, todos os animais brincam, exploram, movimentam-se sem motivo aparente. Mas somente alguns conservam na idade adulta a capacidade juvenil de brincar, como certos pássaros (o corvo, por exemplo), os roedores, os carnívoros superiores, os primatas, e, evidentemente, o homem. Note-se que as espécies verdadeiramente capazes de brincar são também as mais 'cosmopolitas', que souberam se adaptar aos climas mais diversos e aumentaram, com isso, suas possibilidades de sobreviver.

O que é correto em biologia não é menos correto no âmbito da sociedade e da cultura. Para sobreviver em determinado território, uma sociedade precisa de bastante obstinação, empenho, ordem e egoísmo – muita seriedade enfim. Mas essas qualidades (ou esses defeitos) não são suficientes para que se progrida. Não é a seriedade, mas a brincadeira, a curiosidade, a exploração gratuita – fatores de criação e invenção – que constituem os fundamentos dos mitos, dos ritos da vida em sociedade e da própria ciência".

Martine Mauriras-Bousquet
Correio da Unesco – Julho, 1991.

Sumário

Prefácio, 9

Introdução, 11

1 As inteligências múltiplas, 13

2 A inteligência e o desenvolvimento humano, 16

3 Estímulos excessivos atuam como "desestímulos", 18

4 O desenvolvimento pré-natal, 22

5 O desenvolvimento intelectual da infância até os três anos, 23

6 A infância dos três aos seis anos, 27

7 A infância dos seis aos doze anos, 32

8 Os jogos e a aprendizagem, 36

9 Os jogos e as habilidades operatórias, 38

10 Quando usar os jogos, 40

11 Como usar os jogos, 41

12 Os jogos e os Parâmetros Curriculares Nacionais, 43

13 A inteligência verbal ou linguística, 46

14 Jogos para a estimulação verbal ou linguística, 48

15 A inteligência lógico-matemática, 71

16 Piaget e os estímulos lógico-matemáticos, 73

17 Jogos para a estimulação lógico-matemática, 76

18 O material pedagógico de Maria Montessori e os blocos lógicos de Dienes, 108

19 A inteligência espacial, 110

20 Jogos para a estimulação da inteligência espacial, 112

21 A inteligência musical, 135

22 Jogos para a estimulação da inteligência musical, 137

23 A inteligência cinestésico-corporal e a motricidade, 152

24 Jogos para a estimulação motora, 154

25 A inteligência naturalista, 198

26 Jogos para a estimulação da inteligência naturalista, 200

27 A inteligência pictórica, 217

28 Jogos para a estimulação da inteligência pictórica, 218

29 As inteligências pessoais, 240

30 A condução dos jogos para a estimulação das inteligências inter e intrapessoal, 244

31 A avaliação do desempenho emocional, 245

32 Jogos para a estimulação das inteligências pessoais, 249

Conclusão, 291

Referências, 293

Prefácio

Sou um professor de Geografia. Apenas isso.

Ao iniciar minha atividade profissional no Colégio Alberto Conte, em 1958, encontrei um corpo docente de primeira grandeza e desenvolvi a convicção de que somente poderia igualar-me a eles se acrescentasse a meus conhecimentos científicos o domínio de estratégias sobre como passá-los aos alunos de maneira inteligente e intrigante. Li, com a empolgação dos jovens que procuram seu caminho, centenas de livros sobre o tema e estabeleci correspondência com colegas de várias partes do mundo. O entusiasmo levou-me, anos mais tarde, a buscar em diferentes cursos mais ampla especialização pedagógica. Tornei-me, ao lado da minha atividade com a Geografia, um colecionador de jogos pedagógicos.

Anos depois, assumi a Coordenação e também a Direção de algumas grandes escolas de São Paulo e tornou-se possível experimentar esses jogos em outras áreas, para outras faixas de idade. Jamais perdi o hábito de estudá-los, experimentá-los e, se irrestritamente válidos, anexá-los à minha coleção. A tradução de alguns de meus livros para outras línguas abriu novos horizontes de contatos e tornou essa tarefa ainda mais fácil, mesmo antes da internet. A feliz descoberta do projeto de pesquisas da Universidade de Harvard, conhecido como Projeto Zero, ampliou os horizontes do uso desse material como ferramenta de um significativo estímulo cognitivo.

Minha coleção de jogos foi, aos poucos, sendo trocada com outros colegas que, com inefável entusiasmo, também me traziam os seus, envolvidos por criteriosa experimentação.

Esta obra representa, assim, a vontade de apresentar essa coleção para colegas mais jovens, um público mais amplo. Desculpem essa tola vaidade.

Celso Antunes

Introdução

A palavra *jogo* provém de *jocu*, substantivo masculino de origem latina que significa *gracejo*.

Em seu sentido etimológico, portanto, expressa um divertimento, brincadeira, passatempo sujeito a regras que devem ser observadas quando se joga. Significa também balanço, oscilação, astúcia, ardil, manobra. Não parece ser difícil concluir que todo jogo verdadeiro é uma metáfora da vida. E essa reflexão exige cuidado: *neste manual empregamos a palavra "jogo" como um estímulo ao crescimento, como uma astúcia em direção ao desenvolvimento cognitivo e aos desafios do viver, e não como uma competição entre pessoas ou grupos que implica vitória ou derrota.*

A elaboração deste trabalho procurou atender às áreas das inteligências múltiplas que podem ser estimuladas através da utilização de um jogo, de natureza material ou até mesmo verbal. Não se baseou em currículo, ainda que *sua abrangência seja sempre pluricurricular e que as sugestões sobre a maneira de utilizar os jogos leve em conta os parâmetros curriculares nacionais*. Ainda que organizados por inteligências específicas, atuam sempre de forma interdisciplinar e estimulam simultaneamente outras inteligências.

Tivemos o cuidado de *não indicar o material por faixa etária* por duas razões básicas: a primeira é que no Brasil a idade da criança é sempre um ícone subordinado às condições materiais da família, econômicas e do meio ambiente; a criança de dois anos de uma classe rica, da grande cidade, muitas vezes, recebeu mais estímulos que uma criança de seis anos em uma comunidade miserável. A segunda razão é porque a diversidade de estímulos ambientais interferem no desenvolvimento físico, cognitivo, intelectual e, sobretudo, emocional da criança, ocasionando imensas diferenças individuais. O livro é destinado a pais e professores, e estes agentes sabem, melhor do que ninguém, a verdadeira idade cognitiva das crianças que têm ao seu redor.

Não nos preocupamos também em distribuir harmoniosamente os jogos através de cada habilidade cognitiva. Para algumas, existem muito mais jogos que para outras, mas, de qualquer maneira, para todas as habilidades existem suficientes propostas de estímulos. Tivemos *o cuidado de citar apenas os jogos que usam materiais disponíveis e descartáveis abundantes no ambiente, mostrando ao professor que o valor de sua criatividade é imenso, mas que valor não significa preço.*

Elemento indispensável e imprescindível na aplicação dos jogos é o professor. Um profissional que assume sua crença no poder de transformação das inteligências, que desenvolve os jogos com seriedade, que estuda sempre e se aplica cada vez mais, desenvolvendo uma linha de cientificidade em seu desempenho, mas que essa linha não limita sua sensibilidade, alegria e entusiasmo. Um promotor de brincadeiras, que sabe brincar.

É difícil prever como será o futuro, mas acalentamos a certeza de que será da maneira que o professor o fará.

1
As inteligências múltiplas

Ainda que exista um certo consenso intelectual de que *inteligência possa ser concebida como uma capacidade de resolver problemas ou de elaborar produtos que sejam valorizados em um ou mais ambientes culturais ou comunitários* ou ainda *como a faculdade de conhecer, compreender, discernir e adaptar-se* e muito embora o discurso pedagógico use muito essa palavra na caracterização de "indivíduos inteligentes ou pouco inteligentes", já se afasta o conceito de uma inteligência única e geral e *ganha espaço a convicção de Howard Gardner e de uma grande equipe da Universidade de Harvard de que o ser humano é dotado de inteligências múltiplas* que incluem as dimensões *linguística, lógico-matemática, espacial, musical, cinestésico-corporal, naturalista, intrapessoal e interpessoal*. A esse elenco, o professor Nílson José Machado, doutor em Educação pela Universidade de São Paulo, onde leciona desde 1972, inclui ainda a competência *pictórica* que se manifesta em qualquer criança através de seus desenhos ou outros signos pictóricos, ainda antes que a linguagem escrita lhe seja acessível. Presente em grandes pintores, é típica do cartunista cujos personagens "falam" por suas expressões não verbais.

A dimensão *linguística* se expressa de modo muito marcante no orador, no escritor, no poeta ou compositor, que lidam criativamente e constroem imagens com palavras e com a linguagem de maneira geral. A *lógico-matemática* está associada à competência em desenvolver raciocínios dedutivos e em construir cadeias causais e lidar com números e outros símbolos matemáticos, se expressando no engenheiro, mas sobretudo no físico e nos grandes matemáticos. A dimensão *espacial* da inteligência está diretamente associada ao arquiteto, geógrafo ou marinheiro que percebe de forma conjunta o espaço e o administra na utilização e construção de mapas, plantas e outras formas de representações planas. A competência *musical* representa um sentimento puro na humanidade e está ligada à percepção formal do mundo sonoro e o papel desempenhado pela música como forma de compreensão do mundo, enquanto que a *cinestésica-corporal* se manifesta na linguagem gestual e mímica e se apresenta muito nítida no artista e no atleta que não necessitam elaborar cadeias de raciocínios na execução de seus movimentos corporais. Uma das últimas competências destacadas por Gardner e não presente em suas primeiras obras é a inteligência *naturalista* ou *biológica* que, como seu nome indica, está ligada à compreensão do ambiente e paisagem natural, uma afinidade inata dos seres humanos por outras formas de vida e identificação entre os diversos tipos de espécies, plantas e animais. Esse elenco se completa com as inteligências pessoais, manifestas na competência *interpessoal*, revelada através do poder de bom relacionamento com os outros e na sensibilidade para a identificação de suas intenções, suas motivações e sua autoestima. Essa forma de inteligência explica a imensa empatia de algumas pessoas e é característica de grandes líderes, professores e terapeutas. A dimensão *intrapessoal* pode ser sentida por todos quantos vivem bem consigo mesmos, sentem-se como que envolvidos pela presença de "um educador de si mesmo", administrando seus sentimentos, emoções e projetos com o "auto (e alto) astral" de quem percebe suas limitações, mas não faz das mesmas um estímulo para o sentimento de culpa ou para a estruturação de um complexo de inferioridade.

Não constitui objetivo deste manual a análise dessas inteligências e os aspectos da cognição em seu estímulo, que pensamos ter analisado com sobriedade em nosso livro *As inteligências múltiplas e seus estímulos*, publicado pela Editora Papirus. No entanto, ao separarmos a coleção dos jogos propostos em diferentes capítulos, segundo as mesmas, abrimos cada um desses capítulos com uma pequena síntese sobre suas características, manifestações e formas de torná-las mais acentuadas dentro de casa ou em sala de aula.

Os cinco primeiros anos de vida de um ser humano são fundamentais para o desenvolvimento de suas inteligências. Embora a potencialidade do cérebro se apresente como produto de uma carga genética que se perde em tempos imemoriais (afinal de contas, temos dois pais, quatro avós, oito bisavós e assim por diante chegando a mais de 4.000 tataravós dos tataravós do tataravô), nos primeiros anos de vida o cérebro sai dos 400 gramas quando do nascimento, para chegar perto de um quilo e meio quando adulto, crescendo e pesando mais em função das múltiplas conexões entre os neurônios que formam uma rede de informações diversificada. Essa rede se apresenta em pontos diferentes do cérebro e, ao que tudo indica, possui especificações que diferenciam uma inteligência da outra. Essa área do organismo não nasce pronta, isso vai acontecendo progressivamente, sobretudo entre os 5 e 10 anos de idade, quando em seu respectivo hemisfério se plugarem as terminações nervosas responsáveis pela fala, visão, tato, percepção lógica, linguística, sonora e outras. Para que esse desenvolvimento cerebral atinja toda sua potencialidade e multiplique seu poder de conexões necessita de ginástica, e esta é, genericamente, chamada de estímulos. Estes devem ser produzidos por adultos e outras crianças, mas com serenidade. *A obsessão por tentar estimular o cérebro, o tempo inteiro, é tão nociva quanto dar comida ao estômago em quantidade excessiva.* Mesmo quando os estímulos não são oferecidos, o cérebro sabe procurá-los nos desafios a que se propõe.

A ajuda serena, na quantidade suportável, no tempo certo, é importantíssima. Qual o tempo certo? A resposta é muito vaga. Poder-se-ia dizer "a vida inteira", mas com prioridade na fase dos 2 aos 12 anos, pois no início dessa fase o organismo produz mielina, uma substância que envolve os neurônios e que ajuda a aumentar a velocidade na transmissão das informações. Reiteramos: a importância dos estímulos é muito grande, mas não é menos importante uma alimentação equilibrada – e nada ajuda tanto a inteligência quanto o leite materno –, um ambiente sereno, uma companhia afável e, sobretudo, *ilimitado respeito pelo sono da criança*. Pesquisas recentes apontam que toda vez que a criança dorme, entre os 3 e os 6 meses de vida, estão sendo formadas proteínas fundamentais para a memória, capacidade de aprendizado e crescimento das diversas inteligências.

Os exercícios ou ginásticas cerebrais precisam que se tenha tempo para sua aplicação e que, na medida do possível, sejam essas aplicações produtos de um "programa" que envolva jogos diferentes, aplicados de forma progressiva, partindo sempre dos mais fáceis aos mais difíceis. A maneira como a criança encara o jogo é para um bom observador a medida de seu valor. Jogos valiosos são os que despertam interesse e envolvem progressos expressivos no desempenho dos participantes.

É evidente que a maioria dos jogos apresentados aqui não são originais e, menos ainda, criados pelo autor. Como citamos, representa uma coleção reunida por mais de quarenta anos e experimentada em múltiplas situações.

2
A inteligência e o desenvolvimento humano

Toda criança é semelhante a inúmeras outras em alguns aspectos e singularíssima em outros. Irá se desenvolver ao longo da vida como resultado de uma evolução extremamente complexa que combinou, pelo menos, três percursos: a evolução biológica, desde os primatas até o ser humano, a evolução histórico-cultural, que resultou na progressiva transformação do homem primitivo ao ser contemporâneo, e do desenvolvimento individual de uma personalidade específica (ontogênese), pela qual atravessa inúmeros estágios, de bebê à vida adulta. Essas crianças adaptam-se e participam de suas culturas de formas extremamente complexas que refletem a diversidade e a riqueza da humanidade e possuem a habilidade de se recuperar de circunstâncias difíceis ou experiências estressantes, adaptando-se ao ambiente e, portanto, aos desafios da vida. Esse poder humano de recuperação, no entanto, não significa que um incidente traumático na infância possa sempre estar desprovido de consequências emocionais graves, e algumas vezes irreversíveis, mas, por outro lado, eventos posteriores podem progressivamente modificar alguns resultados dessas experiências. Em síntese, ambiente e educação são essenciais, o resto quase nada. Um ambiente afetuoso e uma educação rica em estímulos ajudam a superar muitas das privações e atenuar os efeitos de consequências emocionais.

A importância do ambiente e da educação necessita, entretanto, ser percebida em uma dimensão expressiva, mas não infinita. *Nenhuma criança é uma esponja passiva que absorve o que lhe é apresentado. Ao contrário, modelam ativamente seu próprio ambiente e se tornam agentes de seu processo de crescimento e das forças ambientais que elas mesmas ajudam a formar. Em síntese, o ambiente e a educação fluem do mundo externo para a criança e da própria criança para seu mundo.* Desde o nascimento, as linhas inatas do bebê interferem na maneira como pais e professores se relacionam com essa criança. Mesmo a mãe menos informada sabe que existem bebês "comunicativos" e "fechados", ativos e calmos, apáticos e "ligados". A adequação entre os adultos e a criança produzem afetações recíprocas e todos os jogos usados para estimular suas múltiplas inteligências somente ganham validade quando centrados sobre o próprio indivíduo. Em outras palavras, *todo jogo pode ser usado para muitas crianças, mas seu efeito sobre a inteligência será sempre pessoal e impossível de ser generalizado.*

O jogo, em seu sentido integral, é o mais eficiente meio estimulador das inteligências. O espaço do jogo permite que a criança (e até mesmo o adulto) realize tudo quanto deseja. Quando entretido em um jogo, o indivíduo é quem quer ser, ordena o que quer ordenar, decide sem restrições. Graças a ele, pode obter a satisfação simbólica do desejo de ser grande, do anseio em ser livre. Socialmente, o jogo impõe o controle dos impulsos, a aceitação das regras, mas sem que se aliene a elas, posto que são as mesmas estabelecidas pelos que jogam e não impostas por qualquer estrutura alienante. Brincando com sua espacialidade, a criança se envolve na fantasia e constrói um atalho entre o mundo inconsciente, onde desejaria viver, e o mundo real, onde precisa conviver. Para Huizinga, o jogo não é uma tarefa imposta, não se liga a interesses materiais imediatos, mas absorve a criança, estabelece limites próprios de tempo e de espaço, cria a ordem e equilibra ritmo com harmonia.

Ainda que não tenhamos separado os jogos por faixas etárias, tendo em vista razões que adiante serão expostas, existem expressivas diferenças entre os jogos para crianças não alfabetizadas e crianças que se alfabetizaram. Para as primeiras, os jogos devem ser vistos como "leituras" da realidade e como *ferramenta de compreensão* de relações entre elementos significantes (palavras, fotos, desenhos, cores etc.) e seus significados (objetos). Nessas relações, Piaget destaca quatro etapas que, em todos os jogos, podem ser claramente delineadas: os *índices*, relações significantes estreitamente ligadas aos significados (é o caso de uma pegada de um animal indicando sua passagem pelo local); os *sinais*, relações indicadoras de etapas e marcações dos jogos (como é o caso do apito ou dos sinais de início, término ou etapas), os *símbolos*, relações já mais distantes entre o significante e o significado (fotos, desenhos, esquemas) e, finalmente, os *signos*, elementos significantes inteiramente independentes dos objetos (como as palavras e os números). Utilizando essas etapas, a seleção dos jogos que eventualmente se empregará deverá evoluir de jogos estimuladores de índices aos estimuladores de signos, e, desta forma, jogos que estimulam o tato, a audição, o paladar (índices) devem preceder aos que estimulam ou se apoiam em sinalizações e após estes tornam-se inteiramente válidos os que levam à descoberta de símbolos (pesquisar revistas, recortar, colar, desenhar, dramatizar) e após, os que exploram símbolos e que já pressupõem a compreensão de letras e desenhos de objetos correspondentes às palavras.

Elaboramos este manual pensando em crianças, desde a vida pré-natal até a adolescência, mas estamos convictos de que o desenvolvimento da inteligência humana não termina nessa faixa etária; ao contrário, cresce por toda vida, principalmente para as pessoas que acreditam no poder de seu cérebro e sabem construir suas próprias motivações. O desenvolvimento das inteligências se processa de maneira mais acentuada quando premiadas pela oportunidade de estímulos. Essa afirmação, entretanto, precisa ser vista nos limites da coerência. O capítulo seguinte tenta descrevê-la.

3
Estímulos excessivos atuam como "desestímulos"

Os estímulos são o alimento das inteligências.

Sem esses estímulos a criança cresce com limitações e seu desenvolvimento cerebral fica extremamente comprometido. Mas é preciso cuidado. Estimulações excessivas, já se disse antes, possuem o mesmo sentido que alimentação em quantidade acima da necessidade. Um berço precisa ser a primeira sala de aula de uma criança e sua primeira escola da vida é o quarto, a sala e a cozinha, com mães e pais estimulando todas as inteligências. Mas isso não pode ser feito o tempo todo. A casa ou mesmo a escola não pode virar um laboratório onde a criança recebe, a toda hora, todas as iniciações linguísticas, lógico-matemáticas, espaciais, corporais e outras. Cabe ao professor ou aos pais estarem plugados na criança o tempo todo e sentirem que, quando surgir o apetite pelo desafio do jogo, é importante ter em mãos os recursos para que sejam usados com sobriedade e, principalmente, com a coparticipação de outras crianças e de adultos. Joga-se com a criança quando com ela se conversa, mas também joga-se quando se passeia, quando se anda de carro no caminho da escola, quando se assiste televisão ou quando se propõe suas interações com os avós, tios ou com seus amiguinhos.

Outro elemento importante no estímulo é observar a criança o tempo todo e anotar seus progressos, mesmo os mais simples. Conservar uma ficha simples para cada inteligência e ir anotando resultados ajuda a compreender melhor a criança. O fascínio da aprendizagem não se manifesta pelo alcance de uma meta numérica, mas pela percepção do progresso, mesmo o mais modesto. *Jamais compare o progresso de uma criança com o de outra. Nunca confunda velocidade na aprendizagem com inteligência.* Andar mais cedo, resolver um problema mais depressa, falar com maior fluência, sensibilizar-se pelo som de uma música precocemente não é sinal de inteligência maior, reflete apenas heranças genéticas diferentes.

As inteligências em um ser humano são mais ou menos como janelas de um quarto. Abrem-se aos poucos, sem pressa, e para cada etapa dessa abertura existem múltiplos estímulos. Não se fecham presumivelmente até os 72 anos de idade, mas próximo à puberdade perdem algum brilho. Essa perda não significa desinteresse, apenas ocorre a consolidação do que se aprendeu em período de maior abertura. Abrem-se praticamente para todos os seres humanos ao mesmo tempo, mas existe uma janela para cada inteligência. Duas crianças, na mesma idade, possuem a janela da mesma inteligência com o mesmo nível de abertura, isso não significa entretanto que sejam iguais; a história genética de cada uma pode fazer com que o efeito dos estímulos sobre essa abertura seja maior ou menor, produza efeito mais imediato ou mais lento. É um erro supor que o estímulo possa fazer a janela abrir-se mais depressa. Por isso, essa abertura precisa ser aproveitada por pais e professores com equilíbrio, serenidade e paciência. O estímulo não atua diretamente sobre a janela, mas, se aplicado adequadamente, desenvolve habilidades e estas, sim, conduzem a aprendizagens significativas.

O quadro sintetiza os espaços dessa abertura:

INTELIGÊNCIA	*FAIXA ETÁRIA*	*HABILIDADE*	*ALGUNS ESTÍMULOS POSSÍVEIS*
LINGUÍSTICA	1 a 2 anos	• Aprende duas palavras novas por dia. • Constrói frases com até 3 palavras. Seu repertório é de até 40 palavras.	• Estimule-a a pensar em respostas simples do tipo "sim" e "não". • Ensine-a a imitar sons de animais, de avião, de automóvel.
	2 a 3 anos	• Já conversam e respondem perguntas. As frases aumentam e entre 2 e 3 anos surge o plural. No segundo ano já conhece mais de 500 palavras.	• Ajude-a a ampliar seu vocabulário. Conte histórias e solicite sua cooperação na construção dos personagens. • Desenvolva questões com suposições. Evite respostas monossilábicas.
	3 a 4 anos	• Elabora frases e inicia a compreensão da gramática.	• Estimule a leitura. Faça-a contar "casos".
	4 a 5 anos	• Devidamente estimulada pode falar até 10.000 palavras e já emprega alguns verbos corretamente.	• Pode iniciar o aprendizado de uma língua estrangeira. • Faça-a decifrar frases construídas com palavras fora de ordem. Ex.: Eu choveu passear não fui.
	Perde o brilho aos 10 anos		
MUSICAL	3 anos	• Compreende sons e já pode associá-los a seus emissores.	• Grave sua voz. Faça-a ouvir o gravador. Estimule a identificação de sons diferentes.
	4 anos	• Discrimina ruídos e sons. Distingue sons de instrumentos musicais diferentes.	• Procure gravar sons de aves. Descubra "pios" de aves em lojas especializadas.
	Perde o brilho por volta dos 10 a 11 anos	• Percebe o ritmo.	• Brincar com uma flauta doce, tambor ou gaita.

INTELIGÊNCIA	FAIXA ETÁRIA	HABILIDADE	ALGUNS ESTÍMULOS POSSÍVEIS
LÓGICO-MATEMÁTICA	2 anos	• Começa perceber que as coisas ocorrem mesmo sem que as deseje.	• Compare valores e conceitos matemáticos simples. • Trabalhe verbalmente alternativas do tipo "muito", "pouco", "grande" e "pequeno".
	3 anos	•Percebe diferenças entre fino e grosso, largo e estreito, curto e comprido.	• Estimule-a a ordenar objetos maiores e menores.
	4 anos Perde o brilho por volta dos 10 anos	•Começa a perceber o significado de conjuntos e de grandezas.	• Proponha jogos de sete erros. Ensine-a a jogar dominó. Brinque com o tangran. Procure fazer com que entenda as horas.
CINESTÉSICO-CORPORAL	4 meses	• Brinca com o chocalho.	• Estimule brincadeiras em que tenha que apertar, sacudir, arremessar.
	6 meses	• Leva o pé até a boca. Começa a andar. Já pode empilhar objetos. Puxa e arrasta o que encontra pela frente.	• Ensine-a a dançar. • Faça-a apontar as coisas que deseja.
	9 meses	•Bate palmas. Dá tchau.	• Valorize sua comunicação não verbal.
	12 a 14 meses	•Pode folhear livros e revistas.	
	18 meses	• Senta, anda, corre. Se equilibra. Sobe escadas.	• Jogos que estimulem o equilíbrio.
	20 a 25 meses	• Chuta a bola. Arremessa objetos, abre trinco, fecha zíperes.	
	2 anos		
	2 anos e 6 meses	• Anda de triciclo. Pratica esportes simples. • Segura o lápis. Consegue manter a atenção por períodos mais longos. Adora ouvir e inventar histórias.	• Brinque de "esconde-esconde".
	3 anos 5 anos Perde o brilho por volta dos 12 anos	• Veste a roupa.	

INTELIGÊNCIA	FAIXA ETÁRIA	HABILIDADE	ALGUNS ESTÍMULOS POSSÍVEIS
NATURALISTA	4 meses	• Sente a brisa, percebe a sombra.	• Estimule-a a perceber o vento.
	12 meses	• Reconhece animais e plantas.	• Faça-a descobrir a chuva, o sol, o vento.
	1 a 3 anos	• É generosa e carinhosa com amiguinhos e animais.	• Retire-a do carrinho. Faça-a pisar na areia.
	3 a 5 anos Perde o brilho por volta dos 14 anos		• Faça-a descobrir amigos. Estimule passeios. Valorize suas descobertas naturais.
PESSOAIS (inter e intrapessoais)	10 meses	• Sente ciúme de outra criança.	• Brincadeiras do tipo "esconde-esconde" vão preparando-a para frustrações.
	11 meses	• Começa a desenvolver seu senso de humor.	
	1 ano	• Odeia ficar sozinha, mas agradece companhias queridas. Já dá seus beijinhos.	• Valorize e comece a legitimar suas emoções (Ajude a criança descobrir que todas as pessoas possuem momentos de tristeza e de alegria, de afeto e de mágoa).
	18 meses	• Reconhece-se em fotos.	
	2 anos	• Torna-se "rabugenta", adora dizer "não".	• Faça-a descobrir expressões de alegria e de tristeza em desenhos. Saiba legitimar as emoções da criança.
	3 anos	• Começa a ficar mais independente dos pais.	
	Perde o brilho por volta dos 17 a 18 anos		• Respeite seu "espaço". Ajude-a a lidar com seus medos. Não desvalorize ou mude seus sentimentos.
ESPACIAL	2 anos	• Acreditam em mitos. Amam Papai Noel e o coelhinho da Páscoa.	• Dê expressões aos sentimentos. Invente signos para as cores.
	3 anos	• Descobrem os monstros e adoram histórias em que são derrotados. Começam a descobrir o espaço.	• Invente histórias. Faça caretas e peça que sejam imitadas. Trabalhe a espacialidade.
	4 anos	• Descobrem os super-heróis e muitas inventam seus amigos imaginários.	• Faça-a perceber roteiros. Estimule descobrir o "perto" e o "longe". Discuta um trajeto a percorrer. • Inicie a alfabetização cartográfica da criança.
	Perde o brilho por volta dos 10 anos		• Ensine-a a desenhar objetos vistos por diferentes ângulos.

Obs.: Não se incluiu a inteligência pictórica porque não existem referências mais explícitas sobre sua possível "janela".

4
O desenvolvimento pré-natal

A duração média da gravidez no ser humano é de 266 dias e é marcada pelo desenvolvimento genético de trilhões de células específicas a partir de uma única célula fertilizada. Esse período de nove meses pode ser dividido em três estágios, o *germinal* da fertilização até a 2ª semana, o *embrionário* desde essa etapa até o período de 8 a 12 semanas e o *estágio fetal*, até o nascimento. Em uma gestação que se processa normalmente, o embrião começa a se tornar um feto a partir de oito semanas, mas, como alguns órgãos continuam a se formar após esse período, esse estágio dura as 12 primeiras semanas de vida. Com 3 meses, o embrião já possui uma configuração bem desenvolvida e passa a ser chamado de feto.

O feto deixa então de ser um habitante passivo no ventre materno, passando a se virar, chutar, dar cambalhotas, contorcer-se, engolir, soluçar, chupar o dedo polegar e cerrar o punho, respondendo a sons e vibrações do ambiente. O feto, portanto, não só consegue ouvir, dentro do ventre, como, ao que tudo indica, lembrar vozes e discriminar sons, preferindo, logo após o nascimento, a voz de sua mãe à de outras mulheres.

Essa fase da gestação é muito mais importante do que a maior parte das mães admite e as condições de nutrição, o uso de drogas que incluem o cigarro e bebidas, seus estados de humor e o mecanismo psicológico com que aceita e acalenta ou ignora e rejeita o filho, afetam de maneira significativa seu crescimento físico e emocional. O feto é um organismo resistente e flexível, capaz de suportar limitados estresses físicos e emocionais, mas é sensível a um ambiente pré-natal confortável e pleno de ternura. Ao que tudo indica, há uma considerável plasticidade e flexibilidade no crescimento humano desde a vida fetal, e ainda que o desenvolvimento das inteligências cinestésico-corporal e pessoal sejam moduladas pela carga genética, é impossível minimizar-se a contribuição do ambiente dentro e fora do ventre materno.

5
O desenvolvimento intelectual da infância até os três anos

Os bebês aprendem rapidamente e já na primeira semana identificam a mãe pela voz e por seu cheiro. Desde o nascimento, procuram a interação social e a formação de vínculos afetivos.

Conceituando-se *aprendizagem* como uma *mudança relativamente permanente no comportamento*, a observação de uma criança torna evidente quais os conhecimentos que revela por reflexos e quais outros que constituem produto de sua aprendizagem. Ao sugar o seio materno e ao chorar, a criança está desenvolvendo reflexos, mas estes reflexos transformam-se em comportamentos apreendidos quando demonstram bem-estar com o estômago cheio ou quando usam o choro para obter o que precisam ou desejam. A criança, assim, nasce com a habilidade para aprender, mas a aprendizagem, em si, ocorre com a experiência. Todos os bebês aprendem com o que veem, ouvem, cheiram, provam e tocam, transformando essas ações sensoriais a partir do repertório de seus "conhecimentos" inatos. A aprendizagem, portanto, é uma forma de adaptação ao ambiente, é o poder de tomada de consciência das necessidades postas pelo social para que se construa os conhecimentos a partir do repertório que se possui.

Mas, a aprendizagem na infância possui limitações impostas pela maturidade; por mais que a mãe insista, uma criança não aprenderá a andar antes que seus membros estejam prontos para suportá-la. Certas competências motoras, sensoriais e neurológicas devem estar biologicamente "prontas" antes que a aprendizagem a elas relacionada possa acontecer. A maturação, portanto, não depende da aprendizagem, mas constitui condição necessária para que a aprendizagem possa acontecer.

Quando os limites da maturação se superam, as crianças estão "prontas" para aprender e essa aprendizagem pode se manifestar de formas diferentes. Entre estas formas, cabe destacar:

- A *habituação ou aprendizagem mecânica* é o processo através do qual a exposição repetida de um estímulo específico resulta em uma resposta voltada àquele estímulo. Essa é a forma mais simples de aprendizagem conhecida e leva o bebê a associar sons e imagens ao universo de seus conhecimentos. É quando aprende o som da palavra da mãe, diferenciando-a de outras mulheres;

- O *condicionamento clássico* corresponde à resposta automática a um estímulo que originalmente não provocaria essa resposta. Uma das mais tradicionais demonstrações de condicionamento clássico ocorre com as emoções. A criança "aprende" a ter medo de objetos que seus pais usam para assustá-la. Esses condicionamentos se manifestam desde algumas horas após o nascimento e perduram por toda a vida;
- O *condicionamento operante* é uma forma de aprendizagem em que uma resposta continua a ser dada face às respostas positivas. A criança que sorri para obter a atenção da mãe apresenta um claro exemplo desse condicionamento operante;
- A *aprendizagem significativa* ou *complexa* pode ser alcançada pela combinação dessas outras formas ou ainda pela transformação que fazem do repertório de conhecimentos que possuem face às informações que recebem. Manifesta-se na criança quando consegue êxito na solução de problemas. Afirma-se que a aprendizagem significativa expressa *o comportamento inteligente* da criança e, portanto, é uma aprendizagem direcionada para algumas metas e é adaptativa, o que significa que é usada para resolver problemas.

Da mesma forma como, desde o nascimento, a criança desenvolve diferentes formas de aprendizagem, também desenvolve diferentes tipos de memorizações. Assim como desenvolve as inteligências linguística, lógico-matemática, espacial, musical e outras, desenvolve também formas específicas de memorização, cada uma dessas formas ligada a cada inteligência.

A aprendizagem e a memória e, portanto, o estímulo às inteligências se processam através de estágios diferenciados. Para o psicólogo suíço Jean Piaget, o primeiro estágio do desenvolvimento cognitivo de uma criança é o *estágio sensório-motor*, um período em que os bebês aprendem sobre si mesmos e seu mundo através de seu próprio desenvolvimento sensorial e da atividade motora. Durante os primeiros dois anos, as crianças que respondem basicamente através de reflexos e de comportamentos aleatórios passam a organizar suas atividades em relação ao ambiente, a coordenar informações a partir de seus sentidos e a progredir na aprendizagem, na habituação e nos condicionamentos para a aprendizagem significativa, descobrindo aos poucos que os livros e as figuras não são simples objetos, mas representam símbolos do mundo real. Nessa fase, desenvolvem conceitos cognitivos importantes como o da *permanência do objeto* ou a percepção de que um objeto ou uma pessoa continua a existir mesmo quando fora do campo da sua visão. Esse domínio é essencial para a compreensão do tempo, do espaço e dos objetos e assim dispara a inteligência espacial. Outro conceito importante que emerge durante esse período é o *reconhecimento de que alguns eventos causam outros* e que apertando um boneco de borracha o mesmo emite um som qualquer. As inteligências no cérebro das crianças de dez meses começam a se diferenciar, mas suas habilidades de representação nessa fase são muito limitadas e a percepção de que palavras e números são símbolos somente floresce com vigor no estágio pré-operacional.

O estágio sensório-motor subdivide-se em seis etapas:

Subestágio	Faixa etária	Estímulos e aprendizagem
Reflexos	Do nascimento até 1 mês	Exercitam reflexos inatos e ganham certo controle sobre os mesmos, mas não coordenam as informações e seus sentidos e não desenvolvem a percepção da permanência do objeto.
Reações circulares primárias	De 1 a 4 meses	Repetem comportamentos agradáveis que ocorrem ocasionalmente e começam a coordenar as informações sensoriais. É importante conversar com o bebê, valorizar seu balbucio e fazê-lo descobrir sua linguagem.
Reações circulares secundárias	De 4 a 8 meses	Se interessam pelo ambiente e repetem reações que levam a resultados interessantes. Mostram que dominam o conceito de permanência do objeto. É importante deixar a criança brincar com objetos de diferentes formas e reconhecer figuras.
Coordenação de esquemas secundários	De 8 a 12 meses	Podem prever eventos e o comportamento é mais deliberado e intencional à medida que coordenam esquemas aprendidos previamente.
Reações circulares terciárias	De 12 a 18 meses	Mostram curiosidade e variam propositalmente suas ações para perceberem os resultados. Exploram objetos, tentam novas atividades e usam a tentativa de erro para a solução de problemas. Deve começar a diferenciar sons e descobrir seus significados.
Combinações mentais	De 18 a 24 meses	Como já desenvolvem um sistema de símbolos e usam a linguagem, não mais se restringem a tentativa e erro para resolver problemas. Começam a pensar em eventos e prever suas consequências e já usam a linguagem para dizer o que querem ou não. É importante que descubram o sentido dos talheres e das gravuras.

As pesquisas de Gardner e outras que se desenvolveram no final da década de 1970 alteram alguns fundamentos da visão de Piaget e já abrigam a possibilidade de que os bebês possam ser capazes de conceitualizar muito antes dos 18 meses e que aos 6 ou 7 anos de idade cada uma das inteligências humanas já se desenvolveu em um alto grau em qualquer criança normal.

Quadro 1

COMO AJUDAR?
• **Esteja atento aos sinais** – Responda aos choros ou às solicitações de ajuda do bebê. Não pense que "mimar" faz mal, mas descubra se ele, realmente, está interessado em sua oferta de carinho.
• **Torne sua vida "interessante"** – Os bebês precisam ter objetos interessantes ao seu redor. Brinquedos com muitas cores e formas diferentes são estimulantes e um móbile pendurado sobre o berço desafia sua argúcia.
• **Converse sempre** – Fale em tom alto e devagar, use palavras curtas e sentenças simples. Faça perguntas e repita seus balbucios. Ele não entende as palavras, mas percebe suas intenções.
• **Leia para o bebê** – Não importa que ele não entenda suas histórias, mas a leitura é essencial quando feita com calma, mas usando muitas expressões.
• **Seja regente de uma orquestra imaginária** – Deixe uma música ao fundo; valorize a descoberta do som. Mostre que o som movimenta seu corpo. Dance com o bebê.
• **Ensine-o a explorar "seu" mundo** – Os bebês precisam de espaço e oportunidade para engatinhar, explorando seu mundo e desenvolvendo noção de independência. Não deixe à mão esse mundo de coisas que quebram, que podem ser derrubadas e engolidas.

6
A infância dos três aos seis anos

Embora uma criança de 3 anos não apresente um desenvolvimento físico tão rápido quanto o de um bebê, as marcas de lápis na parede mostram sensível crescimento e uma perda de robustez em troca de uma aparência geralmente mais esguia e atlética. À medida que os músculos abdominais se desenvolvem, troncos, braços e pernas se alongam. Esse desenvolvimento físico é acompanhado com rápido desenvolvimento motor grosso (saltar, correr, rolar) e também com igual desenvolvimento motor fino (copiar, abotoar, amarrar). A inteligência pictórica se expande e a criança adora desenhar e precisa fazê-lo e essa expansão é acompanhada por expressivo desenvolvimento da memória levando a criança a explorar sua historicidade e caminhar célere em busca de sua individualidade. Mas, cuidado, essa fase é ao mesmo tempo linda e perigosa; sobretudo se os pais (ou professores) negligenciarem as necessidades sociais da criança. Um experimento, efetuado com dez crianças de 3 anos de idade nos Estados Unidos, em 1989, levou-as a visitarem um Museu de História Natural, metade das mães conversava naturalmente com seus filhos à medida que fazia a visita e uma outra metade respondia às perguntas das crianças, mas não fazia voluntariamente comentários. Todas as conversas foram gravadas. Uma semana depois, pesquisadores entrevistaram mães e filhos separadamente e fizeram 30 perguntas sobre os objetos vistos no Museu; os resultados foram expressivos: *as crianças lembravam apenas dos objetos sobre os quais haviam conversado com suas mães.*

Muito embora os estudos de Piaget tenham sido feitos muito antes do uso de computadores, para observar as reações cerebrais, e antes mesmo de pesquisas sobre as lembranças, suas ideias sobre o desenvolvimento cognitivo na faixa dos 3 aos 6 anos são ainda bastante válidas. Segundo Piaget, *na medida em que as crianças podem se lembrar de objetos e de eventos, podem também formar conceitos e, portanto, desenvolver a aprendizagem significativa.*

Entre 3 e 6 anos de idade, as crianças estão no segundo estágio conforme Piaget (*período pré-operacional*), o do desenvolvimento cognitivo, em que podem pensar em símbolos, mas ainda não podem usar a lógica. Podem imaginar objetos, pessoas ou eventos independentemente de sua presença física, usando representações mentais. As crianças não apenas agem, como também refletem sobre suas ações, mas ainda aguardam o estágio das operações concretas dos 6 aos 12 anos, quando pensam logicamente.

Ainda que Piaget tenha subestimado um pouco a capacidade da criança nessa fase, o que mais importa no uso de diferentes estímulos para a criança é explorar os jogos como recursos que reforçam a ideia de símbolos. Todo símbolo é uma representação mental à qual o indivíduo associou um significado, e entre os muitos propostos o mais importante parece ser a palavra, primeiro falada, depois escrita. Essa fase deve ser em casa e na escola muito pródiga em jogos de *imitação adiada* (imitação de uma ação observada depois de algum tempo), *jogos simbólicos* (os objetos representam outras coisas) e os *jogos de linguagem*, sem dúvida a mais importante manifestação simbólica.

Nessa fase pré-operacional, as crianças diferenciam-se intelectualmente das mais velhas por serem *centralizadoras, irreversíveis, antitransformadoras, transdutivas* e *egocêntricas* e os estímulos propiciados devem levar em conta essas características, ainda que diferindo bastante de criança para criança e conforme sua maior proximidade ou distância dos seis anos. O quadro seguinte sintetiza essas características pré-operacionais:

Centralizadoras	Não pensam, simultaneamente, em diversos aspectos de uma mesma situação. Não imaginam que um copo de água alto possa conter a mesma quantidade de água que um copo baixo e largo. Diferenciam precariamente entre a realidade e a fantasia.
Irreversíveis	Revelam a incapacidade de perceber que uma ação ou uma operação pode tomar ambas as direções. Parece-lhes que a mesma quantidade de água contida em dois copos iguais não seja a mesma quando em dois copos diferentes. Distinguem a mão direita da esquerda, mas não compreendem que um mesmo objeto possa estar simultaneamente à direita em relação a uma coisa e à esquerda em relação a outra.
Antitransformadoras	Concentram-se na sucessão de diferentes quadros, mas não conseguem entender o estado e o significado da transformação de um para outro estado. Não conseguem pensar de maneira lógica e em seu diálogo misturam causa e efeito. (Exemplo: A menina caiu do cavalo porque... quebrou uma perna.)
Transdutivas	Vão do particular para outro particular, sem levar em conta o geral. Não associam: tomei chuva = fiquei resfriado, mas refletem que se dois fatos ocorrem na mesma época sempre um causa o outro.
Egocêntricas	Incapacidade de ver as coisas do ponto de vista do outro. É a compreensão centrada em si próprio.

Howard Gardner examina mais ou menos essa mesma fase de desenvolvimento cognitivo da criança e suas análises diferem um pouco das de Piaget, ao dividir o período pré-operacional em fases a que denomina *ondas de simbolização*. A primeira onda de simbolização Gardner chama de *"estruturadora de papéis ou de eventos"* e ocorre entre os dezoito meses e os dois anos de idade, quando a criança torna-se capaz de captar nos símbolos o conhecimento de que existem eventos e que estes envolvem agentes, ações e objetos e têm lá suas consequências (Ao ganhar um lápis e ser-lhe pedido que faça um caminhão, por exemplo, a criança rabisca o papel e murmura rrrummm...rrruuuuummm). Com cerca de 3 anos de idade, desenvolve-se a onda a que chama de *mapeamento topológico*, quando ao observar o símbolo capta certas relações de tamanho e de forma extraídas de uma referência visual (a criança pode desenhar dois círculos encostados um no outro, denominando o superior de cabeça e o inferior de corpo, ou dois blocos para desenhar uma casa, chamando a um de parede e ao outro de telhado). A terceira onda de simbolização ocorre ao redor de 4 anos de idade e Gardner a denomina de *mapeamento digital*, quando a criança já está apta para captar quantidades e relações numéricas relativamente precisas. É a fase em que a criança pode começar a enumerar um pequeno conjunto de objetos e deve ser levada a perceber relações espaciais (acima, abaixo, à frente, atrás) e lógico-matemáticas (fino, grosso, largo, estreito, muito, pouco etc.). Para essa criança o mundo passa a ser descoberto como um lugar "cheio de coisas para contar". A onda final da simbolização ocorre em torno dos 5, 6 ou 7 anos de idade e as crianças mostram entusiasmo pela *simbolização secundária,* sendo capazes de desenhar símbolos para lembrarem-se de alguém ou de suas férias.

Gardner, muito mais que Piaget, é da opinião que as habilidades cognitivas podem ser aceleradas e pesquisas recentes sugerem que a maior parte das crianças pequenas, desde que estimuladas coerentemente e em áreas de suas inteligências específicas, são ligeiramente mais competentes que Piaget imaginava, principalmente no que diz respeito aos jogos de linguagem. Devidamente estimulada, uma criança com 3 anos de idade supera as limitações piagetianas, criando sua própria linguagem e "inventando" substantivos e verbos que melhor expressam seu pensamento (Isto está fedoso = cheirando mal; ou empedacei = deixei em pedaços o prato). A seguir, um quadro com a síntese de alguns desses jogos verbais, válidos para a sala de aula ou para qualquer ambiente familiar em sala de aula transformado:

Jogo	A ação verbal (Inteligência Linguística)	Ação / Atividades
Brincando com palavras	Recitação rítmica	Caminhar com a criança fazendo-a repetir ritmicamente frases diversificadas: Um passo, mão na testa, dois passos, mão no bolso etc.
Fantasia onomatopaica	Conversa com objetos produz efeitos sonoros	Estimular a descoberta de ruídos onomatopaicos (crash, bum, plá); simulações e conversas com figuras inanimadas.
Expressão emocional	Verbaliza sentimentos e emoções	Destacar o vocabulário para expressar e diferenciar emoções. Exaltar com amplo vocabulário a beleza, o encantamento.
Conversando sozinho	Usa brinquedos verbalizando fatos e eventos	A criança deve ser estimulada a falar com seus bonecos e imitar suas ações e emoções.
Pensando em voz alta	Narra suas reflexões	Em alguns momentos "brincar" de pensar em voz alta e estimular a criança a fazê-lo também.
Lendo e interpretando	Ler histórias, dramatizando as falas	Estimular a criança a interagir com histórias ouvidas, completá-las e fazê-la repetir em voz alta algumas passagens.

Quando possível é desejável que a criança frequente a escola de Educação Infantil, mas em nenhuma circunstância essas instituições educacionais podem ser dirigidas e conduzidas por profissionais sem qualquer especialização e que se limitam a "ficar" ou pior ainda "guardar" a criança por algumas horas. É possível identificar-se uma "boa" escola de Educação Infantil quando pode apresentar um projeto pedagógico fundamentado e quando se propõe a avançar no desenvolvimento cognitivo múltiplo, fornecendo experiências, estimulando seus sentidos, abrindo espaços para a ação infantil, para a música, a mímica, a arte, materiais táteis, jogos lógico-matemáticos, naturalistas e linguísticos e quando iniciam uma verdadeira alfabetização cartográfica, musical, pictórica e emocional da criança. É essencial que a Educação Infantil seja plena de brincadeiras que gratificam os sentidos, levam ao domínio de habilidades, despertam a imaginação, estimulam a cooperação e a compreensão sobre regras e limites, e respeite, explore e amplie os inúmeros saberes que toda criança possui quando chega à escola.

Quadro 2

COMO AJUDAR?

- **Construa sua historicidade** – Ensine a criança a pensar em termos de presente, passado e futuro. Amplie seu vocabulário; faça-a construir frases com mais de 5 palavras.

- **Desperte sua capacidade lógica** – Faça-a associar quantidade a números; trabalhe conceitos de muito, pouco, grande, pequeno. Faça-a contar. Ensine-a a dar sentido a cores. Mostre figuras, deixe-a rabiscar à vontade, usando sempre muitas cores.

- **Estimule associações** – Faça-a associar figuras a sons, brinque de reconhecer algumas músicas simples, faça-a cantar, imite e faça-a imitar vozes. Estimule-a a escovar os dentes, amarrar sapatos, usar talheres ou palitos para comer. Legitime suas emoções e faça-a descobrir expressões de alegria e tristeza nos desenhos.

- **Ensine-a a ser um mecânico** – Exercite sua mão, faça-a martelar, parafusar, encaixar. Solte-a no microcomputador, ensine o que é mouse. Ensine-a a "arrumar" um quarto, varrer uma casa. Faça-a pescar em um tabuleiro de areia.

- **Explore o lado positivo da televisão** – Planeje com antecedência o que vai ser assistido, estabeleça limites de tempo diante da TV, jamais use a televisão como prêmio ou castigo, converse muito sobre o que é visto, fale de amor, morte, guerra, sexo. Mostre outras alternativas além da TV, resista aos comerciais. Grave parte de seus programas prediletos e converse a respeito.

- **Liberte-a, aos poucos, de estereótipos** – Evite presentes estereotipados, como boneca para meninas e caminhões para meninos, ensine que não existem "profissões masculinas ou femininas", faça-a imaginar outro sexo na ação em que ela costuma imaginar como sendo somente de um. Mostre a diversidade cultural e que pessoas diferentes possuem crenças diferentes.

- **Estimule seu relacionamento com outras crianças** – Fale sobre amigos, mostre que seus amigos são diferentes, faça-a, aos poucos, perceber o que é empatia, anime-a a participar de atividades em grupo e brincadeiras associativas, ensine-a a "vencer" ou "perder" uma disputa.

7
A infância dos seis aos doze anos

Entre os 6 e os 12 anos de idade, as crianças chegam a crescer de 5 a 8cm por ano e ganham entre 2,5 a 3,8 quilos. A partir dos dez anos, as meninas começam seu vertiginoso crescimento e em pouco tempo precisam olhar para baixo para conversarem com meninos que antes tinham os olhos à altura dos seus. Em seu caminho de casa para a escola, quando podem fazê-lo a pé, alternam corridas com pulos, equilibram-se em beirais e, surpreendentemente, na maior parte das vezes chegam inteiras em casa. Engolirão alguma coisa extravagante e sairão novamente para saltar, pular, falar "pelos cotovelos", ou equilibrar-se magicamente. Em alguns casos ou em outras circunstâncias, "esparramam" seus corpos e ficam inertes "grudadas" na televisão ou no telefone.

As crianças nessa idade, ou mais especificamente dos 7 aos 11 anos, estão no estágio de desenvolvimento cognitivo que Piaget denomina como *operações concretas*. Mostram-se, por isso mesmo, bem menos egocêntricas e podem aplicar em suas ações princípios lógicos a situações concretas. O leque das múltiplas inteligências já está plenamente aberto e a criança usa seu pensamento e suas reflexões para resolver problemas. Lida bem melhor com os conceitos de grandeza e com os números; compreende os conceitos de tempo e de espaço; distingue a realidade da fantasia; classifica eventos ou objetos e já pode olhar os eventos através de diferentes habilidades operatórias. Ainda não é "adulta" e, portanto, tem dificuldades em compreender em termos hipotéticos. Seu pensamento abstrato, aquilo que representa o mais alto nível da hierarquia cognitiva de Piaget, ainda não foi alcançado.

Durante a fase dos 6 aos 12 anos de idade e até mesmo durante a adolescência, os jovens avançam muito em pensamentos sobre a moralidade e é impossível desassociar essa evolução do progresso cognitivo. O fundamento básico da moralidade que diz: "não faça aos outros o que não deseja que façam a si mesmo", ganha necessidade e empatia e tanto Piaget quanto Lawrence Kohlberg, dois dos mais profundos estudiosos do pensamento moral infantojuvenil, acreditam que o progresso cognitivo precisa andar junto com o progresso moral. É essa sem dúvida a fase da vida em que com mais denodo e maior cuidado a criança necessita da *alfabetização emocional,* seja a que é praticada diariamente pelos pais, seja a institucionalizada pela escola. Nenhum trabalho com as inteligências múltiplas requer tanta certeza de tempo de maturação quanto o momento preciso para se usar os jogos estimuladores da inteligência inter e intrapessoal. Considerando esse contexto e levando em conta que a "abertura" da janela da moralidade infantil se manifesta quando a criança passa do egocentrismo para a assunção de papéis, parece interessante uma associação entre os estágios de adoção de papéis descritos por R.L. Selman e o uso de jogos estimuladores das inteligências intra e interpessoais:

Estágio	Visão de Selman	Visão de Piaget	Jogos estimuladores
De 4 a 6 anos	São egocêntricas e se percebem o centro do seu mundo.	Ao julgar um ato como certo ou errado, as crianças acreditam que todos o percebem dessa mesma maneira.	*Percepção Corporal* Carinhas / Tipos Humanos / Boneco Articulado / Montando o Corpo Humano.
De 6 a 8 anos	Percebem que outras pessoas podem interpretar uma situação de forma diferente.	É a favor de punições severas. Sente que a sanção define o quanto um ato é errado.	*Autoconhecimento* Crachás / Questionários / Sinais de Trânsito.
De 8 a 10 anos	Sentem que outras pessoas pensam de outra maneira e sabem que outras pessoas sentem que elas próprias têm seus pensamentos independentes.	Confundem a lei física com a lei moral e acreditam que acidentes físicos ou eventos infelizes constituem uma punição de Deus ou sobrenatural.	*Administração de Emoções, Ética, Empatia e Comunicação Interpessoal* Estudos de caso / Quem conta um conto / Eleição / Autógrafos.
De 10 a 12 anos	Podem imaginar a perspectiva de uma terceira pessoa e aceitam que pessoas diferentes pensam de forma diferente.	Podem se colocar no lugar de outro. Reconhecem que regras são feitas por pessoas e por elas podem ser mudadas.	Qualquer jogo, mesmo os já desenvolvidos, agora com enfoques específicos.
Da adolescência em diante	Aceitam e percebem que existem valores conflitantes.	Valorizam a própria opinião e capacidade de julgamento de outras pessoas.	Qualquer jogo, sobretudo os da linha C / D e E.

A fase dos 6 aos 12 anos, como as anteriores, é essencialíssima, mas por motivos diferentes. Nesse período da vida é que se estrutura o *autoconceito* (noção de quem somos e o que fazemos) e é quando se organiza mentalmente uma *autoimagem negativa ou positiva*. Talvez possamos estar exagerando, mas o primeiro passo para o consumo de drogas tem início muito antes do primeiro cigarro ou da "aspirina libertadora da dor de cabeça", pois é na construção da autoimagem, que permanece muito tempo depois da infância, que começam a se definir os jovens que apresentam um olhar de encantamento ou de tédio para com a orquestra da vida. O passo seguinte do autoconceito é a *autodefinição*, que desenvolve-se progressivamente comparando o que é e o que, em verdade, gostaria de ser. Nessa fase, os programas de alfabetização emocional precisam explorar os recursos para que o futuro adolescente expanda sua *autocompreensão*, desenvolva *padrões de comportamento socialmente aceitáveis*, perceba a *pluralidade cultural*, explore sua *automotivação* e *descubra competências para a comunicação interpessoal*. Então começa a ver as divergências do mundo na microsociedade onde vive e aprende a conviver (viver + com), dirige suas ações na busca e construção de um modelo ideal e *assume a tolerância, que é o alicerce da empatia,* para perceber a identidade integral do outro. É nessa fase que os temas transversais dos parâmetros curriculares nacionais precisam ser efetivamente transformados em ação.

Outro cuidado no trabalho com o desenvolvimento cognitivo de crianças na faixa dos 6 aos 12 anos relaciona-se à *compreensão sobre o uso de sua linguagem*, que continua a crescer aceleradamente nessa fase, ampliando a capacidade de interpretação e de comunicação. Em verdade, somente entre os 9 e 10 anos é que as crianças desenvolvem uma compreensão complexa da sintaxe (a forma como as palavras são organizadas em frases) e, dessa forma, a aplicação do Jogo de Palavras ou mesmo o Jogo do Telefone, para crianças antes e após essa fase, mostra acentuadas diferenças na compreensão de um texto: as primeiras buscam reproduzi-lo mecanicamente, as mais velhas, criativamente. Essa fase deve ser aberta a intenso estímulo a redações, organização de diários, muita leitura, e, sempre que possível, de forma interativa. Em um dos nossos pequenos livros infantojuvenis (*Momentos de decisão,* em colaboração com Telma Guimarães Castro Andrade, Editora Scipione, São Paulo, 1987) desenvolvemos uma experiência de leitura interativa e de metacomunicação (conhecimento de como se processa a comunicação), e os resultados são extremamente auspiciosos. Outro estímulo importante nessa fase é através do empenho do aluno em explorar sua criatividade e o uso de pensamentos divergentes (a capacidade de se construir respostas novas e incomuns), sendo para isso muito interessante jogos do tipo *Brainstorming* ou atividades como *Personality* e outras.

Quadro 3

COMO AJUDAR?

- **Substitua o hábito de "falar" com os filhos (ou com os alunos) e descubra o prazer em "conversar"** – Abandone a comunicação apenas de recados ou respostas monossilábicas para descobrir opiniões, crenças, impressões. Nessa fase o grande educador é o imprescindível aprendiz.

Associe alta expectativa com carinhosa tolerância – Encoraje seus filhos (ou alunos) a dominar tarefas e desenvolvê-las bem, mas saiba compreender suas limitações e não faça das mesmas ícones de "fracassos" ou "culpas".

- **Faça do lugar da criança um ambiente estimulante** – Proponha jogos, lance desafios, organize enigmas, invente passeios e brincadeiras. Incentive comportamentos imprevisíveis e dê muitos exemplos, raramente com palavras, principalmente com ações. Ensine-a a tocar, ouvir, cheirar, olhar, sentir. Faça-a descobrir o encanto da natureza e o fascínio oculto em toda paisagem.

- **Estimule o uso de habilidades operatórias a toda hora** – Use qualquer conversa, toda leitura e diferentes opiniões para levar a criança a descobrir o que é analisar, criticar, observar, comparar, classificar, julgar, sintetizar, deduzir e ainda muitas outras habilidades.

- **Exponha a criança à diversidade cultural e abomine estereótipos sexuais** – Ensine-a, com exemplos, a perceber que as pessoas são diferentes, mas que sua singularidade não expressa necessariamente o "certo" e o "errado". Mostre que homens e mulheres são iguais nos seus direitos e na validade de seus sonhos. Saiba reconhecer, com humildade e espírito de superação, seus próprios erros.

- **Faça da criança seu companheiro (etimologicamente = o que divide o pão)** – Não exerça controle rígido, aprenda a confiar com limites. Seja firme, mas extremamente sensato. Estimule-a a nomear seus sentimentos e aprenda a legitimar suas emoções. Converse abertamente sobre sexo, amor, paixão, desejo, guerra, droga. Tente libertar-se de suas "amarras".

- **Ensine-a a ser um estudante** – Mostre como é possível administrar o tempo; ensine-a a consultar dicionários, invente pesquisas e faça-as junto com a criança. Anime suas leituras, participe de seus programas. Mostre como você "vê" as coisas e ensine-a a respeitar outras formas de emoção, a beleza, o entusiasmo.

Faça-a um leitor criativo – Leve-a a bibliotecas, fale, com entusiasmo, de livros que leu, ensine-a a procurar a etimologia das palavras, leia e releia seus livros favoritos para a criança, peça que ela leia trechos de livros para você. Nunca deixe faltar material para que escrevam muito. Se puder, disponibilize um microcomputador e faça construtura de "arquivos" com seus diários, suas redações e suas pesquisas. Use jogos exploradores da metalinguagem. Acredite que a criança é única e que o tempo rapidamente rouba-a de você.

8
Os jogos e a aprendizagem

Durante muito tempo confundiu-se "ensinar" com "transmitir" e, nesse contexto, o aluno era um agente passivo da aprendizagem e o professor um transmissor não necessariamente presente nas necessidades do aluno. Acreditava-se que toda aprendizagem ocorria pela repetição e que os alunos que não aprendiam eram responsáveis por essa deficiência e, portanto, merecedores do castigo da reprovação. Atualmente essa ideia é tão absurda quanto a ação de sanguessugas – invertebrados aquáticos usados para sangrias e curas de pacientes – e sabe-se que não existe ensino sem que ocorra a aprendizagem, e esta não acontece senão pela transformação, pela ação facilitadora do professor, do processo de busca do conhecimento, que deve sempre partir do aluno.

A ideia de um ensino despertado pelo interesse do aluno acabou transformando o sentido do que se entende por material pedagógico e cada estudante, independentemente de sua idade, passou a ser um desafio à competência do professor. Seu *interesse* passou a ser a força que comanda o processo da aprendizagem, suas *experiências* e *descobertas,* o motor de seu progresso e o professor um *gerador de situações estimuladoras e eficazes.* É nesse contexto que o jogo ganha um espaço como a ferramenta ideal da aprendizagem, na medida em que propõe estímulo ao interesse do aluno, que como todo pequeno animal adora jogar e joga sempre principalmente sozinho e desenvolve níveis diferentes de sua experiência pessoal e social. O jogo ajuda-o a construir suas novas descobertas, desenvolve e enriquece sua personalidade e simboliza um instrumento pedagógico que leva ao professor a condição de condutor, estimulador e avaliador da aprendizagem.

Está se perdendo no tempo a época em que se separava a "brincadeira", o jogo pedagógico, da atividade "séria". De Huizinga a Roger Caillois, de Heidegger a Georges Bataille, de Montaigne a Fröbel, de Konrad Lorenz a Gardner, alguns dos mais destacados pensadores de nosso tempo demonstraram vivo interesse pela questão lúdica e pelo lugar dos jogos e das metáforas no fenômeno humano e na concepção de mundo: hoje a maioria dos filósofos, sociólogos, etólogos e antropólogos concorda em compreender o jogo como uma atividade que contém em si mesmo o objetivo de decifrar os enigmas da vida e de construir um momento de entusiasmo e alegria na aridez da caminhada humana. Assim, brincar significa extrair da vida nenhuma outra finalidade que não seja ela mesma. Em síntese, o jogo é o melhor caminho de iniciação ao prazer estético, à descoberta da individualidade e à meditação individual.

O que leva uma criança a brincar?

Toda criança vive agitada e em intenso processo de desenvolvimento corporal e mental. Nesse desenvolvimento se expressa a própria natureza da evolução e esta exige a cada instante uma nova função e a exploração de nova habilidade. Essas funções e essas novas habilidades, ao entrarem em ação, impelem a criança a buscar um tipo de atividade que lhe permita manifestar-se de forma mais completa. A imprescindível "linguagem" dessa atividade é o brincar, é o jogar. Portanto, a brincadeira infantil está muito mais relacionada a estímulos internos que a contingências exteriores. A criança não é atraída por algum jogo por forças externas inerentes ao jogo e sim por uma força interna, pela chama acesa de sua evolução. É por essa chama que busca no meio exterior os jogos que lhe permitem satisfazer a necessidade imperiosa posta por seu crescimento.

Mas existem dois aspectos cruciais no emprego dos jogos como instrumentos de uma aprendizagem significativa. Em primeiro lugar o jogo ocasional, distante de uma cuidadosa e planejada programação, é tão ineficaz quanto um único momento de exercício aeróbio para quem pretende ganhar maior mobilidade física e, em segundo lugar, uma grande quantidade de jogos reunidos em um manual somente tem validade efetiva quando rigorosamente selecionados e subordinados à aprendizagem que se tem em mente como meta. Em síntese, *jamais pense em usar os jogos pedagógicos sem um rigoroso e cuidadoso planejamento*, marcado por etapas muito nítidas e que efetivamente acompanhem o progresso dos alunos, e jamais avalie sua qualidade de professor pela quantidade de jogos que emprega, e sim pela qualidade dos jogos que se preocupou em pesquisar e selecionar.

9
Os jogos e as habilidades operatórias

Nem todo jogo é um material pedagógico.

Em geral, o elemento que separa um jogo pedagógico de um outro de caráter apenas lúdico é que os *jogos ou brinquedos pedagógicos são desenvolvidos com a intenção explícita de provocar uma aprendizagem significativa, estimular a construção de um novo conhecimento e, principalmente, despertar o desenvolvimento de uma habilidade operatória*.

Entende-se por *habilidade operatória* uma *aptidão ou capacidade cognitiva e apreciativa específica, que possibilita a compreensão e a intervenção do indivíduo nos fenômenos sociais e culturais e que o ajude a construir conexões*. Assim, quem compara duas coisas e estabelece padrões de identidade e de diferenças está demonstrando o uso de uma habilidade, da mesma forma como todo aquele que observa, relata, classifica, critica, sintetiza e muitas outras. Não existe um limite finito para os verbos de ação que caracterizem as múltiplas habilidades que podem ser despertadas nos alunos. No quadro abaixo apresentamos uma tímida relação que, naturalmente, deve ser adaptada e transformada à proposta pedagógica de cada escola.

Ed. Infantil	Ensino Fundamental	Ensino Médio	Ensino Superior
Observar	Enumerar	Refletir	Flexionar
Conhecer	Transferir	Criar	Adaptar
Comparar	Demonstrar	Conceituar	Decidir
Localizar no tempo	Debater	Interagir	Selecionar
Separar/Reunir	Deduzir	Especificar	Planejar
Medir	Analisar	Ajuizar	Negociar
Relatar	Julgar/Avaliar	Discriminar	Persuadir
Combinar	Interpretar	Revisar	Liderar
Conferir	Provar	Descobrir	Edificar
Localizar no espaço	Concluir	Levantar/Hipóteses	
Classificar	Seriar		
Criticar	Sintetizar		

Da mesma forma como não separamos os jogos segundo as faixas etárias desejáveis para sua aplicação, também não nos preocupamos em agrupá-los segundo as habilidades operatórias que propiciam. Isso porque pensamos que a habilidade é muito mais inerente à forma como o jogo é desenvolvido do que ao conteúdo específico; em outras palavras, a maior parte dos jogos pode propiciar o estímulo a esta ou aquela habilidade operatória, dependendo de como o professor trabalha suas regras e seus fundamentos. Isto não significa afirmar que os jogos estejam distantes de qualquer classificação. Buscamos duas linhas mestras nessa tentativa: a primeira, de separá-los segundo a inteligência que mais explicitamente estimula, *ainda que reconhecendo que jamais uma inteligência é estimulada isoladamente*, e, em segundo lugar, tomando como referência algumas linhas de estimulação, conforme o esquema seguinte:

INTELIGÊNCIAS	LINHAS DE ESTIMULAÇÃO
LINGUÍSTICA	Vocabulário – Fluência Verbal – Gramática – Alfabetização – Memória Verbal
LÓGICO--MATEMÁTICA	Conceituação – Sistemas de numeração – Operação e conjunto – Instrumentos de medida – Pensamento lógico
ESPACIAL	Lateralidade – Orientação espacial – Orientação temporal – Criatividade – Alfabetização cartográfica
MUSICAL	Percepção auditiva – Discriminação de ruídos – Compreensão de sons – Discriminação de sons – Estrutura rítmica
C. CORPORAL	Motricidade e coordenação manual – Coordenação visomotora e tátil – Percepção de formas – Percepção de peso e tamanhos – Paladar e audição
NATURALISTA	Curiosidade – Exploração – Descoberta – Interação – Aventuras
PICTÓRICA	Reconhecimento de objetos – Reconhecimento de cores – Reconhecimento de formas e tamanhos – Percepção de fundo – Percepção visomotora
PESSOAL	Percepção corporal – Autoconhecimento e relacionamento social – Administração das emoções – Ética e empatia – Automotivação e comunicação interpessoal

Julgamos não ser necessário enfatizar a importância das habilidades operatórias para a construção do conhecimento, mas ainda assim é essencial destacar-se que a rapidez com que os conhecimentos se alteram torna um ensino meramente conteudístico condenado a uma inevitável superação, *a não ser que esse conteúdo tenha sido uma ferramenta para o desenvolvimento de habilidades*; além disso, a própria observação de qualquer ser humano fora de uma sala de aula revela que sua ação sobre o ambiente se manifesta não apenas pelo que conhece do ambiente, mas sobretudo pela forma como usa suas habilidades para tornar válido esse conhecimento. Uma pessoa, por exemplo, que tenha amplos conhecimentos culinários não frita um ovo sem usar as habilidades operatórias.

10
Quando usar os jogos

Os jogos devem ser utilizados somente quando a *programação possibilitar* e somente quando se constituírem em um *auxílio eficiente ao alcance de um objetivo dentro dessa programação*. De uma certa forma, a elaboração do programa deve ser precedida do conhecimento dos jogos específicos e, na medida em que estes aparecerem na proposta pedagógica, é que devem ser aplicados, sempre com o espírito crítico para mantê-los, alterá-los, substituí-los por outros ao se perceber que ficaram distantes desses objetivos. Assim, o jogo somente tem validade se usado na hora certa e essa hora é determinada pelo seu caráter desafiador, pelo interesse do aluno e pelo objetivo proposto. Jamais deve ser introduzido antes que o aluno revele maturidade para superar seu desafio e nunca quando o aluno revelar cansaço pela atividade ou tédio por seus resultados.

11
Como usar os jogos

Existem quatro elementos que justificam e, de uma certa forma, condicionam a aplicação dos jogos. Esses elementos não se graduam pela importância e devem ser levados em conta independentemente da ordem em que forem apresentados. São os seguintes:

- *Capacidade de se constituir em um fator de autoestima do aluno*

Jogos extremamente "fáceis" ou cuja solução se coloque acima da capacidade de solução por parte do aluno causam seu desinteresse e, o que é pior, sua baixa estima, associada a uma sensação de incapacidade ou fracasso. Nesse particular, é importante que o professor possa organizá-los para simbolizarem desafios intrigantes e estimulantes, mas possíveis de serem concretizados pelos alunos, individualmente ou em grupo. Esse nível de dificuldade ideal não é parte inerente do jogo, mas provém da acuidade e perspicácia de observação do professor que pode, aqui e ali, dar algumas "dicas" facilitadoras quando o jogo é muito difícil, ou criar estratégias mais complexas, se julga de fácil solução. O reforço positivo expresso em gestos, palavras e outros símbolos deve sempre encerrar a atividade e deve ser seguido de entusiástico convite para outro jogo, na próxima vez.

- *Condições psicológicas favoráveis*

O jogo jamais pode surgir como "trabalho" ou estar associado a alguma forma de sanção. Ao contrário, é essencial que o professor dele se utilize como ferramenta de combate à apatia e como instrumento de inserção e desafios grupais. O entusiasmo do professor e o preparo dos alunos para um "momento especial a ser propiciado pelo jogo" constitui um recurso insubstituível no estímulo para que o aluno queira jogar. Os jogos devem ser cuidadosamente introduzidos e a posição dos alunos claramente definida.

- *Condições ambientais*

A conveniência do ambiente é fundamental para o sucesso no uso dos jogos. O espaço necessário à manipulação das peças é sempre imprescindível, assim como sua cuidadosa embalagem e organização, a higiene da mesa ou mesmo do chão em que o aluno usa para essa atividade.

• *Fundamentos técnicos*

Um jogo jamais deve ser interrompido e, sempre que possível, o aluno deve ser estimulado a buscar seus próprios caminhos. Além disso, todo jogo precisa sempre ter começo, meio e fim e não ser programado se existir dúvidas sobre as possibilidades de sua integral consecução.

12
Os jogos e os Parâmetros Curriculares Nacionais

Os Parâmetros Curriculares Nacionais simbolizam uma proposta que visa orientar, de maneira coerente, as muitas políticas educacionais existentes nas diferentes áreas territoriais do país e que contribuem para a melhoria de eficiência, atualização e qualidade da nossa educação. Além disso, visam imprimir uma concepção de cidadania que ajuste o aluno e, consequentemente, o cidadão à realidade e demandas do mundo contemporâneo. Representam, dessa forma, um referencial para fomentar a reflexão sobre os currículos estaduais e municipais, garantindo a melhoria da qualidade de ensino, socializando discussões e pesquisas sobre estratégias e procedimentos e subsidiando a participação de técnicos em educação e o professor brasileiro de maneira geral. Não constituem, dessa forma, uma linha educacional impositiva, mas um conjunto de proposições que buscam estabelecer referências a partir das quais a educação possa progressivamente ir se transformando em um processo de construção de cidadania. Lamentavelmente, entretanto, muitos dos "especialistas" encarregados de avaliar propostas, obras e projetos para facilitar sua implementação revestem-se de absolutistas "donos da verdade" e exercitam seus julgamentos menos em função desses parâmetros e muito mais pelo egocentrismo de julgarem-se seus proprietários exclusivos.

A orientação proposta nos PCNs está situada nos princípios construtivistas e apoia-se em um modelo de aprendizagem que reconhece a participação construtiva do aluno, a intervenção do professor nesse processo e a escola como um espaço de formação e informação em que a aprendizagem de conteúdos e o desenvolvimento de habilidades operatórias favoreça a inserção do aluno na sociedade que o cerca e, progressivamente, em um universo cultural mais amplo. Para que essa orientação se transforme em uma realidade concreta é essencial a interação do sujeito com o objeto a ser conhecido e, assim, à multiplicidade na proposta de jogos concretiza e materializa essas interações. Ao lado dessa função, os jogos também se prestam a multidisciplinaridade e, dessa forma, viabilizam a atuação do próprio aluno na tarefa de construir significados sobre os conteúdos de sua aprendizagem e explorar de forma significativa os temas transversais (meio ambiente, pluralidade cultural) que estruturam a formação do aluno-cidadão. Esses temas não constituem novas matérias, mas atravessam áreas do currículo e, dessa forma, devem ser desenvolvidos no momento oportuno por qualquer professor, inspirado por acontecimentos que se tornam marcantes no momento vivido pela escola (uma notícia de jornal, uma briga entre colegas, uma cena marcante de uma novela na televisão, um filme que todos os alunos assistiram etc.).

Não corresponde aos objetivos deste manual estabelecer uma ponte entre a apresentação e sugestão múltipla de jogos e a forma como os PCNs propõem seu desenvolvimento, e sim sugerir ao professor uma intensa e profícua imersão nos conteúdos desses parâmetros, onde certamente encontrarão outras propostas, ideias e fundamentos que darão "vida" e plena justificativa à maior parte dos jogos apresentados.

No quadro abaixo uma síntese das concepções de atividades propostas pelos PCNs e uma sugestão do autor sobre jogos estimuladores para cada componente curricular e para os temas transversais.

CURRÍCULO – TEMAS TRANSVERSAIS – JOGOS OPERATÓRIOS

DISCIPLINAS:

Língua portuguesa – Ampliar o uso da linguagem para facilitar a expressão, diferenciar o conteúdo das mensagens, compreender textos escritos e orais, descobrir a variedade e diversidade da língua falada no país, construir imagens diversas com as palavras e transformar a linguagem em instrumento para a aprendizagem. *Jogos que explorem a inteligência linguística, espacial, pessoal e pictórica.*

Educação física – Desenvolver em diferentes planos a motricidade e a linguagem corporal, estabelecendo relações equilibradas e construtivas com outras pessoas. Conhecer as várias formas de manifestações culturais do país expressas através das danças e rituais folclóricos e assumir conhecimento do corpo e de suas limitações, como estratégia de construção de uma forma de vida mais saudável. *Jogos que explorem a inteligência cinestésico-corporal, pessoal e naturalista.*

Ciências naturais – Entender a natureza como um todo dinâmico e como um conjunto complexo de seres e ambientes, incluindo o homem, e perceber sua atuação como agente transformador da paisagem. Compreender e empregar conceitos científicos. *Jogos que explorem o aprofundamento do conhecimento lógico-matemático e naturalista.*

Matemática – Identificar os conhecimentos matemáticos como um dos meios para o conhecimento do mundo, transformar os domínios numéricos e geométricos abstratos em percepções concretas, resolver problemas e desenvolver formas de raciocínio, processos de indução e dedução e exploração das habilidades dedutivas e estimativas. *Jogos que explorem as inteligências lógico-matemática, musical e espacial.*

História – Identificar no próprio grupo os fundamentos da historicidade do ambiente, perceber o espaço que vive como portador de outras características em outros tempos, localizar eventos em uma sequência temporal e explicar o presente, através de analogias com o passado. Observar as mudanças e o sentido da permanência de valores. *Jogos para explorar a inteligência musical, cinestésico-coporal e espacial.*

Geografia – Conhecer o espaço geográfico e construir conexões que permitam ao aluno perceber a ação do homem em sua transformação e em sua organização. Perceber a paisagem como integrada por elementos naturais e humanos e identificar na paisagem o sentido do lugar e da paisagem. Alfabetizar cartograficamente. *Jogos que estimulem as inteligências espaciais, pessoais e naturalistas.*

Arte – Expressar-se em artes, articulando a percepção, a imaginação, a emoção e a reflexão. Descobrir novas linguagens, interagir com diferentes materiais e instrumentos e identificar a arte como expressão de uma cultura deste e de outros tempos. *Jogos estimuladores das inteligências pictóricas, musicais, espaciais e pessoais.* Os temas não constituem novas áreas e, menos ainda, novas disciplinas curriculares, e assim pressupõe um tratamento integrado pelas diferentes áreas, e, portanto, uma concreta interdisciplinaridade. O trabalho sistemático e contínuo com os mesmos exige que os professores e, principalmente, a escola reflitam e atuem na educação de valores e atitudes, garantindo que a perspectiva político-social se expresse no direcionamento do trabalho pedagógico, influencie a definição dos objetivos educacionais e oriente as questões epistemológicas de todos os conteúdos em todas as áreas. Além disso, o trabalho com esses temas sugere a toda a equipe docente uma mudança e mais ativa aproximação de suas relações com o alunado e a inclusão de um trabalho sistemático e contínuo em toda a escolaridade.

TEMAS TRANSVERSAIS:

Meio ambiente – Dominar noções básicas sobre o meio ambiente e perceber relações que alteram a organização das formas de vida no espaço terrestre. Posicionar-se de forma crítica e construtiva diante do respeito à natureza e dominar métodos de mobilização para conservação ambiental. *Jogos para estimular as inteligências espaciais e naturalistas.*

Ética – Entender o conceito de justiça e basear o quadro de valores e referências na equidade e na construção de uma sociedade justa. Adotar atitudes solidárias e cooperativas de repúdio às injustiças sociais. Compreender o consumismo e estabelecer limites às efetivas necessidades pessoais e sociais. *Jogos estimuladores da inteligência pessoal e sobretudo da interpessoal.*

Saúde – Entender a saúde como um direito de toda uma sociedade e compreender que é a mesma produzida nas relações da pessoa com o meio físico e social, identificando fatores de risco e construindo hábitos e condutas que valorizem a autoestima e a qualidade de vida física e emocional. *Jogos estimuladores das inteligências espacial, linguística e pessoal.*

Pluralidade cultural – Conhecer a diversidade do patrimônio cultural brasileiro, reconhecendo a diversidade como um direito dos povos e dos indivíduos. Repudiar as formas de discriminação por raça, crença, credo e sexo. *Jogos estimuladores das inteligências pessoal e espacial.*

Orientação sexual – Respeitar a diversidade de comportamentos relativos à sexualidade, desde que se garanta a integral dignidade do ser humano. Conhecer o corpo e expressar sentimentos que edifiquem a autoimagem, mas que respeitem a identidade do outro. Aprimoramento da ética e da empatia. *Jogos estimuladores das inteligências pessoal e cinestésico-corporal.*

Trabalho e consumo – Possibilitar a plena compreensão de que o trabalho e o consumo não se impõem ao homem como um desafio para sua sobrevivência, mas como uma necessidade de construção pessoal e social. O tema deve levar os alunos a desenvolverem a capacidade de se posicionar frente às questões que interferem na vida coletiva e compreender a relação entre autonomia e autoridade, discutindo valores e normas que envolvem o valor do trabalho e a importância do consumo como instrumento de integração social. *Jogos estimuladores das inteligências pessoais, linguísticas, pictóricas, musicais e cinestésico-corporais.*

13
A inteligência verbal ou linguística

A inteligência linguística ou verbal se manifesta pela facilidade em organizar palavras em uma sentença e pelo sentido de verdadeira "arquitetura" com que poetas e escritores constroem imagens verbais. Em muitos casos, essa competência não se manifesta necessariamente nas mensagens escritas e, dessa forma, vendedores, oradores ou pregadores sensibilizam os ouvintes pela clareza com que usam as palavras, formam ideias e despertam emoções. Sua presença é inerente a todos os seres humanos, mas, em alguns, bem mais nitidamente que em outros, mesmo quando às vezes revelam carências vocabulares. Nem todas as pessoas que constroem mensagens expressivas, lúcidas, completas usam necessariamente "muitas" palavras. Se Dante Alighieri, Camões, Cervantes, Milton e inúmeros outros constituem modelos dessa competência não há por que não descobri-la também em Carlos Drummond de Andrade, Machado de Assis, Clarice Lispector ou em Vinícius de Morais, Cartola ou Adoniran Barbosa.

A capacidade auditiva da criança, sua capacidade de ouvir e discriminar sons diferentes constitui fator indispensável à aprendizagem da leitura e da escrita e, como vimos, da própria utilização da sintaxe. Desde os oito meses de idade, os bebês já demonstram sensibilidade de percepção de palavras e, por esse motivo, os jogos complementam os recursos auxiliares que levam a criança a, cada vez mais intensamente, usar sua fala como instrumento de descoberta e inserção construtiva em seu mundo. A aquisição do vocabulário da criança está diretamente ligada ao que ouve, principalmente de seus pais; a diferença entre uma casa onde muito se fala com a criança e uma creche emudecida é colossal: com 1 ano e 8 meses as crianças da primeira falam cerca de 130 a 150 palavras a mais que as outras; com 2 anos essa diferença chega a quase 300 palavras. Até os 3 meses de idade, o bebê já estala a língua e produz ruídos com a garganta e a boca; entre os 3 e 6 meses já é capaz de compreender sons a ele dirigidos e já brinca com os próprios sons que produz, dos seis aos 12 meses já "conversa" (ou pelo menos tenta fazê-lo) através de monossílabos como o "mã-mã", "nê-nê", mas a grande explosão linguística ocorre entre o primeiro e o segundo ano quando é capaz de aprender até duas novas palavras cada dia e prossegue até os 5 anos quando já domina cerca de 10.000 palavras, 10% do que dominará aos 30 anos se for uma pessoa culta.

Para classificar os jogos linguísticos segundo suas principais linhas de estimulação estamos propondo jogos voltados para a ampliação do *vocabulário* da criança e o consequente domínio de maior número de recursos para o estímulo cerebral do uso da palavra como meio de se construir imagens; jogos para dar *fluência verbal* e, portanto, ativar formas de comunicação e de expressão e, sobretudo, operar algumas habilidades essenciais à linguagem, como analisar, sintetizar, comparar, relacionar, descrever, criticar, julgar, ponderar e outras; jogos específicos para o aperfeiçoamento da *gramática* e, portanto, da maneira correta de desenvolver suas sintaxes; jogos específicos para a *alfabetização* e, nesse caso, para a delicada transposição da descoberta dos signos e de sua estrutura na construção da palavra; e, finalmente, jogos para a *memória verbal*, como recurso auxiliar a todos os demais dessa linha de estimulação. Os itens referentes à gramática e alfabetização não pretendem desenvolver uma linha ou técnica de ensino, apenas sugestão de jogos que reforçará a metodologia utilizada, seja ela qual for.

14
Jogos para a estimulação verbal ou linguística

Nº 1	Gr. 01 – A	Inteligência Linguística

Habilidade	Nome	Outras estimulações
Vocabulário	Combinando	Percepção visual Atenção

Preparação:

Utilizando gravura de revistas ou desenhando, fazer uma coleção de figuras que relacionem um elemento a outro, como por exemplo: homem x homem / homem x mulher / mulher x mulher / plantas x produtos elaborados / animais x suas casas e inúmeros outros.

Colar em cartolina. Recortar de maneira a deixar encaixes.

Utilização:

A criança deve formar figuras através dos encaixes, nomeando os objetos que aparecem em cada figura.

Em uma etapa seguinte, devem verbalizar a cor dos objetos e, posteriormente, para que servem.

| Nº 2 | Gr. 01 – A | Inteligência Linguística |

Habilidade	Nome	Outras estimulações
Vocabulário	Arrumando	Percepção visual Raciocínio lógico

Preparação:
Desenhar ou montar em cartolina uma cozinha, um quarto ou a estrutura interna de uma casa.

Construir em cartolina peças que completem esse aposento, como sofás, camas, mesas, espelhos, armários, panelas e outros objetos.

Utilização:
Ao receber as peças do jogo, a criança deverá nomear o objeto, montando-o sobre a estrutura.

O jogo pode ser desenvolvido em grupo e, nas etapas seguintes, deverá nomear, dizer as cores ou contar histórias que envolvam essa montagem.

| Nº 3 | Gr. 01 – A | Inteligência Linguística |

Habilidade	Nome	Outras estimulações
Vocabulário	Teatrinho	Percepção visual Espacialidade

Preparação:
Desenhar ou montar em cartolina o palco de um teatro, com muita cor, cortinas e outros elementos.

Recortar de revistas e montar em cartolina uma grande quantidade de figuras humanas, eventualmente animais, nas mais diversas situações.

Utilização:
A criança, ou grupos de crianças, devem ser estimulados a "inventar" histórias, escolhendo seus personagens e descrevendo situações diferentes.

O teatro pode ter, em etapas seguintes, um número maior de atos e a própria criança deve ser estimulada a colecionar novos personagens.

Nº 4	Gr. 01 – A	Inteligência Linguística

Habilidade	Nome	Outras estimulações
Vocabulário	Frutas do pomar	Percepção visual
		Raciocínio lógico

Preparação:
Utilizando gravuras de revistas, selecionando-as se possível com a ajuda das crianças, organizar uma coleção de objetos mais ou menos do mesmo tamanho, como frutas, brinquedos, transportes ou utensílios diversos.

Utilização:
As peças devem ser montadas como um Jogo de Dominós (28 peças com 7 figuras combinadas) e suas regras devem ser seguidas com a criança nomeando os objetos, dizendo sua cor, ou criando fatos sobre os mesmos.
(Existem análogos no comércio.)

Nº 5	Gr. 1 – A	Inteligência Linguística

Habilidade	Nome	Outras estimulações
Vocabulário	Fazendo rimas	Fluência verbal

Preparação:
Cartolina, lápis de cor, tesoura, cola, régua, revistas.

Utilização:
Os alunos são divididos em dois grupos e cada um deles deve selecionar em revistas diferentes figuras dentro de uma ordem estabelecida pelo professor, colando em cartolina e recortando-as de maneira a formar pequenas cartas de baralho. Iniciado o jogo, cada aluno escolhe uma de suas cartas e mostra ao grupo adversário que terá um minuto para encontrar uma palavra que forme duas rimas com a apresentada na carta. Conseguindo, ganha um ponto e é sua vez de escolher a carta e propor aos adversários igual problema. O professor vai registrando os pontos na lousa e, em determinado momento, pode passar de duas para três ou dois montes, um para cada grupo, propondo mais rimas. Caso prefira, pode selecionar as cartas e fazer a sua apresentação.

Nº 6	Gr. E	Inteligência Linguística

Habilidade	Nome	Outras estimulações
Memória verbal	Jogos com Gibis	Fluência verbal

Preparação:
O professor deve reunir uma grande variedade de revistas de histórias em quadrinhos ou tiras de histórias publicadas em jornal.

Utilização:
Com alunos que ainda não sabem ler, o professor deve estimular o raciocínio dedutivo, estimulando o aluno a observar as ilustrações e buscar sentido na história. Deve iniciar o contato do aluno com esse material, mostrar os passos de uma interpretação que são óbvios para alunos maiores. Por exemplo: que toda leitura se faz da esquerda para a direita e de cima para baixo.

Para alunos que fazem a leitura, os gibis são estímulos para a associação entre os elementos pictóricos da ilustração e os símbolos gráficos das palavras. Inúmeros jogos podem ser propostos, apagando-se balões, sugerindo a colocação em ordem dos quadrinhos antecipadamente desordenados, orientando os alunos para que transformem histórias originais por outras de conteúdo ligado ao que é aprendido e, finalmente, estimulando os grupos de alunos para que construam seus próprios gibis, criando personagens, desenvolvendo argumentos, estabelecendo roteiros e completando a arte-final.

| Nº 7 | Gr. 1 – A | Inteligência Linguística |

Habilidade	Nome	Outras estimulações
Vocabulário	Jogo da Forca	Fluência verbal

Preparação:
Uma caixa com uma série de figuras extraídas de revistas, contendo palavras que já fazem parte do universo vocabular da criança. Colar essas figuras em cartolina e, eventualmente, plastificá-las.

Utilização:
O professor deve retirar a figura da caixa, apresentá-la aos alunos e marcar na lousa o número de letras necessárias para escrevê-la. Os alunos, sorteados pelo professor, devem escolher as letras corretas e estas serem anotadas. Coletivamente a classe vai construindo palavras, evoluindo das mais simples para as mais complexas. A cada letra errada, o espaço que deveria ser ocupado pela mesma é ocupado por um boneco na forca.

| Nº 8 | Gr. 1 – B | Inteligência Linguística |

Habilidade	Nome	Outras estimulações
Reconhecimento de cores e tamanhos	Cliber	Criatividade

Preparação:
O desafio proposto pelo jogo é levar os alunos, reunidos em duplas, trios ou grupos maiores, a construir uma mensagem sobre o tema proposto, não usando algumas *palavras proibidas*.

Utilização:
O professor idealiza um tema, circunscrito aos conteúdos que está trabalhando. Exemplo: "Os estados do clima no Brasil". Solicita que os alunos escrevam sobre esse tema, desenvolvendo mensagens corretas, *mas não se utilizando de palavras-chave* como clima, chuva, umidade, vento, pressão, calor, inverno, altitude, primavera. Os diferentes grupos preparam suas mensagens e devem apresentá-las aos demais. O professor ou eventualmente os próprios alunos julgam quais são as respostas mais completas.

Nº 9	Gr. 1 – E	Inteligência Linguística

Habilidade	Nome	Outras estimulações
Memória verbal	Agora é sua vez	Fluência verbal

Preparação:

Alunos divididos em dois grupos, sentados em círculos. Em uma caixa, uma série de papéis com perguntas (Exemplo: Onde você mora? / Onde você estuda? Qual sua idade? / Que programa mais gosta na TV? / Você tem namorado? / Quem descobriu a América?) e em outra caixa uma série de questões que respondem essas perguntas.

Utilização:

Iniciado o jogo, o professor escolhe um aluno que fará uma pergunta em voz alta. Essa pergunta deverá, imediatamente, ser respondida pelo aluno do grupo oposto. Caso ocorram duas respostas simultâneas, o grupo das respostas perde um ponto. Após uma série de indagações e respostas, revezam-se os grupos em suas funções de perguntar e de responder.

Nº 10	Gr. 1 – E	Inteligência Linguística

Habilidade	Nome	Outras estimulações
Memória verbal	Não diga não	Fluência verbal

Preparação:

Alunos divididos em grupos. Cada grupo escolhe alternativamente um representante. Um aluno fica com a função de cronometrar a participação de cada aluno.

Utilização:

O professor inicia o diálogo com o aluno e deve, através de perguntas, induzi-lo a dizer a palavra *não*. (Perguntas do tipo: Você é casado? / É verdade que nasceu na Nigéria etc.) Os alunos são informados que não devem omitir a verdade e que ao invés dessa palavra devem dizer *negativo*, *de forma alguma* ou outra expressão correspondente. Cada aluno que mantiver um diálogo dinâmico e em 30 segundos não disser a palavra *não* ganha ponto para sua equipe.

Nº 11	Gr. 1 – E	Inteligência Linguística

Habilidade	Nome	Outras estimulações
Memória verbal	Diálogo confuso	Criatividade / Fluência

Preparação:

Alunos divididos em duplas, sentados frente a frente. Um aluno encarregado de cronometrar o debate.

Utilização:

O professor deve determinar os dois assuntos do debate, um para cada aluno. Iniciada a marcação do tempo, cada participante deve desenvolver seu argumento, entremeando-o de perguntas feitas ao oponente. Devem falar ao mesmo tempo e o objetivo de cada aluno é manter a linha de raciocínio de seu tema, atrapalhando o colega. Ganha ponto um dos oponentes, ou os dois, após o tempo estabelecido (20 a 30 segundos) que não "perder o fio" de seu raciocínio.

Nº 12	Gr. 01 – C	Inteligência Linguística

Habilidade	Nome	Outras estimulações
Linguagem (Artigos definidos e indefinidos)	Loto variado	Percepção visual Vocabulário

Preparação:

Colecionar figuras coloridas de revistas, sempre em duplicata, formando 36 pares. Montar 4 cartelas em cartolina ou madeira e colar em cada cartela 6 figuras. As demais, repetidas, devem ser coladas cada uma em um cartão.

Utilização:

Sortear as figuras dos cartões entre as crianças, que devem montá-las sobre a original, depois de nomeá-la. É indispensável que utilizem o artigo definido e indefinido para cada item. Exemplo: O abacate verde, uma laranja amarela etc.

(Existem análogos no comércio. Loto Mundo Variado [Coluna].)

| Nº 13 | Gr. 01 – C | Inteligência Linguística |

Habilidade	Nome	Outras estimulações
Linguagem (Flexão de gêneros)	Bingo gramatical	Percepção visual Vocabulário

Preparação:
Colecionar figuras coloridas de objetos variados de revistas, como por exemplo blusa, sapato, óculos ou frutas ou ainda animais. Colar essas figuras em cartolina, formando 36 fichas. Em uma caixa, papeizinhos dobrados (tômbolas) com os nomes das figuras.

Utilização:
Distribuir as figuras entre os participantes e sortear os papéis com seus nomes. A criança que estiver com a figura deve apresentá-la nomeando-a com suas qualidades, observando a concordância em gênero dos substantivos e adjetivos. Exemplo: a camisa branca, o pente azul etc.
(Existem diversos análogos no comércio.)

| Nº 14 | Gr. 1 – B / E | Inteligência Linguística |

Habilidade	Nome	Outras estimulações
Memória e fluência verbal	Telefone sem fio	Criatividade

Preparação:
Alunos sentados em fila em uma sala de aula. Uma folha de papel em branco para o primeiro aluno de cada fila. Um tema para todas as filas, passado pelo professor.

Utilização:
O aluno transmite a mensagem para o segundo da fila não repetindo mais de uma vez as palavras pronunciadas. O segundo aluno, orientado a transmitir a mensagem da forma como a entendeu, passa para o terceiro e assim até o final da fila. Essa transmissão costuma alterar o sentido da mensagem e, muitas vezes, introduzir elementos novos na comunicação, possibilitando interessante debate sobre o domínio do universo vocabular por parte dos estudantes, o valor de uma comunicação por escrito e inúmeros outros elementos da fluência vocabular e da estrutura gramatical.

Nº 15	Gr. 1 – C – D	Inteligência Linguística

Habilidade	Nome	Outras estimulações
Alfabetização	Alfabeto vivo I	Memória verbal / Fluência

Preparação:

Folhas de sulfite e, impressas na mesma, as letras do alfabeto, desenhadas ou executadas com o microcomputador. Uma a duas folhas para as consoantes e quatro para as vogais. Fita-crepe.

Utilização:

O professor fixa nas costas de cada aluno uma letra do alfabeto e explica as regras do jogo. Ao dar o sinal, menciona uma palavra ou uma mensagem previamente preparada que utilize apenas as letras disponíveis segundo sua diversidade e quantidade. Por exemplo: "O Amapá fica ao norte". Os alunos, dentro do tempo determinado pelo professor que, progressivamente, deve ir se tornando cada vez mais curto, devem se organizar de maneira a formarem a palavra ou a sentença, compondo um Alfabeto Vivo e deixando um espaço entre a última letra de uma palavra e a primeira da outra. Em etapas subsequentes, mais letras podem ser incorporadas e cada aluno pode, progressivamente, ir assumindo mais de uma letra.

Nº 16	Gr. 2 – E	Inteligência Lógico-matemática

Habilidade	Nome	Outras estimulações
Raciocínio lógico	Alfabeto vivo II	Memória verbal / Fluência

Preparação:

Alunos sentados em fileiras na sala de aula. O professor atribui uma diferente letra do alfabeto para cada aluno.

Utilização:

O professor orienta os alunos sobre as regras do jogo. Escreverá uma palavra, progressivamente uma sentença, na lousa, e a um sinal o aluno a quem corresponde a primeira letra da palavra deverá ficar de pé e dizer seu nome ou então "Alfabeto Vivo". Imediatamente, o aluno proprietário da segunda letra dirá a palavra combinada até a formação completa (Exemplo: o professor escreve na lousa a palavra FORMIDÁVEL; e a um sinal do professor, fica de pé e fala seu nome o aluno que recebeu a letra F, depois o que possui a letra O, depois R e assim por diante). Quando se tratar de uma sentença, todos os alunos da classe devem dizer "Alfabeto Vivo", após a última letra de uma das palavras e a primeira da palavra seguinte.

| Nº 17 | Gr. 01 – C | Inteligência Linguística |

Habilidade	Nome	Outras estimulações
Linguagem (Flexão de número)	Dominó especial	Percepção visual Vocabulário

Preparação:
   Utilizar o mesmo material do jogo nº 4.

Utilização:
   O jogo é um dominó convencional, mas a participação da criança solicita que emparelhe figuras iguais, verbalizando a quantidade e a progressão de peças do dominó montado e observando a concordância de número de substantivos e adjetivos. Ex.: O abacaxi amarelo, As uvas pretas etc.
   (Existem análogos no comércio / Dominó Educativo [Dexter])

| Nº 18 | Gr. 01 – C | Inteligência Linguística |

Habilidade	Nome	Outras estimulações
Fluência verbal, elaboração de frases	É a minha vez...	Percepção visual Raciocínio espacial

Preparação:
   Utilizando gravuras de revistas, montar 25 cartões com figuras, 60 cartões com número sequencial de pontos e 1 saco plástico.

Utilização:
   A criança deve: 1) – Retirar uma figura da sacola; 2) – Elaborar uma frase ou mensagem simples; 3) – Retirar duas figuras e ir elaborando frases que envolvam os objetos e personagens.
   (Nas atividades seguintes explorar a retirada de mais figuras [até 5] e solicitar sempre histórias mais complexas.)
   (Existem análogos no comércio / Era uma vez [Grow])

Nº 19	Gr. 01 – B	Inteligência Linguística
Habilidade Fluência verbal	**Nome** Quebra cabeça I	**Outras estimulações** Percepção visual Raciocínio espacial

Preparação:

Utilizando uma figura de revista, calendário ou mesmo de anúncio, montar um puzzle (quebra-cabeça), com 30 peças (4 ou 5 anos) ou mais até 70 peças.

Utilização:

A tarefa dos alunos, divididos em grupos ou não, é montar o quebra-cabeça nomeando os elementos da figura, estabelecendo relações entre os personagens e inventando ou deduzindo situações que envolvam a anterioridade e a posteridade, sempre relacionando as cenas.

(Existem análogos no comércio / Coluna, Grow e inúmeros outros.)

Nº 20	Gr. 01 – B	Inteligência Linguística
Habilidade Fluência verbal	**Nome** Telefone sem fio	**Outras estimulações** Vocabulário Sociabilidade

Preparação:

Usar um telefone qualquer ou um telefone de brinquedo. Não existindo um disponível, simular sua existência.

Utilização:

A tarefa dos alunos, orientados e estimulados pelo professor, é transmitir mensagens ao telefone, dentro de um tema específico. Ao professor cabe a escolha dos participantes, a mensagem a ser transmitida (a exploração de uma caverna, por exemplo) e a premiação aos alunos pela clareza e adequação ao tema.

Nº 21	Gr. 01 – B	Inteligência Linguística

Habilidade	Nome	Outras estimulações
Fluência verbal	Imagens	Vocabulário Raciocínio espacial

Preparação:
   A atividade (ou jogo) necessita do uso de três peças quaisquer, por exemplo: um copo, uma caneta e uma caixa de fósforos ou ainda outras.

Utilização:
   A tarefa dos alunos, divididos em grupos ou não, é transmitir para outros não presentes no ambiente a maneira como foram esses objetos arrumados sobre uma mesa. A sequência de atividades desta natureza vai, progressivamente, ampliando a capacidade de transmissão das crianças e, quando isto ocorrer, novas peças podem ir sendo acrescentadas, ampliando a necessidade de mais detalhes na transmissão.

Nº 22	Gr. 01 – B	Inteligência Linguística

Habilidade	Nome	Outras estimulações
Fluência verbal	Bate-papo	Vocabulário Raciocínio espacial

Preparação:
   A atividade pode valer-se de qualquer jogo de peças de cozinha, ferramentas, conjunto de chá e café, mobília ou até mesmo figuras coloridas recortadas de revistas.

Utilização:
   A tarefa dos alunos é, através de dramatizações, criar situações que envolvam a citação dos objetos presentes. Com a definição de papéis (ou personagens) aos alunos e a formação de diálogos livres que, progressivamente, devem ser mais elaborados, inclusive com a introdução de palavras ou expressões que precisam ser usadas pelos participantes na cena descrita.
   (Existem inúmeros jogos no comércio que se prestam a esta finalidade.)

Nº 23	Gr. 01 – D	Inteligência Linguística

Habilidade	Nome	Outras estimulações
Reconhecimento de letras e sílabas	Do A ao Z	Percepção visual Vocabulário

Preparação:

Fichas de cartolina com dois recortes para serem encaixadas. Ao alto, a figura de um objeto que, por seu nome, identifica a letra inicial e no terceiro corte a palavra. Ex.: No primeiro recorte a figura de uma banana, no segundo a letra B e no terceiro a palavra "banana".

Utilização:

A tarefa dos alunos, divididos em grupos ou não, é montar o quebra-cabeça nomeando os elementos da figura, reconhecendo a letra e associando-a à palavra e esta à figura.

(Existem análogos no comércio / Do A ao Z [Grow] e outros.)

Nº 24	Gr. 01 – D	Inteligência Linguística

Habilidade	Nome	Outras estimulações
Alfabetização	Alfabeto, Alfabeto vazado e outros	Reconhecimento de letras e sílabas

Preparação:

Montar em cartolina ou madeira várias fichas com letras, alternando letra de fôrma, letras cursivas, vazadas ou não. O computador pode propor diferentes fontes.

Utilização:

A tarefa dos alunos, divididos em grupos ou não, é procurar letras iguais, nomear letras, formar sílabas ou palavras, criar palavras novas, identificar em letras cursivas a mesma palavra escrita em outras letras e inúmeras outras atividades.

(Existem análogos no comércio / Coluna, QI Chueiri e outros.)

Nº 25	Gr. 01 – D	Inteligência Linguística

Habilidade	**Nome**	**Outras estimulações**
Alfabetização	Dominó Puzzle	Percepção visual
		Vocabulário

Preparação:
   Preparar fichas para encaixar, contendo de um lado uma letra do alfabeto (executada com auxílio do computador) e do outro uma figura extraída de revista cujo nome começa com essa letra.

Utilização:
   A tarefa dos alunos, divididos em grupos ou não, é montar o quebra-cabeça nomeando os elementos da figura, reconhecendo as letras ou associando-a à palavra que nomeia essa figura.
   (Existem análogos no comércio / Coluna, Grow e inúmeros outros.)

Nº 26	Gr. 01 – D	Inteligência Linguística

Habilidade	**Nome**	**Outras estimulações**
Alfabetização	Jogo da memória	Percepção visual
	Letras	Vocabulário

Preparação:
   Peças de cartolina ou papel-cartão e cada peça constituída por três cartões: um com a letra ou sílaba inicial que indica o nome do objeto, outro com a palavra e a figura do objeto e outro apenas com a figura.

Utilização:
   A tarefa dos alunos, divididos em grupos ou não, é montar o quebra-cabeça nomeando os elementos da figura, formando pares que obedeçam a correspondência figura/palavra ou, em etapa posterior, figura/palavra/letra.
   (Existem análogos no comércio / QI e inúmeros outros.)

Nº 27	Gr. 01 – D	Inteligência Linguística

Habilidade	Nome	Outras estimulações
Alfabetização	Primeiras frases	Percepção visual Vocabulário

Preparação:

Construir peças com papel-cartão que apresentem uma figura e a palavra que a designa. Cortar esse cartão formando um puzzle.

Utilização:

A tarefa dos alunos é formar palavras encaixando-as às partes da figura correspondente e em etapas posteriores, formando frases, relacionando a frase à figura formada.

(Existem análogos no comércio / Grow e inúmeros outros.)

Nº 28	Gr. 01 – D	Inteligência Linguística

Habilidade	Nome	Outras estimulações
Alfabetização	Primeiras palavras	Percepção visual Memória – Vocabulário

Preparação:

Inúmeras letras do alfabeto, feitas com o auxílio do computador, coladas em cartão e muitas figuras extraídas de revistas, também coladas em papel-cartão. Um quadro para servir de fundo às montagens ou um flanelógrafo.

Utilização:

A tarefa dos alunos, divididos em grupos ou não, é fixar no quadro do fundo uma figura e procurar as letras que formam a palavra. Esse mesmo tipo de jogo pode ser usado para legendas cartográficas, símbolos e muitos outros fins.

(Existem análogos no comércio com variações. Coluna.)

Nº 29	Gr. 01 – D	Inteligência Linguística

Habilidade	Nome	Outras estimulações
Alfabetização	Risk	Percepção visual
Ortografia		Raciocínio espacial

Preparação:
Dados com letras e uma ampulheta.

Utilização:
A tarefa dos alunos, divididos em grupos ou não, é combinar os dados, formando sílabas ou palavras. O aluno joga o primeiro dado e a partir dele forma a palavra que comece com a letra sorteada. Existem variações, como a de jogar dados apenas com algumas letras.
(O Jogo Risk é da Grow, mas permite múltiplas improvisações.)

Nº 30	Gr. 01 – D	Inteligência Linguística

Habilidade	Nome	Outras estimulações
Alfabetização	Jogo do alfabeto	Percepção visual
Ortografia		Atenção

Preparação:
Recortar e colar palavras em cartolina ou escrevê-las no microcomputador com diferentes fontes.

Utilização:
A tarefa dos alunos, divididos em grupos ou não, é a de selecionar palavras que comecem (contenham ou terminem) com determinada letra ou colocar palavras em ordem alfabética. Em níveis mais elevados, incluir artigos e solicitar a formação de sentenças ou mensagens relacionadas a diferentes fins.

Nº 31	Gr. 01 – D	Inteligência Linguística

Habilidade	Nome	Outras estimulações
Alfabetização	Vamos adivinhar	Percepção visual
Compreensão da leitura		Atenção

Preparação:

Formar um dominó com 28 peças e cada peça apresentando uma figura (por exemplo: um cavalo) e ao lado uma frase identificadora (com ele podemos passear e disputar corridas).

Utilização:

Depois de distribuir as peças entre os participantes, o professor separa a peça que inicia o jogo e cada aluno deverá ler a mensagem escrita e procurar entre suas peças a figura correspondente, ou vice-versa.

(Existe no mercado – Dominó "Quem adivinha?" Coluna.)

Nº 32	Gr. 01 – C	Inteligência Linguística

Habilidade	Nome	Outras estimulações
Alfabetização	Jogo de palavras	Percepção visual
Interpretação de texto		Atenção

Preparação:

Escolher um texto e, após sua leitura com a classe, formar duas ou mais sentenças sobre o mesmo. Escrever cada uma das palavras dessas sentenças em pedaços pequenos de papel, embaralhá-los e prendê-los com um clipe.

Utilização:

Depois de dividir a classe em grupos, entregar para cada grupo um conjunto de palavras. A tarefa do grupo será formar sentenças, levando em conta todas as regras gramaticais estabelecidas.

Nº 33	Gr. 01 – C	Inteligência Linguística

Habilidade	Nome	Outras estimulações
Alfabetização	Jornal mundial	Percepção visual
Interpretação de texto		Atenção

Preparação:
   Fazer, juntamente com os alunos, uma imitação de aparelho de TV com caixa de papelão.

Utilização:
   Solicitar aos alunos que criem roteiros e apresentem "reportagens" sobre temas ligados à escola ou sobre notícias gerais. Em etapas subsequentes o nível dos programas pode ganhar aperfeiçoamento e incluir diferentes matérias, como opiniões, comentários, entrevistas e outros elementos que costumam caracterizar os jornais televisivos apresentados no país.

Nº 34	Gr. 01 – B	Inteligência Linguística

Habilidade	Nome	Outras estimulações
Interpretação de texto	Jogo do amigo	Percepção visual
Fluência verbal	invisível	Atenção

Preparação:
   Nomes de todos os alunos da classe em tiras de papel.

Utilização:
   O aluno escolhe uma tira e deve descrever o colega para a classe de forma a ser claro na apresentação dessas características, mas usando meios implícitos para dificultar sua identificação. Os colegas podem formular questões esclarecedoras que serão respondidas pelo apresentador, afirmando apenas "sim" e "não". Após a identificação, outro aluno é chamado e o jogo prossegue. Uma variação do jogo é aparecer nas tiras nomes de eventos ou ocorrências, para da mesma forma serem descritos.

Nº 35	Gr. 01 – B	Inteligência Linguística

Habilidade	Nome	Outras estimulações
Fluência verbal Criatividade	Sonoplastia	Percepção auditiva Inteligência musical

Preparação:
Escolher um texto e propor que a releitura do mesmo seja feita com apoio de sonoplastia.

Utilização:
Explicar o significado de sonoplastia e permitir aos alunos que pensem o texto imaginando que sons, ruídos, músicas podem servir como seu "pano de fundo". Em etapas subsequentes os alunos devem pesquisar ou construir textos e apresentá-los com sonoplastia.

Nº 36	Gr. 01 – C	Inteligência Linguística

Habilidade	Nome	Outras estimulações
Alfabetização Interpretação de texto	Cartas enigmáticas	Criatividade

Preparação:
Escolher um texto e, após sua leitura com a classe, formar duas ou mais sentenças sobre o mesmo.

Utilização:
Os alunos, divididos em grupos, devem "traduzir" o texto usando símbolos que caracterizem uma verdadeira "carta enigmática". Antes do jogo será sempre interessante mostrar o que é uma carta enigmática e como algumas palavras permitem sua simbolização em diferentes signos (Ex.: Caravela pode ser simbolizada por um rosto (cara) e uma vela).

Nº 37	Gr. 01 – C	Inteligência Linguística

Habilidade	Nome	Outras estimulações
Fluência verbal	Jogo da mímica	Percepção visual Atenção

Preparação:

Selecionar um texto, ler o texto para a classe. Escolher no mesmo algumas frases significativas.

Utilização:

Solicitar a alguns alunos que transmitam o texto sem utilizar-se da linguagem oral, cabendo aos demais tentarem interpretar na mímica desenvolvida o sentido dessas frases. Em etapas subsequentes, pode ir sendo reduzida a participação do professor e os próprios alunos podem selecionar textos, escolher mensagens e transmiti-las através da mímica. Esses textos podem e devem, progressivamente, abrigar conteúdos de diferentes componentes curriculares.

Nº 38	Gr. 01 – C	Inteligência Linguística

Habilidade	Nome	Outras estimulações
Fluência verbal	Fantoches	Percepção visual Atenção

Preparação:

Criar uma história coletiva com a classe, baseando-se em uma outra história adaptada, ou parodiando a letra de uma música ou ainda uma narrativa extraída na notícia de jornal ou de caso relatado na televisão.

Utilização:

Solicitar aos alunos que dramatizem essa história, usando fantoches, sucatas, elementos extraídos de livros ou outros recursos materiais criados pelos grupos de alunos, visando construir linguagens suplementares às verbais.

Nº 39	Gr. 01 – C	Inteligência Linguística

Habilidade	Nome	Outras estimulações
Fluência verbal Linguagem: Flexão	Bate-palmas advérbio	Percepção visual Atenção

Preparação:

Selecionar um texto e ler o texto pausadamente para a classe. Orientar os alunos para identificarem no mesmo a presença de advérbios, adjetivos, tempos de verbo, substantivos e outros elementos da composição escrita.

Utilização:

O texto deve ser lido pausadamente e os alunos, reunidos em grupos, devem bater palmas nos momentos da leitura em que surgir o advérbio (ou outra figura). Os grupos que baterem palmas no momento correto ganham pontos, que devem ser assinalados em um placar, e a atividade continua. O professor pode, progressivamente, ir ampliando as dificuldades e os níveis de aprofundamento de interpretação gramatical dos grupos que disputam pontos na atividade.

Nº 40	Gr. 01 – C	Inteligência Linguística

Habilidade	Nome	Outras estimulações
Fluência verbal	Cara-metade	Percepção visual Atenção

Preparação:

Dicionários para o uso dos alunos que, por sua vez, devem estar organizados em duplas ou em grupos.

Utilização:

O jogo tem início com o professor escrevendo na lousa uma palavra e cortando-a ao meio. A tarefa dos alunos será com qualquer uma das duas meias-palavras existentes, e, auxiliados por dicionários, formarem sua "cara-metade", isto é, criar novas palavras a partir da meia palavra existente. Vence o grupo que mais palavras válidas reunir no tempo previamente estabelecido pelo professor.

Nº 41	Gr. 01 – C	Inteligência Linguística

Habilidade	Nome	Outras estimulações
Gramática	Autódromo ao	Percepção visual
Vocabulário	contrário	Atenção

Preparação:
Os alunos são reunidos em grupos e na lousa existe um placar quadriculado para registrar o avanço de cada equipe.

Utilização:
Iniciada a atividade, o professor propõe as regras (por exemplo: vou dizer uma palavra e avança uma casa o grupo que apresentar um sinônimo ou um antônimo). Estabelecida a regra, o professor pode ir dizendo palavras que previamente selecionou e o grupo (ou um aluno individualmente, mas representando o grupo e por rodízio, deve apresentar a resposta). O placar na lousa vai registrando os avanços das equipes e, consequentemente, os pontos que vão acumulando. Em níveis mais elementares, o jogo pode ser aplicado para identificar palavras masculinas e femininas, singular e plural e outras situações.

Nº 42	Gr. 01 – C	Inteligência Linguística

Habilidade	Nome	Outras estimulações
Fluência verbal	Vogal-dedo	Vocabulário
Gramática		Atenção

Preparação:
Selecionar uma série de palavras.

Utilização:
Ler cada uma das palavras substituindo as vogais por um determinado dedo da mão previamente combinado com os alunos. Progressivamente a atividade deve ser desenvolvida também pelos alunos. Estes receberão do professor ou escolherão determinadas palavras e ao serem chamados devem pronunciá-las também substituindo a vogal pelo uso de dedos.

Nº 43	Gr. 01 – C	Inteligência Linguística

Habilidade	Nome	Outras estimulações
Fluência verbal Gramática	Fantasma (Ghost)	Percepção visual Atenção

Preparação:
Lousa ou folhas de papel para desenho da forca.

Utilização:
No jogo, dois ou mais alunos se alternam. O primeiro inventa uma palavra e coloca no papel ou na lousa tantos traços quantas letras houver. Iniciado o jogo, os parceiros se alternam acrescentando uma letra por vez à direita ou à esquerda, sem que nenhum dos participantes saiba previamente que palavra está se construindo. Quando um dos alunos não encontrar continuidade e esta existir, perde o jogo. Também perde quem propõe uma letra que torne inviável a formação de qualquer palavra, desde que questionada pelo grupo oponente.

Nº 44	Gr. 01 – A	Inteligência Linguística

Habilidade	Nome	Outras estimulações
Alfabetização	Jogo da velha curiosa I	Percepção visual Atenção

Preparação:
Uma papeleta de cartolina dividida em nove partes. Em cada parte um buraco. Por baixo dessa folha uma outra, onde estão desenhados pequenos círculos, que colocada abaixo da papeleta deve na mesma se "encaixar". Esta segunda folha, que pode ser alternada por muitas outras, deve conter palavras.

Utilização:
O jogo se processa como um tradicional "Jogo da velha", onde o aluno deve demonstrar sua capacidade em ler as palavras. Cada palavra que consegue ler equivale a um ponto que deve ser marcado com uma ficha, grão de milho ou feijão. Vence o aluno que conseguir três pontos na horizontal, vertical ou diagonal como no jogo da velha.

15
A inteligência lógico-matemática

A inteligência lógico-matemática se manifesta através da facilidade para o cálculo, na capacidade de se perceber a geometria nos espaços, na satisfação revelada por muitos em criar e solucionar problemas lógicos e para, como Galileu, perceber que "o livro da natureza está escrito em símbolos matemáticos". Marcante em engenheiros, físicos, jogadores de xadrez ou decifradores de enigmas e matemáticos deve ter sido o elemento da genialidade de Euclides, Newton, Bertrand Russel, Einstein e talvez (quem diria?) até mesmo o extraordinário Fernando Pessoa ao refletir que "o binômio de Newton é tão belo quanto a Vênus de Milo".

Da mesma forma que a inteligência linguística, essa competência não se abre apenas para pessoas letradas e, assim, muitas pessoas simples ou até analfabetas, como muitos "mestres de obras", percebem a geometria nas plantas que encaram ou nas paredes que sabem erguer. Confundida por Piaget com a própria ideia geral de "inteligência", o estímulo à mesma inicia-se muito cedo, desde quando o bebê conquista a "permanência do objeto" quando brincava e procurava o brinquedo por entre as dobras da colcha. Em torno dos seis anos, a matematização do cotidiano dessa criança pode ser mais abrangente quando aprende a decifrar e a comparar objetos grandes e pequenos, grossos ou finos, estreitos e largos, próximos ou distantes, iguais ou diferentes. Um aluno entenderá melhor os números, as operações matemáticas e os fundamentos da geometria se puder torná-los palpáveis. Assim, materiais concretos como moedas, pedrinhas, tampinhas, conchas, blocos, caixas de fósforos, fitas, cordas e cordões fazem as crianças estimular seu raciocínio abstrato.

A coordenação manual parece ser a forma como o cérebro busca materializar e operacionalizar os símbolos matemáticos. A criança que manuseia objetos, classificando-os em conjuntos, que abotoa sua roupa e percebe simetria, que amarra seu sapato e descobre os percursos do cadarço, mas também a que "arruma" sua mesa ou sua mochila, está construindo relações lógicas, ainda que não seja a mesma lógica que "faz sentido para o adulto". Para jogos voltados para essa inteligência, propomos como linhas de estimulação: jogos para fixar a *conceituação* simbólica das relações numéricas e geométricas e que, portanto, abrem para o cérebro as percepções do "grande" e do "pequeno", do "fino" e do "grosso", do "largo" e do "estreito", do "alto" e do "baixo", naturalmente intercalando esses conceitos com a concepção do "meio" ou do "médio"; jogos para despertar a consciência operatória e significativa *dos sistemas de numeração* que está embutida na ideia do "muito" e do "pouco"; jogos específicos para o estímulo de *operações e conjuntos*; jogos operatórios com as "ferramentas básicas de avaliação lógico-matemática", ou seja, os *instrumentos de medida* e, finalmente, jogos estimuladores do *raciocínio lógico*, estes no abrangente vínculo da relação da matemática com a filosofia e com a música.

16
Piaget e os estímulos lógico-matemáticos

O desenvolvimento mental da criança, antes dos seis anos de idade, segundo Piaget, pode ser sensivelmente estimulado através de jogos. A brincadeira representa tanto uma atividade cognitiva quanto social e através das mesmas as crianças exercitam suas habilidades físicas, crescem cognitivamente e aprendem a interagir com outras crianças. Nessa fase, são muito valiosos os estímulos que despertem a ideia de conjuntos e de grandezas e a percepção do grande e do pequeno, do alto e do baixo, do maior e do menor, do largo e do estreito, do fino e do grosso, da frente e atrás, do inteiro e meio, comprido e curto. Se devidamente estimulados, podem manipular grandezas de zero a dez e, eventualmente, transformar a percepção do símbolo que todo número representa em grandeza que sustenta seu valor. Podem compreender os conceitos simples de adição e de subtração e já possuem noção de tempo e grandeza, percebendo horas inteiras e meias horas, quilos e meios quilos e o significado de instrumentos de medida como o palmo, a régua e a fita métrica.

Dos seis aos doze anos já compreendem sistemas de operação e Piaget apresenta cinco condições que regem esses sistemas. Desta maneira podem efetuar:

- *Composições*, combinando dois ou mais elementos de um conjunto e formando um terceiro da mesma espécie. Exemplo: Todos os animais são vertebrados ou invertebrados, logo um animal ou é vertebrado ou é invertebrado (1 + 1 = 2);
- *Reversões*, aceitando que as transformações são reversíveis desde que se faça a operação inversa. Exemplo: Se excluir os vertebrados, todos os animais que restam são invertebrados (2 – 1 = 1);
- *Associações*, um sistema de operações pode abrigar diferentes associações de maneira que seu resultado permaneça o mesmo. Exemplo: meninos e velhos são homens e meninas e velhas são mulheres, portanto meninos + homens ou meninas + mulheres constituem uma só associação 15 (7 + 8) = 15 (4 + 11);
- *Anulação*, uma operação combinada com seu inverso resulta em uma operação idêntica ou nula (+ 5 – 5 = 0);
- *Tautologia*, quando uma classe é acrescida a si mesma, permanece a mesma, isto é, não se transforma em seu valor qualitativo. Exemplo: vertebrados + vertebrados = vertebrados.

Por volta dos sete anos a criança já domina, ainda que tímida e progressivamente, os agrupamentos operatórios e assim descobre a habilidade da classificação, seriação e relacionamento. Essa possibilidade abre a janela da inteligência lógico-matemática para o uso dos sistemas de numeração, mas as crianças ainda não conseguem raciocinar por simples proposição verbal, *necessitando de elementos concretos que lhe permitam manipular e fazer essas relações*. É, pois, o grande momento para o uso de jogos diversos.

Quadro 4

POSSO AJUDAR?

Ajudando a criança a pensar:

- *Ensine a criança a administrar seu tempo.* Mostre-lhe como dividir seu tempo em tarefas, TV, brincadeiras, leituras, refeições etc. Dê-lhe uma agenda, ensine-a a usar e cumprimente-a por sua execução. Dê exemplos.
- *Ensine-lhe habilidades do raciocínio em suas atividades diárias em casa e na escola.* Evite respostas monossilábicas, peça sua opinião sobre uma leitura, um filme ou mesmo um anúncio de TV. Encoraje-a a pensar no "por quê" e "como" das coisas que é levada a fazer.
- *Ajude-a a encontrar as ideias principais em tudo quanto lê ou vê.* Faça-a sublinhar as partes mais importantes em uma notícia de jornal previamente selecionada ou em um livro (ou capítulo) que esteja lendo.
- Ao trazer uma informação, solicite que ela a "compare" com outras que já sabe. Estimule a classificação de cores, de países em seus continentes, de animais em suas classes.
- *Peça sempre que estabeleça encadeamentos de suas novas descobertas com ideias já conhecidas.* Faça-a descobrir a sonoridade das palavras e o sentido de uma ou de outra expressão mais marcante.
- *Ensine-a a estabelecer "metas" para seus projetos.* Ajude-a a cumprir as metas desse projeto, mesmo em atitudes mais simples. Antes de sair de casa, por exemplo, combine as metas essenciais (guardar revistas, arrumar a mochila, vestir a roupa, pentear o cabelo, calçar sapatos etc.).
- *Estimule seu raciocínio crítico.* Ensine-a a fazer indagações sobre o que lê ou assiste. Faça-a indagar sempre: Isto é comum? Isto pode ser provado? Isto é um fato ou uma opinião? Isto é confiável? Esta é a "minha" opinião ou a opinião dos outros que adotei?
- *Mostre os passos da abordagem de um problema*: 1) Identificar o que conhece e o que desconhece sobre o problema; 2) Estabelecer um plano para resolver o problema; 3) Colocar o plano em ação; 4) Avaliar o resultado do plano e, se for o caso, replanejar.

- *Ensine-a a orientar-se sobre a planta de uma cidade.* Mostre-lhe a direção dos pontos cardeais. Invente roteiros e pergunte por essas direções. Estimule-a a construir seus próprios mapas. Ensine-lhe com exemplos simples o que é a escala, mostre-lhe que a maior parte das fotografias mostram a realidade em escalas. Ajude-a a "ler" os sinais convencionais das legendas nos mapas.
- *Proponha ideias criativas, como fazer uma trova, substituir a letra de uma música que gosta por uma outra inventada, construindo uma paródia.* Conte-lhe sobre fábulas de animais e mostre-lhe o sentido moral dessas fábulas. Construa metáforas e estimule-a a construir as suas.
- *Experimente fazê-la expressar suas ideias através de "outras linguagens".* Peça para descrever algo que viu através de um texto, de uma música, de uma poesia, ou ainda através de uma dança, de um som.
- *Sugira que sempre busque o "porquê" dos fatos apreendidos.* Ajude-as a situar acontecimentos através dos itens: Como? Quando? Onde? Por quê? Como?
- *Mostre-lhe as diferentes seções de um jornal ou de uma revista e peça que faça uma revista mensal* onde coloque opiniões (editoriais, notícias, desenhos, reportagens etc.).
- *Leia uma notícia para a criança* e ajude-a a fazer dessa informação um conteúdo para o uso das habilidades de analisar, comparar, sintetizar e, se possível, criticar ou julgar.
- *Ensine-lhe o que é intuição.* Conte casos em que agiu por intuição e peça à criança que recorde seus casos. Mostre depois a diferença entre o pensamento intuitivo e o sequencial. Mostre que certos problemas só podem ser resolvidos por uma ação sequencial (preparar um prato de arroz, por exemplo).
- *Explore sua capacidade em deduzir.* Mostre-lhe como agia Sherlock Holmes. Ensine-lhe a preparar figuras com o tangram e aplauda sua evolução no uso desse jogo. Se possível, ensine-lhe a mexer no computador e tente mostrar-lhe o mundo microscópico e o macrocosmo. Faça-a olhar por um microscópio e por uma luneta.

17
Jogos para a estimulação lógico-matemática

Nº 45	Gr. 02 – A	Inteligência Lógico-matemática
Habilidade Noção de tamanho Grande/Pequeno	**Nome** Jogo dos cubos	**Outras estimulações** Percepção espacial Atenção

Preparação:
5 a 6 garrafas de plástico de tamanhos bem diferentes ou cubos de madeira.

Utilização:
Os alunos deverão enfileirar as garrafas sem observar regras, tentar empilhá-las. Em oportunidades posteriores devem separar as garrafas maiores das menores, comparando os tamanhos e verbalizando os conceitos de "grande" e de "pequeno".

(Existe no mercado – Cubos / Cubos de encaixe e outros.)

Nº 46	Gr. 02 – A	Inteligência Lógico-matemática

Habilidade	Nome	Outras estimulações
Noção de tamanho Grande / Pequeno	Jogo dos anéis	Coordenação motora Contagem

Preparação:

Improvisar um pino em uma base de madeira e diferentes anéis furados que devem ser encaixados. Esses anéis são de diferentes tamanhos.

Utilização:

Os anéis devem estar espalhados fora do pino e a tarefa dos alunos será a de encaixá-los, comparando os anéis entre si, identificando os "grandes" e os "pequenos" e formar uma pirâmide, encaixando os anéis em forma crescente.

(Existe no mercado – Pirâmide de anéis / Pirâmide multiforme – Coluna.)

Nº 47	Gr. 02 – A	Inteligência Lógico-matemática

Habilidade	Nome	Outras estimulações
Noção de tamanho Alto e baixo	Jogo das latas	Coordenação motora Contagem

Preparação:

Improvisar latas vazias de diferentes tamanhos. Pintar essas latas com cores diferentes. Caixas de fósforo vazias e cubos de madeira também podem ser utilizados.

Utilização:

Os alunos devem empilhar e enfileirar as latas sem observar regras e, em etapas subsequentes, formar torres de tamanhos diversos, identificando as torres "altas" e as "baixas" em diferentes sequências.

(Existe no mercado – Cubos Coloridos – Úki-Úki.)

Nº 48	Gr. 02 – A	Inteligência Lógico-matemática

Habilidade	Nome	Outras estimulações
Noção de tamanho Maior / menor	Garrafas coloridas	Coordenação motora Contagem

Preparação:

Selecionar oito garrafas de plástico, cortar a 1ª com 15cm de altura, as outras com 12,5cm, 10cm, 7cm, 5,25cm, 5cm, 4,0cm e 3,5cm. Dê acabamento com fitas colantes nas beiradas.

Utilização:

Os alunos devem ordenar as garrafas em tamanho, formando diferentes composições, agrupando as de tamanhos quase iguais ou diferentes, ordenando-as em fileiras, da menor para a maior e da maior para a menor.

(Existem no mercado jogos com pinos de madeira – Coluna e outros.)

Nº 49	Gr. 02 – A	Inteligência Lógico-matemática

Habilidade	Nome	Outras estimulações
Noção de tamanho Fino / grosso	Jogo das cordas	Percepção visual

Preparação:

Pedaços de corda de diferentes espessuras, lápis e canetas, linhas e lãs.

Utilização:

A tarefa dos alunos é comparar pedaços de corda de diferentes espessuras e indicar a(s) mais grossa(s) e a mais fina. Tentar estimular a especificação da utilidade das cordas grossas e das linhas. Comparar espessuras e formar conjuntos de objetos grossos e finos. Usar junto com outros jogos.

Nº 50	Gr. 02 – A	Inteligência Lógico-matemática

Habilidade	Nome	Outras estimulações
Noção de tamanho Largo / estreito	Jogo das fitas	Coordenação motora Percepção visual

Preparação:
   Reunir pedaços de fitas coloridas de duas larguras e comprimentos.

Utilização:
   Os alunos devem comparar as diferentes larguras de fitas e seus comprimentos, agrupando-as em "largas" e "estreitas", depois em "curtas" e "compridas". Em etapas posteriores devem pegar fitas ao acaso, classificando-as como "comprida", "curta", "larga", "estreita".
   É interessante a experiência de se reproduzir graficamente a largura das fitas.

Nº 51	Gr. 02 – A	Inteligência Lógico-matemática

Habilidade	Nome	Outras estimulações
Noção de tamanho Pequeno / médio / grande	Os ninhos	Coordenação motora Contagem

Preparação:
   Tampas plásticas de três tamanhos bem diferentes que serão os "ninhos".

Utilização:
   Os alunos devem comparar os três tamanhos de tampas para identificar as maiores e as menores. O professor deve introduzir o conceito de tamanho "médio" e solicitar que os alunos as encontrem. Formar fileiras, ordenando os ninhos segundo seu tamanho. Encaixar em ordem os ninhos menores nos maiores.

Nº 52	Gr. 02 – A	Inteligência Lógico-matemática

Habilidade	Nome	Outras estimulações
Noção de tamanho Pequeno / médio / grande	Tabuleiro de encaixe	Coordenação motora Contagem

Preparação:

O jogo é constituído de um tabuleiro com figuras vazadas e peças que se encaixam nesses espaços, representando animais, como patos, borboletas e outros.

Utilização:

Os alunos devem retirar as peças do tabuleiro, separar animais diferentes conforme seus conjuntos, comparar tamanhos e indicar os "grandes", "pequenos", e os "médios". Devem depois encaixar as peças no tabuleiro, observando seus tamanhos e serem capazes, mais tarde, de executar tarefas como as de encaixar ou retirar do tabuleiro as peças "médias", "grandes" ou "pequenas".

(Existe no mercado – Tabuleiro de Encaixe – Úki-Úki.)

Nº 53	Gr. 02 – A	Inteligência Lógico-matemática

Habilidade	Nome	Outras estimulações
Noção de quantidade	Jogo com clipes coloridos	Coordenação motora Contagem

Preparação:

Usar caixas de clipes coloridos.

Utilização:

Os alunos devem formar grupos com "muitas" e com "poucas" peças e estabelecer comparações entre esses grupos. Devem colocar "todas" as peças na caixa e colocar "algumas" peças na caixa. Em operações coordenadas pelo professor, retirar "todas", "algumas", "a maior parte", "várias" peças da caixa.

Em outra etapa as cores devem se constituir em elementos de comparação: formar uma fila com "alguns" ou com "muitos" clipes e assim por diante.

(Existem no mercado jogos com pinos de encaixe que podem ser utilizados para o mesmo fim.)

Nº 54	Gr. 02 – C	Inteligência Lógico-matemática

Habilidade	Nome	Outras estimulações
Noção de conjunto e formas geométricas	Formas vazadas	Ideia de conjuntos Atenção

Preparação:

O jogo exige uma preparação trabalhosa. Torna-se necessário colar fitas em cartolina formando um círculo em uma, um triângulo em outra e um quadrado em uma terceira. Recortar em papel-cartão colorido silhuetas com formas de figuras humanas, frutas e formas geométricas.

Utilização:

Os alunos devem formar conjuntos com diferentes formas e em etapas posteriores colocar esses conjuntos dentro dos contornos solicitados. Formam assim conjuntos de formas, conforme a cor, e trabalham com sua colocação nos contornos.

(Existe no mercado – Brincando de Conjunto – Úki-Úki.)

Nº 55	Gr. 02 – B	Inteligência Lógico-matemática

Habilidade	Nome	Outras estimulações
Sistema de numeração e raciocínio lógico	Jogo lógico	Operações e conjuntos

Preparação:

O jogo é preparado com a confecção de três dados forrados de papel branco. O primeiro dado deve possuir círculos de cartolina cortados como em um dado comum. No segundo, seis cores diferentes, uma para cada lado, e, no último, três formas geométricas, cada uma repetida uma vez. Recortar 60 triângulos iguais em seis cores (dez para cada cor), 60 quadrados divididos em seis cores e seis círculos iguais, também divididos em seis cores.

Utilização:

Os alunos devem formar equipes de quatro componentes. Espalha-se sobre a mesa todas as formas (180) e os dados são jogados, um de cada vez. O jogador seleciona as formas pela cor e pela quantidade e retira-as da mesa. O parceiro repete a operação e, assim, sucessivamente, até terminarem todas as formas. Ganha o aluno que conseguir o maior número de peças e também o maior número de formas e de cores.

| Nº 56 | Gr. 02 – E | Inteligência Lógico-matemática |

Habilidade	Nome	Outras estimulações
Pensamento lógico	Contagem	Ideia de conjuntos Atenção

Preparação:

O jogo exige uma preparação trabalhosa. Com auxílio de um lápis e revistas enrolar tiras de papel de 2cm de largura. Colar a extremidade. Usar canudinhos de refrigerantes como varetas, passando cola para dar maior consistência.

Utilização:

Utilizar o material como instrumento de contagem, para elaboração de sequências e ainda formação de conjuntos. Sugerir aos alunos que criem brincadeiras com o material, explorando seu raciocínio lógico.

| Nº 57 | Gr. 02 – B | Inteligência Lógico-matemática |

Habilidade	Nome	Outras estimulações
Percepção de sistemas de numeração	Tampinhas coloridas	Coordenação motora Noção de sequência

Preparação:

O jogo utiliza tampinhas de pasta de dente (ou outras) coloridas.

Utilização:

Os alunos devem agrupar quantidades de 1 a 5 tampinhas colocando-as em uma sequência vertical ou horizontal. É interessante associar este jogo ao "Formas Vazadas", com os alunos colocando diferentes grupos de tampinhas em formas geométricas. As sequências devem ser repetidas muitas vezes e é importante que os conceitos estejam claramente fixados para todos.

(Existem no mercado jogos com uma base com pinos e bolas furadas para encaixes diferentes – Escada de Bolas [Acrilu] e outros.)

Nº 58	Gr. 02 – B	Inteligência Lógico-matemática

Habilidade	Nome	Outras estimulações
Percepção de sistemas de numeração	Dominó	Sociabilidade Contagem

Preparação:
O jogo de dominó é um excelente recurso para fixar conceitos sobre sistemas de numeração. Para torná-lo mais atrativo, o professor pode preparar, em cartolina ou papel-cartão, dominós com formatos de animais ou pessoas. Na verdade o que importa é o número de pontos que indica as características do jogo.

Utilização:
Os alunos devem seguir as regras do jogo de dominó e, desta maneira, jogar em duplas, trios ou grupos maiores.
(Existe no mercado – Dominó Joaninha, Triminó e outros – Úki-Úki.)

Nº 59	Gr. 02 – B	Inteligência Lógico-matemática

Habilidade	Nome	Outras estimulações
Percepção de sistemas de numeração	Jogo da escada	Noção de espaço Coordenação motora

Preparação:
O jogo torna necessário a reunião de 55 caixas de fósforos vazias (ou peças de madeira ou isopor similares), coloridas e protegidas com fita-crepe.

Utilização:
Os alunos devem formar escadinhas, iniciando com uma caixa, duas e assim por diante até dez. Em uma etapa subsequente, formar escadas descendentes. O mesmo material serve também para trabalhar ideias de conjunto e sistemas de numeração.
(Existem no mercado diversos jogos para se encaixar pinos.)

Nº 60	Gr. 02 – B	Inteligência Lógico-matemática

Habilidade	Nome	Outras estimulações
Percepção de sistemas de numeração	Colar de botões	Noção de cor e posição

Preparação:

O jogo necessita que se coloque dez botões enfiados em um barbante e um laço mais forte no local onde deve ter início a contagem.

Utilização:

O colar de botões permite que o aluno possa agrupar botões de um lado e do outro do laço, contar em ordem crescente e em ordem decrescente, fazer adições e uma série de outras atividades. Trazer botões para a direita ou para a esquerda do laço e perceber os que restam e assim por diante.

Progressivamente o colar de dez botões pode ser substituído por outros com mais botões.

(Existe no mercado – Contador de Bolinhas [Bandeirantes] e outros.)

Nº 61	Gr. 02 – B	Inteligência Lógico-matemática

Habilidade	Nome	Outras estimulações
Percepção de sistemas de numeração	Bagunça no trânsito	Classificação Numeração e contagem

Preparação:

Reunir uma grande quantidade de carrinhos plásticos e formar saquinhos com carros com cores diferentes.

Utilização:

Os alunos devem formar grupos com um carro verde, dois amarelos, três vermelhos e assim por diante. Formar grupos com cinco peças "iguais" e "diferentes". Comparar grupos e contar a quantidade de peças em cada grupo. Formar conjuntos com 1, 2, 3, 4 e 5 peças e assim por diante.

Nº 62	Gr. 02 – B	Inteligência Lógico-matemática

Habilidade	Nome	Outras estimulações
Percepção de sistemas de numeração	Dominó de encaixe	Coordenação motora Contagem

Preparação:

Colar em cartolina números de 1 a 9, em tamanho de cerca de 20cm e feitos no computador, e cortar essas peças de maneira a fazer um encaixe. Manter as peças em uma caixa.

Utilização:

Os alunos devem juntar as duas partes que se encaixem corretamente, formando o signo numérico. Verbalizar o número obtido, dispor em ordem crescente e decrescente.

Esse jogo, ao lado de peças de outros jogos (carrinhos, dominós, clipes etc.), permite associar os números formados e verbalizados a quantidades de peças.

(Existe no mercado – Números de Encaixe – Acrilu.)

Nº 63	Gr. 02 – B	Inteligência Lógico-matemática

Habilidade	Nome	Outras estimulações
Percepção de sistemas de numeração	Números vazados	Coordenação tátil Identificação de signo

Preparação:

Preparar no computador números de 1 a 9 em tamanho equivalente a uma folha de sulfite. Aplicar sobre cartolinas, cortando com estilete seu contorno e, dessa maneira, fazendo números vazados.

Utilização:

Os alunos deverão, com os olhos vendados, identificar o número e reunir quaisquer objetos disponíveis no local nesse número. Fazer com lápis o contorno desses números, enfileirar os números em ordem crescente e decrescente. O jogo também se presta a operações aritméticas simples.

(Existe no mercado – Números Vazados de Encaixe – Úki-Úki.)

Nº 64	Gr. 02 – B	Inteligência Lógico-matemática

Habilidade	Nome	Outras estimulações
Associação de quantidades	O jogo das tampinhas	Coordenação motora Operações simples

Preparação:

Fazer números de 1 a 5 no computador em tamanho médio ou extrair esses números de folhinhas ou calendários, colando-os sobre tampinhas (garrafas de água) plásticas. Juntar várias tampas sem números colados.

Utilização:

Os alunos devem empilhar as tampinhas sem qualquer ordem, e empilhar, depois, em ordem numérica. Ordenar as tampinhas em ordem crescente e decrescente. Associar quantidade de tampinhas sem número às que se apresentam numeradas identificando e associando quantidades.

Nº 65	Gr. 02 – B	Inteligência Lógico-matemática

Habilidade	Nome	Outras estimulações
Percepção de sistemas de numeração	Linha de números	Associação de ideias Contagem

Preparação:

Preparar em cartolina dez placas, cada uma com um número e figuras correspondentes. Recortar cada placa deixando a possibilidade de um encaixe. Outras dez placas idênticas sem os recortes. Caixa com grãos de feijão.

Utilização:

Os alunos devem encaixar as placas observando a ordem crescente dos números e, sem ajuda do professor, conferir seus resultados com as placas sem o corte. Estimular o quebra-cabeça e associar os resultados obtidos com uma quantidade igual de feijões apanhados de uma caixa ao lado.

(Existe no mercado – Linha Numérica – Úki-Úki.)

Nº 66	Gr. 02 – B	Inteligência Lógico-matemática

Habilidade	Nome	Outras estimulações
Percepção de sistemas de numeração	Dominó de contagem	Associação Contagem

Preparação:
   Montar em cartolina um dominó, com 27 peças, que apresente numa metade da cartela os algarismos de 1 a 9 (feitos ao computador) e, na outra, figuras diversas (também feitas com símbolos por meio do computador) em quantidades correspondentes ao número escrito.

Utilização:
   O dominó pode ser jogado por dois ou mais alunos, até o limite de seis, e é indicado para a verificação da aprendizagem dos algarismos de 1 a 9 e suas associações. O aluno pode, durante o jogo, optar pelo número ou pela figura, desenvolvendo associações.
   (Existem no mercado – Dominó Já Sei Contar – Grow e outros.)

Nº 67	Gr. 02 – C	Inteligência Lógico-matemática

Habilidade	Nome	Outras estimulações
Operações e conjuntos	Moedinhas	Coordenação tátil

Preparação:
   Moedas de 10, 20, 25, 50 centavos e moedas de um Real.

Utilização:
   O professor deve usar moedas para desenvolver diversificadas operações de cálculo. Os alunos devem receber igual quantidade de moedas e serem orientados para trocá-las por outras com quantidades diferentes e igual valor. Somar moedas e integralizar valores diferentes e desenvolver toda uma série de problemas ligados ao uso das moedas em diferentes operações.

Nº 68	Gr. 02 – C	Inteligência Lógico-matemática

Habilidade	Nome	Outras estimulações
Operações e conjuntos	Cartão = cartela	Sistemas de numeração

Preparação:

Vários cartões apresentando diferentes operações matemáticas (exemplo: 2 + 3 = / 5 – 3 = / 4 x 2 = / 1 + 4 =). Uma cartela do tipo bingo, dividida em quadradinhos, e em cada um uma solução (Exemplo: 5 / 2 / 8 / 5). Uma sacola de pano ou plástico. Milho ou feijões para marcar os resultados.

Utilização:

O professor deve usar o jogo como um bingo tradicional. Cada aluno, professor, individualmente ou em dupla, recebe uma cartela. Uma sacola plástica, com o professor, contém os cartões. Uma vez retirados, esses cartões, ou cartelas, podem ser marcados com os feijões ou o milho nas respectivas casas.

Nº 69	Gr. 2 – C	Inteligência Lógico-matemática

Habilidade	Nome	Outras estimulações
Operações e conjuntos	Ponteiro desapontado	Coordenação tátil

Preparação:

Uma folha de cartolina ou uma folha de sulfite com vários relógios desenhados. Os relógios devem estar sem ponteiros. Uma série de cartões com diferentes horas (Exemplo: 02h e 20m / 14h e 45m / 15h e 07m). Uma sacola plástica e milho ou feijão para marcar na cartela.

Utilização:

O professor deve desenvolver o jogo da mesma maneira que efetua uma rodada de bingo. Retira da sacola os cartões com as diferentes horas e os alunos (eventualmente divididos em grupos ou trios) devem assinalar nos relógios os ponteiros que correspondam à hora sorteada.

| Nº 70 | Gr. 02 – D | Inteligência Lógico-matemática |

Habilidade	Nome	Outras estimulações
Instrumentos de medida	Poliminós	Criatividade

Preparação:

Desenhar duas retas paralelas, separadas por uma distância de 2cm, divididas em diversos quadrados também de 2cm cada. Recortar e colar em cartolina. Tesoura e cola.

Utilização:

Os alunos devem usar os poliminós para diferentes fins, recortando e colando. Como é possível o corte em qualquer ponto da reta, com a mesma é possível fabricar-se diferentes formas geométricas estimulando a criatividade. É também possível desenhar figuras na lousa e solicitar que, usando a tesoura, os alunos recortem suas peças e reproduzam essas figuras.

| Nº 71 | Gr. 2 – E | Inteligência Lógico-matemática |

Habilidade	Nome	Outras estimulações
Raciocínio lógico	Construindo gráficos	Alfabetização cartográfica

Preparação:

Uma série de dados estatísticos que permitam a elaboração de gráficos. Uma folha de papel com colunas ou circunferências para que os alunos transponham para as mesmas os dados estatísticos. (Exemplo: Porcentagem aproximada do território nacional ocupado pelas Regiões Geográficas Brasileiras. Norte = 45%; Nordeste = 18%; Sudeste = 11%; Sul = 7% e Centro-Oeste = 19%).

Utilização:

O professor deve mostrar aos alunos como transpor para uma imagem gráfica esses dados e executá-los em colunas. Em uma etapa posterior, mostrar aos alunos essa representação em gráficos de setores. Pode, posteriormente, solicitar que transponham para gráficos de setores o que aparece em colunas e o que é mostrado em gráficos de colunas passar para gráficos de setores, desde que apareça em porcentagens.

Nº 72	Gr. 2 – B	Inteligência Lógico-matemática

Habilidade	Nome	Outras estimulações
Sistemas de numeração	Errado / Certo	Raciocínio lógico e operações

Preparação:

Uma sacola plástica ou de tecido com papeizinhos dobrados contendo em cada um números já trabalhados com os alunos. Alunos divididos em grupos.

Utilização:

O professor retira um papel da sacola com um número e fornece pistas para que os grupos possam identificá-lo. Os grupos, alternadamente, vão tentando acertar qual o número e, errando, a vez passa para o seguinte, que, municiado de mais pistas, tenta acertá-lo. (Exemplo: o professor retira o número 17 e informa: – o número é maior que 10 e inferior a 20; o primeiro grupo arrisca a resposta. Caso não acerte, o professor acrescenta mais uma pista: – O número é superior à soma de sete mais sete e inferior à soma de nove mais nove. O segundo grupo faz a sua tentativa, e assim por diante.)

Nº 73	Gr. 02 – B	Inteligência Lógico-matemática

Habilidade	Nome	Outras estimulações
Percepção de sistemas de numeração	Montagem de números	Associação de quantidade de signos

Preparação:

Preparar em cartolina dez cartelas recortadas, para encaixe, com três partes distintas: um número de 1 a 10, bolas correspondentes a esse valor e uma igual quantidade de outro signo (sapos, flores, pessoas etc.).

Utilização:

Os alunos recebem o jogo desmontado e devem selecionar a parte que possui algarismo, procurar a parte que contém as bolas em quantidade correspondente e buscar a terceira placa com desenhos dos signos. Promover opções de encartes de diferentes referências (algumas vezes o algarismo, outras as bolas e ainda outras os signos). Estabelecer diversas associações.

(Existe no mercado – Números – QI e outros.)

Nº 74	Gr. 02 – B	Inteligência Lógico-matemática

Habilidade	Nome	Outras estimulações
Compreensão de sistemas de numeração	Caixinhas-surpresa	Coordenação motora Contagem

Preparação:
Reunir vinte caixas de fósforos vazias, revestir com fita colante colorida e colar em cada um de seus lados números de 1 a 9.

Utilização:
Exercitar a coordenação crescente e decrescente dos números, empilhando as caixas. Preencher números que faltam em uma sequência incompleta proposta pelo professor. Escolher aleatoriamente uma caixa e propor questões do tipo: – Qual número vem "antes"? Qual vem "depois"? Qual número virá "antes do antes" e assim por diante.

Esse jogo, ao lado de peças de outros jogos (carrinhos, dominós, clipes etc.), permite associar os números formados e verbalizados a quantidades de peças.

Nº 75	Gr. 02 – B	Inteligência Lógico-matemática

Habilidade	Nome	Outras estimulações
Compreensão de sistemas de numeração	Crivo de Erastóstenes	Concentração Ordenação

Preparação:
O jogo é um tabuleiro com 100 peças, ordenando números móveis de 1 a 100. Pode ser improvisado fazendo-se números pequenos de 1 a 100 em pedaços retangulares de papel, colados sobre tampas, botões ou retângulos plásticos, apoiados sobre um fundo.

Utilização:
Excelente para que o aluno conheça e identifique números, pode ser usado para separar números pares de ímpares e enfileirar números de 2 a 2, 3 a 3 e outras operações. O jogo também é extremamente útil para identificação de dezenas, identificação de números vizinhos, múltiplos e montagem de sequência de números.

(Existe no mercado – Crivo de Erastóstenes [Chueiri].)

Nº 76	Gr. 02 – B	Inteligência Lógico-matemática

Habilidade	Nome	Outras estimulações
Compreensão de sistemas de numeração	Jogo das formas	Coordenação motora Orientação espacial

Preparação:

Reunir cem retângulos de várias cores. Esses retângulos podem ser desenhados em uma folha de papel (3 x 3cm) plastificado e depois cortados. Preparar dez retângulos brancos, com números impressos, feitos no microcomputador, de 1 a 10. Uma caixa de papelão para guardar os retângulos.

Utilização:

O trabalho dos alunos, orientado pelo professor, é formar colunas enfileiradas, com 2 retângulos, e na parte superior colocar o retângulo branco com o número 2; outra coluna com cinco retângulos e, na parte superior, o número 5 e, desta maneira, trabalhar as unidades de 1 a 10. Em etapas subsequentes, formar dezenas e indicar com o retângulo branco. Usar os retângulos para operações simples (10 retângulos + 1 retângulo = 11 retângulos).

Esse jogo presta-se também à identificação de números ímpares e pares, noções de dobro, conjunto e outras operações.

| Nº 77 | Gr. 02 – B | Inteligência Lógico-matemática |

Habilidade	Nome	Outras estimulações
Compreensão de sistemas de numeração	Botões matemáticos	Coordenação motora Orientação espacial

Preparação:

Botões de várias cores e tamanhos, selecionados por cores e tamanhos. 15 botões brancos, outros tantos azuis e assim por diante.

Utilização:

Orientados pelo professor, os alunos devem separar botões por tamanhos e cor, na quantidade solicitada. O jogo permite identificar, com facilidade, por exemplo "meia dúzia", "uma dúzia" e levar o aluno à descoberta de que duas "meias dúzias" formam uma "dúzia".

Associado a um barbante, enfiar no mesmo quantidades de botões definidas pelo professor. Enfileirar botões em uma folha de papel e anotar o número obtido. Resolver equações simples.

Nº 78	Gr. 02 – B	Inteligência Lógico-matemática

Habilidade	Nome	Outras estimulações
Compreensão de números ordinais	Quebra-cabeça ordinal	Associação de ideias Atenção

Preparação:

Reunir 10 cartelas de cartolina, recortadas em forma de quebra-cabeça e encaixe, com três recortes: No primeiro o número 1, no segundo recorte, esse mesmo número por extenso "UM" e no terceiro o número ordinal 1º. Nas demais cartelas o mesmo procedimento até o ordinal 10º.

Utilização:

A criança deve montar os quebra-cabeças identificando a ordem de sequência numérica e ir percebendo a sequência dos números ordinais. Deve, em outra oportunidade, receber o jogo com as peças desmontadas e juntá-las identificando a sequência numeral, sempre pronunciando em voz alta suas operações. Associar a ideia de numerais que vêm "antes" e "depois", e perceber também a relação entre "primeiro" e "último".

(Existe no comércio – Números ordinais [Acrilu].)

| Nº 79 | Gr. 02 – B | Inteligência Lógico-matemática |

Habilidade	Nome	Outras estimulações
Compreensão de sinais	Aprenda brincando (Fabricado por Müeller)	Uso de sinais Orientação espacial

Preparação:

O jogo consiste em um tabuleiro perfurado, pinos em 2 tamanhos e em 4 cores; números de 0 a 9, letras do alfabeto e sinais aritméticos. Pode ser improvisado com retângulos de papel plastificados. Em lugar dos pinos é possível usar retângulos coloridos, sem números ou sinais.

Utilização:

O aluno pode reproduzir com as peças as operações aritméticas simples, feitas na lousa pelo professor, associando as peças ao número. Podem formar figuras diferentes e contar o número de peças usadas. Suas experiências podem, em outras oportunidades, envolver subtração e multiplicação.

(Existe no comércio – Müeller e Trol [Criatrol].)

| Nº 80 | Gr. 02 – C | Inteligência Lógico-matemática |

Habilidade	Nome	Outras estimulações
Operações: Adição e Subtração	O jogo do coelhinho	Observação e ordenação crescente

Preparação:

Obter uma figura de um coelho (pode ser outra qualquer ilustração) e reproduzir em 20 peças. Montar cartelas com papel-cartão, com a figura, e ao lado da mesma adicionar bolinhas, de maneira que duas figuras fiquem sem bolinhas, outras duas com uma e assim por diante até dez. Outras cartelas com algarismos de 1 a 9 e os sinais – , + e =.

Utilização:

As cartelas servem para que a criança, partindo da figura do coelho, efetue operações simples. Assim, uma bolinha ao lado de uma bolinha são duas bolinhas. Aos poucos, sempre estimulando a verbalização, o professor pode introduzir a ideia dos sinais e fazendo a criança construir sentenças aritméticas.

(Existe no comércio – Números e Sinais / Palhaços [Jovial, Mádida].)

Nº 81	Gr. 02 – C	Inteligência Lógico-matemática

Habilidade	Nome	Outras estimulações
Compreensão de sistemas de numeração	A caixa das bolinhas	Coordenação motora Observação

Preparação:

Colecionar em uma caixa várias bolinhas de gude, ordenadas em cores diferentes, e fazer sobre tampas de garrafas de água os sinais aritméticos.

Utilização:

Usando as bolinhas e os sinais é possível exercitar-se progressivamente operações simples. Duas bolinhas e o sinal + ao lado de uma bolinha e o sinal = deve levar a criança a ordenar 3 bolinhas e assim por diante. As bolinhas servem para, também, exercitar outras operações e o aluno deve verbalizar as operações efetuadas, transferir para as bolinhas as operações realizadas na lousa (primeiro com bolinhas e depois com números). Em etapas seguintes, o professor indica as parcelas e os alunos apresentam os resultados.

Nº 82	Gr. 02 – C	Inteligência Lógico-matemática

Habilidade	Nome	Outras estimulações
Adição	Dadinhos	Contagem – Atenção Concentração

Preparação:

Dados de tamanhos ou cores diferentes adquiridos no comércio ou improvisados em cubos de papelão.

Utilização:

Brincar com os alunos, individualmente ou em grupo, de jogar dois ou mais dadinhos sobre uma mesa e exercitar a soma dos pontos. Levar o aluno a descobrir qual dos dados apresenta maior e menor número de pontos; subtrair o número maior do menor e, progressivamente, incluir mais dados nessa operação.

Nº 83	Gr. 02 – C	Inteligência Lógico-matemática

Habilidade	Nome	Outras estimulações
Operações: Adição e Subtração	O baralho das contas	Associação de ideias Percepção numérica

Preparação:

Preparar vários baralhos em papel-cartão, contendo em cada um deles operações aritméticas simples, sem os resultados (Exemplo: 2 + 2 = / 4 – 2 =).

Preparar outros baralhos desenhando margaridas com número de pétalas variáveis e que coincidam com os resultados das operações propostas e o número que expressa essa quantidade de pétalas ao lado.

Utilização:

Os alunos recebem o baralho com as operações e procuram entre os outros baralhos os que apresentam resultados das operações, observando não apenas os números como os sinais de adição ou subtração que os mesmos apresentam. Em etapas mais avançadas, outras operações podem ser incorporadas. Os baralhos podem ser confeccionados com números e objetos existentes no Windows.

(Existe no comércio – O alegre mundo dos números [Coluna].)

Nº 84	Gr. 02 – C	Inteligência Lógico-matemática

Habilidade	Nome	Outras estimulações
Operações: Adição	Tabuleiro dos números	Observação Contagem

Preparação:

Colecionar tampinhas de garrafas, botões ou outros objetos similares e colar sobre os mesmos diversos números de 1 a 9 e em outras tampinhas os sinais de adição e subtração.

Utilização:

Desenvolver diferentes atividades que envolvam o aluno em exercícios de soma e de subtração. Iniciar com o número 1 e, progressivamente, ir adicionando números maiores. Efetuar operações similares a partir do número 2 e assim por diante. Apresentar, depois, duas ou mais operações e fazer o aluno verbalizar suas respostas.

Nº 85	Gr. 02 – C	Inteligência Lógico-matemática

Habilidade	Nome	Outras estimulações
Operações: Multiplicação	O dominó-tabuada	Cálculo mental Atenção

Preparação:
Preparar com papel-cartão ou com plaquinhas de eucatex 28 "baralhos" que tornem possível a montagem de uma tabuada de multiplicar de 1 a 9. Em um dos lados dos baralhos aparecem as operações e, no outro, resultados de operações propostas em outros baralhos. Exemplos (5 x 3 = /9) e outras.

Utilização:
A atividade segue as regras de um jogo de dominós, com os parceiros (duplas ou grupos) montando as sequências correspondentes. Uma forma diferente de explorar o recurso é o professor anunciar um resultado e os alunos buscarem a operação que o caracteriza. Exemplo: O professor anuncia 20 e os grupos devem procurar um dominó que apresente a operação *5 x 4 =* ou *2 x 10 =*.
(Existe no comércio: Dominó Tabuada – Tabuada [Coluna / Mádidas].)

Nº 86	Gr. 02 – C	Inteligência Lógico-matemática

Habilidade	Nome	Outras estimulações
Operações: Conceito de inteiro e meio	Jogando com feijões	Coordenação motora Contagem

Preparação:
Colecionar garrafas plásticas de água, contendo meia garrafa e garrafa inteira ou meio litro, litro e dois litros.

Utilização:
Os alunos devem ser levados a executar experiências de transferir a água de um recipiente para outro observando os conceitos de meio e de inteiro. A perda de água nessa transferência é importante elemento para explicações sobre esse sentido. Ao invés de água é possível utilizar-se de grãos de milho ou feijão assim como é possível usar-se garrafas de dois litros cortadas ao meio e inúmeros outros recursos análogos.

Nº 87	Gr. 02 – D	Inteligência Lógico-matemática

Habilidade	Nome	Outras estimulações
Identificação de frações de 1/2 a 1/10	O jogo da pizza	Associação de ideias Atenção

Preparação:
   Preparar com papel-cartão dez placas circulares, divididas em pedaços iguais, a primeira em duas metades, a segunda em três partes e assim por diante.

Utilização:
   A atividade segue as regras de um jogo de dominós, com os parceiros (duplas ou grupos) montando as sequências correspondentes. Uma forma diferente de explorar o recurso é o professor anunciar um resultado e os alunos buscarem a operação que o caracteriza. Exemplo: O professor anuncia 20 e os grupos devem procurar um dominó que apresente a operação *5 x 4 =* ou *2 x 10 =*.
   (Existe no comércio: Dominó Tabuada – Tabuada [Coluna / Mádidas].)

Nº 88	Gr. 02 – D	Inteligência Lógico-matemática

Habilidade	Nome	Outras estimulações
Noção de hora e meia hora	O relógio	Associação de ideias Atenção

Preparação:
   Adquirir em relojoeiros um relógio de mostrador grande com o mecanismo que permita o movimento dos ponteiros. Um despertador pela possibilidade do uso da campainha é ainda mais útil. A popularização desses produtos permite que a escola possua, sem grandes gastos, um despertador por aluno.

Utilização:
   O professor, usando o relógio maior como modelo, pode ir solicitando aos alunos que façam experiências análogas com os seus relógios em cada carteira. Os alunos têm de "pesquisar" o funcionamento do relógio, identificar horas, minutos, meias-horas.
   Um valor auxiliar imprescindível é levar o aluno a aprender a dividir e assim administrar o tempo em seu dia a dia.
   (Existe no comércio: Ponteirinho [Estrela e outros].)

Nº 89	Gr. 02 – D	Inteligência Lógico-matemática

Habilidade	Nome	Outras estimulações
Operações: Multiplicação	A hora da balança	Noção de quantidade Atenção

Preparação:
   Usar balança doméstica de prato e pesos metálicos ou manter uma na escola para fins pedagógicos.

Utilização:
   O aluno precisa ser estimulado a "pesquisar" e, naturalmente, descobrir e construir conceitos sobre a utilidade da balança e suas funções. Deve aprender a pesar (milho, feijão etc.).
   (Existe no comércio: Dominó Tabuada – Tabuada [Coluna / Mádidas].)

Nº 90	Gr. 02 – D	Inteligência Lógico-matemática

Habilidade	Nome	Outras estimulações
Percepção de distâncias lineares	As brincadeiras com a fita métrica	Noção de espaço / distância

Preparação:
   Usar fita métrica de plástico ou de madeira ou improvisar com barbantes permitindo que cada aluno tenha a sua.

Utilização:
   O aluno precisa ser estimulado a explorar a capacidade de medição da sala de aula, do tamanho de seu passo, sua carteira e muitas outras distâncias. Desenvolver os conceitos de meio metro, metro e usar o barbante ou parte do mesmo para diversas estimulações.

Nº 91	Gr. 02 – D	Inteligência Lógico-matemática

Habilidade	Nome	Outras estimulações
Noção de medida linear e representação em escala	Brincando com fotos	Noção e aplicação de escalas

Preparação:

Usar fotos de revistas ou mesmo fotos familiares trazidas pelos alunos.

Utilização:

A percepção do conceito de escala – *relação ou proporção existente entre as dimensões de um mapa, ou proporções de uma ilustração e as dimensões reais* – tem início com o desenho do contorno do corpo de um aluno em tamanho natural e sua reprodução em folhas de cadernos. A partir dessa experiência, trabalhar com fotos, relacionando o tamanho real do que a mesma representa e as avaliações prováveis da escala presente.

Nº 92	Gr. 02 – D	Inteligência Lógico-matemática

Habilidade	Nome	Outras estimulações
Operações com medidas lineares	O paquímetro	Noção de tamanho Atenção

Preparação:

Usar, se possível, a ferramenta conhecida por esse nome – *régua metálica ou de madeira com uma parte fixa e outra deslizante, graduada em centímetros*. Em seu lugar, o passo, o palmo e outros recursos podem ser utilizados.

Utilização:

O aluno precisa ser estimulado a "pesquisar" o tamanho de objetos, os mais diversos. Inicialmente na escola e, depois, com tarefas para casa como meio de se construir essa percepção e transferir medidas obtidas com a ferramenta a outra com palmos, passos, polegada ou até cartões de diferentes tamanhos, usados para o fim de se estabelecer ideias de medidas.

(Existe no comércio "Pak"– QI.)

| Nº 93 | Gr. 02 – E | Inteligência Lógico-matemática |

Habilidade	Nome	Outras estimulações
Raciocínio lógico	A batalha naval	Noção de abstração Atenção

Preparação:
Adquirir cartelas como jogos de batalha naval ou desenvolver o jogo em folhas de papel quadriculado.

Utilização:
O aluno deve ser estimulado a jogar com um parceiro e, progressivamente, em jogo de duplas contra duplas ou grupos contra grupos. Além dos artefatos normais, é interessante o estímulo a outros e o jogo pode perfeitamente se transformar em uma "batalha terrestre".

(Inúmeros "Games" ou jogos de cartas recreativos se prestam, quando usados criteriosamente, ao estímulo do pensamento lógico.)

| Nº 94 | Gr. 02 – E | Inteligência Lógico-matemática |

Habilidade	Nome	Outras estimulações
Raciocínio lógico	O detetive	Observação

Preparação:
Carimbeira (Almofada para carimbos), talco e uma lupa.

Utilização:
A atividade tem início com uma coleção de impressão digital do próprio aluno, apoiando cada um de seus dedos em uma carimbeira e marcando em uma tira de papel que, depois, deve ser colada em um caderno. Deve, depois, marcar superfícies lisas, principalmente vidros, com os dedos, polvilhar talco sobre a impressão digital e soprar o excedente. Examinar com a lupa a impressão no vidro e comparar com a sua. Desenvolver essa habilidade, colhendo impressões digitais de colegas, e procurando descobrir quem marcou as superfícies previamente combinadas.

| Nº 95 | Gr. 2 – E | Inteligência Lógico-matemática |

Habilidade	Nome	Outras estimulações
Raciocínio lógico	Operações misturadas	Operações / Motricidade

Preparação:

O professor distribui aos alunos cartões com números de 0 a 9 e, para outros alunos, sinais de soma, subtração, multiplicação, divisão e igual. Ao invés de cartões, pode distribuir tampinhas de garrafa com esses números e signos colados. Os alunos são divididos em dois grupos e em cada um deles deve haver todos os números e sinais.

Utilização:

A um sinal do professor as equipes necessitarão, dentro de um tempo estipulado e que progressivamente vai sendo reduzido, formar operações aritméticas com seus respectivos resultados e que correspondam a um resultado mencionado pelo professor. Exemplo: o professor escreve na lousa 252; os grupos deverão ordenar os cartões ou tampinhas de maneira a formar, por exemplo, a operação 21 x 12 ou outra qualquer que expresse esse mesmo resultado e utilize a operação solicitada e assim por diante.

| Nº 96 | Gr. 2 – E | Inteligência Lógico-matemática |

Habilidade	Nome	Outras estimulações
Raciocínio lógico	Depressinha	Memória verbal / Fluência

Preparação:

O jogo pode iniciar-se sem usar números, mas é válido para estímulo da inteligência lógico-matemática, na medida em que exige uma fluência verbal lógica. Alunos sentados na sala de aula em fileiras.

Utilização:

O jogo tem início com uma palavra mencionada pelo professor. O primeiro aluno deverá, imediatamente, dizer outra que rime com a primeira e assim por diante, até que um aluno erre ou não consiga dizer a rima, passando sua vez a outro. Em níveis mais avançados, a classe pode ser dividida em dois grupos; no primeiro grupo um aluno diz um número, o seguinte uma operação aritmética, o terceiro diz um outro número. A equipe oposta dispõe de algum tempo predeterminado para apresentar o resultado; ganhando ou perdendo pontos. Essa equipe passa, então, a propor as operações.

Nº 97	Gr. 2 – E	Inteligência Lógico-matemática

Habilidade	Nome	Outras estimulações
Raciocínio lógico	Mensagens cifradas	Curiosidade

Preparação:

O jogo desenvolve-se a partir da criação, por parte do professor, de um conjunto de signos que passem a simbolizar as letras do alfabeto e, dessa maneira, escrever uma mensagem substituindo cada letra pelo signo correspondente. *Esse signo precisa se apresentar como uma sequência lógica de maneira a estimular a dedução do aluno para chegar a sua descoberta.* Exemplos: As letras do alfabeto são dispostas de forma que a letra A é substituída pela B; a C, pela letra D, e assim por diante, onde a letra Z passe a simbolizar a letra A. Outra possibilidade é atribuir às vogais os números de 1 a 5 e às consoantes M (6); P (7); R (8); e S (9).

Utilização:

Explicando os procedimentos que os alunos, geralmente divididos em trios ou em grupos maiores, devem desenvolver para alcançar e explorar a capacidade de dedução, redigir mensagens que estimulem essas operações e o uso de diferentes habilidades operatórias. Exemplo: Decifra-me (Efdhea-ld) ou Procure-me (780C582-62). É importante estimular esses desafios partindo de mensagens cifradas simples para as mais complexas e não revelando sua "chave" senão após esgotarem-se as múltiplas tentativas desenvolvidas pelos alunos.

Nº 98	Gr. 2 – C	Inteligência Lógico-matemática

Habilidade	Nome	Outras estimulações
Operações e conjuntos	Velha curiosa Matemática	Memória / Operações

Preparação:

O material deve ser o mesmo do jogo linguístico (Jogo da velha curiosa), mas nas folhas que devem aparecer abaixo da cartela com os círculos ao invés de palavras devem aparecer operações (por exemplo: *2 + 3 =* ou *5 – 2 =*).

Utilização:

O procedimento segue o mesmo do jogo da velha, mas os pontos são marcados pelos alunos que apresentam resultados corretos para a operação proposta. O aspecto mais relevante desse jogo é a possibilidade de torná-lo sempre atual, alternando as folhas de base com as operações que devem ir sendo substituídas por outras mais difíceis. Um professor pode até mesmo propor uma verdadeira "copa do mundo" entre equipes, com jogos classificatórios, de oitavas de final e assim por diante, sempre aumentando a complexidade das respostas solicitadas.

Nº 99	Gr. 2 – B	Inteligência Lógico-matemática

Habilidade	Nome	Outras estimulações
Raciocínio lógico Sistemas de numeração	Novo amarelinha	Desenvolvimento motor / Fluência em operações

Preparação:

O jogo deve ser desenvolvido no pátio da escola. No chão devem ser desenhados os espaços de um jogo de amarelinha convencional, mas as "casas" podem propor diferentes cálculos ou outras operações e o aluno somente pode arremessar o sinalizador para a casa que pretende saltar se apresentar o resultado dessa operação.

Utilização:

O procedimento não difere inicialmente de um jogo de amarelinha, mas progressivamente operações mais complexas podem ir sendo adicionadas, implicando em progressivo domínio de sistemas de numeração e operações e conjuntos por parte dos alunos. O tipo de jogo estimula a criatividade e professores e alunos podem desenvolver ideias conjuntas sobre novas regras para o jogo, desde que as mesmas proponham a exploração dos elementos matemáticos ligados a diversas operações.

Nº 100	Gr. 2 – B	Inteligência Lógico-matemática

Habilidade	Nome	Outras estimulações
Sistemas de numeração	Empilhatas	Operações e conceituação

Preparação:
Latas de refrigerantes vazias.

Utilização:
Orientados pelo professor, os alunos devem empilhar latas sobre uma mesa ou no chão. Essa tarefa, entretanto, deverá ser executada segundo um número de latas proposto pelo professor, cabendo ao aluno operacionalizar o raciocínio necessário para formar uma pirâmide de latas a partir dessa referência. Em etapas seguintes o professor pode propor esse número através de cálculos e sugerir que o aluno ou as duplas estabeleçam em uma folha de papel um "projeto" sobre como executar a tarefa.

Nº s/n	Gr. 02 – E	Inteligência Lógico-matemática

Habilidade	Nome	Outras estimulações
Associações lógicas	Diversos	Raciocínio lógico

Importante:
Inúmeros jogos citados anteriormente estimulam o desenvolvimento do raciocínio lógico simultaneamente a habilidades ligadas à Conceituação Matemática, Operações, Sistemas de Numeração ou Instrumentos de Medidas. Existem, entretanto, alguns materiais específicos que auxiliam o aperfeiçoamento dessa habilidade. Entre estes:

– Blocos Lógicos – Dienes – EPU (Editora Pedagógica Universitária)

– Escala – QI.

– Materiais para Matemática Montessori – Associação Montessori do Brasil (Rua Marquês de Valença, 442 – Alto da Moóca – SP; CEP: 03182-040 – Fone: (011)292-9184. Esse material faz parte de uma metodologia específica e sua utilização requer preparação que só é desenvolvida pelas Associações Montessorianas).

18
O material pedagógico de Maria Montessori e os blocos lógicos de Dienes

Um sistema de ensino bem-sucedido e bastante difundido no Ocidente é o que a Dra. Maria Montessori concebeu para estimular crianças com problemas de aprendizagem na Itália e que difundiu-se rapidamente pelos Estados Unidos nos anos de 1960 e no Brasil na década seguinte. O projeto Montessori é centrado na criança e explora suas habilidades naturais, desenvolvendo a educação motora, a linguagem e o desenvolvimento sensorial, mas também o desenvolvimento moral, a paciência, a ordem, cooperação, autocontrole e responsabilidade. O material pedagógico específico é cuidadosamente preparado e os professores treinados para essa ação pedagógica. Não existem restrições a esse trabalho, mas é importante admitir que sua origem remonta a uma época em que os computadores não eram usados para a avaliação dos movimentos e das sinapses cerebrais e nem mesmo conheciam-se as múltiplas inteligências humanas.

Os *blocos lógicos* são pequenas peças geométricas criadas na década de 1950 pelo húngaro *Zoltan Paul Dienes* e visam estimular a lógica e o raciocínio abstrato. Seu uso pode abranger alunos desde os quatro anos de idade e podem ser adquiridos no comércio ou confeccionados pelo próprio professor com cartolina ou papel-cartão. Um jogo completo contém 48 peças divididas nas cores amarela, azul e vermelha, quatro formas (círculo, quadrado, triângulo e retângulo), dois tamanhos (grande e pequeno) e duas espessuras (fino e grosso). Entre as inúmeras atividades propostas com os blocos de Dienes, que devem ser sempre intercaladas com outros jogos, vale a pena destacar as seguintes:

1. Promover o *reconhecimento do material*, desenhando em uma cartolina branca figuras que podem ser cobertas pelos blocos (Casinhas, trens, caminhões, Sol e muitas outras). Progressivamente os alunos são estimulados a criar suas próprias figuras.

2. Estimular a *classificação* das peças. Dividindo os alunos em grupos, o professor pode ir retirando cada peça de uma sacola e escolhendo alternadamente os alunos de um ou de outro grupo e ir indagando os atributos da peça. Por exemplo, o primeiro aluno é chamado para falar de sua cor, outro de sua espessura, o terceiro

de seu tamanho, o quarto de sua forma e assim por diante, marcando os pontos para as equipes à medida que seus representantes vão acertando.

3. A terceira etapa visa estimular a *composição* e *decomposição* das peças. Os alunos são agora divididos em grupos e cada um recebe diferentes atributos das peças, devendo ir até o local em que as mesmas se encontram para encontrá-las (Exemplo: o Grupo "A" recebe em uma tira de papel os elementos: vermelho, círculo, pequeno, grosso).

4. A quarta etapa estimula *comparações simultâneas* e nesse contexto o professor prepara em uma folha de cartolina ou com giz no chão do pátio da escola um quadrado maior, dividido em outros quatro menores, e coloca em três partes do quadrado uma peça diferente, cabendo ao aluno a tarefa de descobrir a quarta peça, observando a lógica das diferenças entre elas.

Estas sugestões, evidentemente, não constituem a única forma de utilização dos blocos lógicos. Sua diversidade de cor, espessura, tamanho e formas abriga inúmeros outros meios para estímulos necessários para a conceituação, as medidas, as operações e principalmente os raciocínios lógicos.

19
A inteligência espacial

A inteligência espacial se manifesta pela capacidade em se perceber formas iguais ou diferentes em objetos apresentados sob outros ângulos, em identificar o mundo visual com precisão, em efetuar transformações sobre suas próprias percepções, em imaginar movimento ou deslocamento entre partes de uma configuração, em se orientar no espaço e em ser capaz de recriar aspectos da experiência visual, mesmo distante de estímulos relevantes. Presente nos arquitetos, nos especialistas em computação gráfica, nos geógrafos, marinheiros e exploradores, é também competência nítida em cartógrafos, especialistas em diagramas ou gráficos, computação gráfica ou pessoas comuns estereotipadas genericamente como muito "criativas". Mais estimulada em alguns povos que em outros, aparece com nitidez em publicitários criativos, mas também em Darwin ao buscar na concepção de árvore a metáfora para a explicação da evolução ou em Dalton, por trazer do sistema solar sua representação da estrutura atômica.

A estrutura da lateralidade, do tempo e do espaço se dá de maneira interligada, mas a preocupação didática separa esses jogos em diferentes padrões. Esses referenciais são básicos para que a criança possa agir em diferentes níveis e representam raízes para o posterior domínio da leitura, da escrita e da alfabetização matemática.

Estimulada desde a infância pela atmosfera de realidade com que o mundo espacial e histórico de uma criança é concebido, pode ser ampliada através de interações em que é levada a pensar no impensável, dialogar criativamente ou elaborar roteiros, mesmo que impossíveis de ser percorridos na vida prática. Em sala de aula, a alfabetização cartográfica é um vigoroso estímulo a essa inteligência, como o é a apresentação de jogos que trabalham a lateralidade, o conceito de escala, o pensamento lógico, a criatividade ou enigmas diversos.

As principais linhas de estimulação dos jogos espaciais visam desenvolver o sentido de *lateralidade* da criança, sua percepção e posterior operação de conceitos como "esquerda", "direita", "em cima", "embaixo", "próximo", "distante", meios funcionais para que se torne progressivamente construtor de mapas e descubra nessa forma de representação algo como uma "folha impressa" para um leitor alfabetizado. A conquista progressiva da lateralidade amplia o raciocínio espacial da criança e abre caminho para os jogos voltados para sua orientação *espaçotemporal*, e, ao mesmo tempo, para sua *criatividade*. A síntese desses procedimentos se inclui no que habitualmente se conceitua como jogos da *alfabetização cartográfica*.

Além dos inúmeros jogos propostos a seguir, julgamos oportuno a aplicação de outros, criados pelo próprio professor, explorando alguns conceitos espaciais e temporais básicos, levando o aluno a identificar, em desenhos executados na lousa ou em cartolinas, figuras desenhadas ao *alto* e *embaixo*, figuras que se *afastam* de outras e as que estão *próximas*.

Ainda usando desenhos ou valendo-se de objetos concretos como caixas de fósforos, garrafas de água transparentes, copos plásticos descartáveis, é possível um programa de estimulação desenvolvendo diversificadas atividades exploradoras das habilidades espaciais e temporais e que fixem conceitos de *dentro* e *fora*, *em volta de*, *entre dois*, *igual* e *diferente*, *em fila*, *sobre* e *sob*, *sempre* e *nunca*.

20
Jogos para a estimulação da inteligência espacial

Nº 101	Gr. 03 – C	Inteligência Espacial

Habilidade	Nome	Outras estimulações
Conceituação de tempo	Ampulheta	Noção de formas

Preparação:

Usar duas garrafas plásticas e duas tampas de potes de creme ou maionese ajustadas à abertura das garrafas. Papel-cartão resistente, com um círculo pequeno. Cortar as garrafas no sentido horizontal, unir os gargalos, colocando entre eles um círculo de cartão perfurado. Colocar areia fina, colorida com anilina, formando uma ampulheta (procurar um modelo em uma ilustração).

Utilização:

Essa ampulheta deve ser usada para marcar o tempo e os alunos devem observar a passagem da areia de uma metade da garrafa para outra, associando esse tempo com atividades que estão desenvolvendo. Levá-los a associar o tempo às divisões do dia e da noite. Mostrar quantos pingos caem de uma torneira semifechada em um espaço de tempo e outras múltiplas atividades.

(Existe no comércio – ampulhetas de vidro podem ser adquiridas em lojas de decoração.)

Nº 102	Gr. 03 – C	Inteligência Espacial

Habilidade	Nome	Outras estimulações
Conceituação de tempo	As fotos da família	Observação

Preparação:

Recortar em revistas diferentes figuras de pessoas nas várias etapas da vida, do nascimento à velhice. Reunir, se possível, fotos de animais jovens e adultos.

Utilização:

Os alunos devem seriar as figuras de acordo com a evolução. Estimulá-los quando possível a obter em casa suas fotos em diferentes etapas do crescimento e levá-los a descobrir a ação do tempo e sua passagem ao longo da vida das pessoas. Explorar a herança das fotos das famílias é sempre muito interessante, como também gravar relatos das pessoas mais antigas do lugar. Em etapas mais avançadas é interessante procurar fotos antigas do bairro ou de edifícios conhecidos pelos alunos para ampliar a experiência. O professor pode propor inúmeras questões do tipo: Como viajavam? Quais eram as formas de lazer? Como conservavam alimentos etc.) É interessante associar o dia a dia da criança com o de pessoas mais velhas, comparando experiências.

Nº 103	Gr. 03 – C	Inteligência Espacial

Habilidade	Nome	Outras estimulações
Conceituação de tempo	O jogo da sucessão	Concentração

Preparação:

Colecionar gravuras de revistas ou desenhar ilustrações mostrando as diferentes etapas do dia a dia de uma criança e, se possível, também de um adulto. O ideal é ilustrar o passar das horas e mostrar as diferentes atividades de uma criança (acordar, tomar café, sair de casa, chegar à escola, assistir aula, participar do recreio etc.).

Utilização:

Essas gravuras ou desenhos, coladas em cartolina, formarão peças que deverão ser seriadas pelos alunos, desenvolvendo sua observação da evolução temporal. Em etapas mais elevadas, o exercício pode prosseguir com as estações do ano e a sucessão dos meses. Uma alternativa interessante pode ser feita com figuras representando velas acesas em diferentes tamanhos.

(Existem no comércio inúmeros jogos com a mesma finalidade, produzidos por diferentes fabricantes.)

Nº 104	Gr. 03 – C	Inteligência Espacial

Habilidade	Nome	Outras estimulações
Conceituação de tempo	Quem conta?	Imaginação

Preparação:

Usar caixas de fósforos vazias, uma figura com personagens humanos, de aproximadamente 20 x 20cm, cortar em pedaços e colar sobre as caixas de fósforos, formando um quebra-cabeça.

Utilização:

A tarefa dos alunos, individualmente ou em grupos, será a de montar a figura, unindo suas partes coladas nas caixas de fósforos. A tarefa, entretanto, não se esgota com a montagem do quebra-cabeça. Os alunos devem contar histórias que utilizem cenas que caracterizam a anterioridade e a posterioridade da história criada. A participação do professor é muito importante, colocando questões que explorem esses elementos (O que aconteceu depois?... E antes?... Como vai ficar essa história amanhã? etc.).

Nº 105	Gr. 03 – C	Inteligência Espacial

Habilidade	Nome	Outras estimulações
Conceituação de tempo	Jogo da memória	Noção de limites

Preparação:
Montar pares de figuras diferentes, do mesmo tamanho, em papel-cartão (esses pares podem ser um cachorro de um tamanho, outro de outro tamanho, um cachorro e a palavra "cachorro", e assim por diante. Não existe limite para o número de cartões montados).

Utilização:
Os alunos, organizados em duplas, receberão determinado número de cartões e, após ordená-los sobre uma mesa ou mesmo no chão, deverão procurar seus cartões pares, colocados em outra mesa. É interessante ampliar a estratégia para a verbalização e a montagem de uma pequena história envolvendo os cartões reunidos.
(Existem no comércio vários tipos de "baralhos" com jogos da memória.)

Nº 106	Gr. 03 – B	Inteligência Espacial

Habilidade	Nome	Outras estimulações
Orientação espacial	Ordenando palitos	Coordenação manual

Preparação:
Usar fósforos usados que, para maior identificação visual e conservação, podem ser pintados. Caixas para guardá-los após o jogo.

Utilização:
Os alunos, em duplas ou trios, devem retirar os fósforos da caixa e depois recolocá-los postando todas as cabeças do mesmo lado. Em etapas subsequentes, formar quadrados, triângulos ou retângulos com palitos. Mostrar na lousa algumas figuras geométricas e solicitar que a criança as copie com palitos. Trabalhar sequência de quantidade e, alternando sequências, levar os alunos a descobrir a sequência seguinte (Exemplo: 1 palito, 2 palitos, 3 palitos... qual a sequência seguinte? – Alternar com sequência de pares ou outros conjuntos).

Nº 107	Gr. 03 – B	Inteligência Espacial

Habilidade	Nome	Outras estimulações
Orientação espacial	Palito-cartão	Coordenação manual

Preparação:

Folhas de cartolina e palitos de fósforo usados. Desenhar figuras geométricas e formas irregulares na cartolina. Todos os desenhos devem ser passíveis de uma reprodução com palitos de fósforo.

Utilização:

A tarefa dos alunos, individualmente, é a de colocar os palitos sobre os desenhos, reproduzindo as figuras geométricas colocadas. A experiência pode ser ampliada com desenhos de casas e outros, progressivamente apresentando maior complexidade.

Nº 108	Gr. 03 – D	Inteligência Espacial

Habilidade	Nome	Outras estimulações
Orientação espacial	Damas	Atenção e concentração

Preparação:

Folhas de papel-cartão de cor clara, régua, tesoura, lapiseira e canetas hidrográficas para desenhar o tabuleiro. Massa plástica ou argila colorida permitem a construção das peças do jogo.

Utilização:

Os alunos devem ser convocados para confeccionar as peças e os tabuleiros e para as primeiras é bastante válido o exercício da criatividade de cada aluno. Com o jogo preparado, é importante a orientação sobre suas regras e a aceitação das mesmas favorece a noção de limites por parte do aluno. O objetivo principal é eliminar as peças do adversário e atingir o extremo do tabuleiro.

(Existem diferentes modalidades de jogos de damas no comércio.)

| Nº 109 | Gr. 03 – B | Inteligência Espacial |

Habilidade	Nome	Outras estimulações
Orientação espacial	A casa e seu lugar	Atenção e concentração

Preparação:

Preparar com folhas de papel-cartão e gravuras obtidas em revistas uma série de retângulos de aproximadamente 5 x 5cm. É importante que nesses retângulos exista uma bolinha, ora à direita, ora à esquerda da ilustração; em certas situações a bolinha aparece acima e, em outras, abaixo da figura. Um tabuleiro de 15 x 15cm, também desenhado em cartolina.

Utilização:

Os alunos devem colocar seus retângulos no centro, à direita, ou à esquerda do tabuleiro e, respectivamente, acima, abaixo, à esquerda ou à direita. O essencial na atividade é o emprego desses conceitos e seu progressivo domínio pelo aluno. Explorar a atividade e mostrar ilustrações ou situações onde objetos fiquem à direita, à esquerda, acima ou abaixo da mesa do professor, por exemplo.

(Existem no comércio "As abelhas e a flor" e diversos outros.)

Nº 110	Gr. 03 – C	Inteligência Espacial
Habilidade Orientação espacial	**Nome** Exército de papelão	**Outras estimulações** Atenção e concentração

Preparação:

Preparar com a ajuda dos alunos um "exército" contendo vários carros de combate, soldados e outras peças. Não há qualquer importância que essas peças (feitas de papelão ou massa de modelar) sejam semelhantes às reais. Uma alternativa é usar tampinhas coloridas de pasta de dente, conchinhas ou outros objetos que devem assumir suas funções segundo o imaginário do aluno. Uma rosa dos ventos desenhada em cartolina e uma bússola para conferir a exatidão dos pontos solicitados.

Utilização:

Os alunos devem armar o exército livremente e, depois, segundo orientação do professor, arrumar as peças à direita ou à esquerda de um ponto de referência, classificá-las em fila, uma alternada à outra e assim por diante. Acrescentar-se uma rosa dos ventos ao jogo permite explorar os conceitos de pontos cardeais, desde que sejam os mesmos aferidos devidamente com uma bússola.

(Existem diferentes modalidades de jogos de armar que podem ser utilizados segundo as propostas sugeridas.)

Nº 111	Gr. 03 – B	Inteligência Espacial

Habilidade	Nome	Outras estimulações
Orientação espacial	A cidade de papelão	Orientação e escala

Preparação:

Preparar, se possível com a ajuda dos alunos, uma "cidade" em miniatura usando caixas de fósforo, palitos e outros materiais. Desenhar um "tabuleiro" com as ruas dessa cidade e marcar claramente em um canto da mesma uma rosa dos ventos.

Utilização:

O jogo é uma atividade de montar os prédios, semáforos, veículos e árvores pela cidade e o professor, localizando o tabuleiro segundo os pontos cardeais verdadeiros da sala de aula, deve orientar os alunos a perceber essas referências e a importância da posição de um ponto cardeal face ao elemento de referência (Exemplo: a Prefeitura está ao norte da praça, mas ao sul, em relação aos Correios etc.).

(Existem diversos jogos de montar cidades [O futuro engenheiro / Coluna] e sítios em miniatura. Uma rosa dos ventos amplia o estudo das posições e de suas referências.)

Nº 112	Gr. 03 – B	Inteligência Espacial

Habilidade	Nome	Outras estimulações
Orientação espacial	Simetria	Observação

Preparação:

Preparar uma série de cartões com meias figuras de frutas (maçã), borboletas, margaridas ou outros elementos.

Utilização:

A tarefa do aluno é apoiar essas meias figuras em uma folha de papel e tentar desenhar a outra metade, formando figuras inteiras. Uma variação pode ser feita, decalcando-se em papel transparente algumas meias figuras, levando o aluno a completar a figura.

N° 113	Gr. 03 – B	Inteligência Espacial

Habilidade	Nome	Outras estimulações
Orientação espacial	Encontre o ímpar	Concentração

Preparação:

O papel-cartão é dividido ao meio em duas partes. Em uma das partes o professor cola várias figuras obtidas em revistas ou em Cliparts de computador; na outra metade, essas mesmas figuras, porém incompletas, faltando uma pequena parte.

Utilização:

A tarefa dos alunos será encontrar a metade de sua figura e formar o par, identificando entre as opções existentes, e naturalmente incompletas, a que melhor se ajusta à figura original.

N° 114	Gr. 03 – B	Inteligência Espacial

Habilidade	Nome	Outras estimulações
Orientação espacial	O pintor e o flanelógrafo	Criatividade

Preparação:

Preparar uma placa perfurada e peças diferentes para encaixe nesses furos. Em caso de dificuldade, um flanelógrafo pode substituir a placa perfurada, assim como com o mesmo pode-se montar um verdadeiro cenário para que o aluno monte figuras e crie histórias.

Utilização:

O aluno, orientado pelo professor, deve montar figuras ou reproduzir modelos que explorem linhas verticais, horizontais e formas geométricas. Desenhar formas na lousa e solicitar sua reprodução encaixando os pinos nas placas. Fazer ditados, orientando encaixes (Exemplo: fixar três pinos brancos um à direita do outro... e assim por diante).

(Existe no comércio: Mil Quadros / Glaslite; Feltrin Grow.)

Nº 115	Gr. 03 – D	Inteligência Espacial

Habilidade	Nome	Outras estimulações
Orientação espacial	Arames coloridos	Criatividade

Preparação:

Preparar com arames revestidos de plásticos coloridos (usados como cabos elétricos) uma caixa contendo arames de várias cores em tamanhos variáveis de 10 a 30cm.

Utilização:

O aluno deve ser estimulado pelo professor a produzir formas geométricas variadas, reproduzir linhas e desenhos, fazer letras e números, fazer flores, óculos, laços, colares e uma série de outras peças. Deve, em etapas posteriores, relacioná-las contando histórias que as envolvam.

(Existem diversos jogos de montar cidades e sítios em miniatura. Uma rosa dos ventos amplia o estudo das posições e de suas referências.)

Nº 116	Gr. 03 – B	Inteligência Espacial

Habilidade	Nome	Outras estimulações
Orientação espacial	Brincando com ímãs	Criatividade

Preparação:

Preparar uma tabela metálica e adquirir no comércio bichinhos e flores imantadas, usadas como enfeites de geladeiras.

Utilização:

A atividade é similar à proposta com o flanelógrafo. Os alunos devem montar as peças, identificando conceitos como "direita", "esquerda", "em cima", "embaixo" e outros. Criar histórias envolvendo a arrumação das peças.

(Existe no comércio: Magneto / QI.)

Nº 117	Gr. 03 – D	Inteligência Espacial

Habilidade	Nome	Outras estimulações
Orientação espacial	Playmobil	Criatividade

Preparação:

O jogo existe no comércio e é muito popular. O importante é dar ao mesmo, ao lado de sua finalidade recreativa, opções educacionais. Isto é possível, criando inúmeras situações que envolvam posicionamento das peças e sua teatralização com a consequente verbalização.

Utilização:

O aluno (individualmente ou em grupo) deve ser estimulado a posicionar peças (trabalhando noções de direita, esquerda, leste, oeste e outras) e também criar cenas que reproduzam fatos do cotidiano do aluno ou circunstâncias imaginadas. É interessante a interatividade entre essas histórias envolvendo vários alunos.

(Existem no mercado: "Playmobil": [Trol] e muitos outros.)

Nº 118	Gr. 03 – B	Inteligência Espacial

Habilidade	Nome	Outras estimulações
Orientação espacial	Sequências lógicas	Criatividade

Preparação:

Preparar cartões (5cm x 5cm) coloridos e colar nos mesmos situações desenhadas, caracterizando sequência de atividades em diferentes profissões. Por exemplo: Dentista (1. O cliente chega / 2. É recebido / 3. Senta-se na cadeira / 4. É tratado / 5. Despede-se). Variar situações, incluindo atividades do agricultor, minerador, alfaiate e muitas outras. Este jogo constitui uma variação do nº 103.

Utilização:

A atividade deve ser programada e a tarefa dos alunos é colocar as peças em sequência lógica, sempre que possível, verbalizando e detalhando as situações.

(Existem vários jogos no comércio.)

Nº 119	Gr. 03 – B	Inteligência Espacial

Habilidade	Nome	Outras estimulações
Orientação espacial	Xadrez francês	Composição

Preparação:
　　Preparar em uma cartolina branca um quadriculado (5cm x 5cm) com 25 casas. Com papel-cartão ou cartolina colorida produzir figuras geométricas que caibam nessas casas, recortando em cores diferentes triângulos, losangos, hexágonos, quadrados e outros.

Utilização:
　　O professor deve explicar as regras do jogo para os alunos e determinar as sequências que pretende. Em etapas mais avançadas, pode organizar sequências lógicas em que falta uma peça e solicitar ao aluno que a encontre, colocando na casa correspondente. A tarefa do aluno será a de ordenar figuras na sequência solicitada pelo professor

Nº 120	Gr. 03 – B	Inteligência Espacial

Habilidade	Nome	Outras estimulações
Orientação espacial	Associação de ideias	Associação de ideias

Preparação:
　　Preparar uma série de pares de cartões em que um sempre se associe a outro (exemplo: leite – vaca / ovo – galinha).

Utilização:
　　A atividade dos alunos, individualmente ou em duplas ou trios, é descobrir e ordenar as associações. Em etapas mais avançadas é importante solicitar que os alunos colecionem figuras de revistas com essas ou muitas outras associações e desenvolva essa habilidade, criando histórias e relatando-as.
　　(Existe no comércio: "Jogo de Associação de Ideias" [Úki – Úki].)

Nº 121	Gr. 03 – D	Inteligência Espacial

Habilidade	Nome	Outras estimulações
Percepção e orientação espacial	O dado do tempo	Associação entre o desenho e a realidade

Preparação:

O professor deve preparar um dado grande (cerca de 15cm x 15cm), desenhando em cada lado uma das condições do tempo (sol aberto, sol com nuvens, céu encoberto, garoa, tempestade, ventania) e sessenta cartões (dez para cada situação do tempo) desenhando diferentes estados do tempo, conforme os desenhos do dado.

Utilização:

Os alunos podem participar individualmente, em dupla ou em equipes. Joga-se o dado e conforme a figura que aparecer em cima, o aluno deve retirar o cartão correspondente, procedendo dessa forma até esgotarem-se os cartões. Ao terminarem os cartões, os alunos devem ser levados a observar o tempo e identificar quais desenhos correspondem ao real. Devem, depois, examinar nos jornais o estado do tempo previsto, discutindo sua relação com os cartões retirados e o estado do tempo observado.

Nº 122	Gr. 03 – B	Inteligência Espacial

Habilidade	Nome	Outras estimulações
Percepção de espaço	Pulando a corda	Motricidade

Preparação:

Uma corda de aproximadamente um metro e meio de comprimento.

Utilização:

Dois alunos em pé, um frente ao outro, segurando a corda cerca de 30cm de altura do chão. Ao comando do professor, um aluno por vez dirige-se até a corda e aguarda a determinação do professor que pode ser passar *sobre* ou *sob* a corda. Deve haver um rodízio entre os que seguram a extremidade da corda.

Nº 123	Gr. 03 – D	Inteligência Espacial

Habilidade	Nome	Outras estimulações
Orientação espacial	Uma cara e caretas	Identificação emocional

Preparação:

Preparar em uma cartolina branca uma série de círculos. Preparar com cartolina colorida diferentes expressões para serem montadas sobre esses círculos (que simbolizam a cara). Desenhar diferentes tipos de bocas, de nariz, de olhos, voltados para direções diferentes.

Utilização:

Os alunos devem montar e agrupar expressões no rosto conforme a determinação do professor, obedecendo sequências. Em etapas posteriores o jogo constitui poderoso instrumento para a identificação de estados de emoção. Sortear um papel com o nome de uma expressão facial e solicitar que montem essas expressões e relatem exemplos pessoais de estados de emoção.

Nº 124	Gr. 03 – B	Inteligência Espacial

Habilidade	Nome	Outras estimulações
Orientação espacial	Uma ideia puxa outra...	Atenção / Vocabulário

Preparação:

Preparar com ilustrações de revistas uma série de cartões com muitas associações (15cm x 10cm) lado a lado (por exemplo: vaso / regador – ninho / passarinho – abelha / colmeia e outras) e recortá-las de maneira a permitir que as duas partes se unam através de um encaixe. Preparar mais de um encaixe para essas situações, de maneira que seja possível, por exemplo, o encaixe vaso / ninho e outros.

Utilização:

A atividade dos alunos, individualmente ou em duplas ou trios, é unir as peças construindo associações. Como essas construções são possíveis com associações corretas e encaixes em situações não corretas, desenvolver o sentido dessas associações, estimulando o relato de diferentes situações que possam envolvê-las.

(Existem no comércio: jogos e dominós para associação de ideias.)

Nº 125	Gr. 03 – D	Inteligência Espacial

Habilidade	Nome	Outras estimulações
Orientação espacial	Classificação	Classificação

Preparação:

Preparar uma série de cartões (5cm x 5cm) que identifiquem diferentes possibilidades de classificações, separando em cada cartão um elemento. Exemplo: formas de relevo, aves, mamíferos, flores, frutas e muitas outras.

Utilização:

Espalhar esses cartões e estimular o aperfeiçoamento do hábito do aluno em *classificar*. Desta maneira, em duplas ou em grupos, os alunos devem selecionar e combinar os cartões para sua classificação. Podem ainda receber cartões aleatoriamente e ser estimulados a proceder trocas para a classificação. Em etapas mais avançadas, os cartões com figuras podem ser substituídos por outros com palavras.

Nº 126	Gr. 03 – D – C	Inteligência Espacial

Habilidade	Nome	Outras estimulações
Orientação espacial	Causa-efeito	Associação de ideias

Preparação:

Preparar uma série de cartões que revelem situações de causa e efeito. Exemplo: Chuva – Capa – Passeio / Sol – Praia – Filtro solar na pele. Existindo dificuldade, os cartões com figuras podem ser substituídos por outros que contenham apenas palavras que relacionem a causa ao efeito. Esses cartões, entre outros, podem agrupar até operações matemáticas. Exemplo: *2 + 4* e em outro cartão o número 4 e assim por diante.

Utilização:

Embaralhar os cartões para que os alunos possam construir situações que estabeleçam a relação entre a causa e o efeito. Após o jogo, colher na sala, com os alunos, exemplos dessas situações, relacionando-os na lousa e separando aqueles em que as causas surtem os efeitos previsíveis e outras com efeitos algumas vezes diversificados.

(Existe no comércio: "Determinando Causa e Efeito" [Jovial].)

Nº 127	Gr. 3 – A	Inteligência Espacial

Habilidade	Nome	Outras estimulações
Lateralidade / Motricidade	Bola em jogo	Raciocínio lógico

Preparação:
   Os alunos devem estar reunidos no pátio da escola. Uma bola de borracha. O professor enumera sequencialmente os alunos.

Utilização:
   O jogo tem início com o professor atirando a bola ao alto e chamando aleatoriamente um número. O aluno, possuidor do número chamado, deverá segurar a bola, deslocando-se com agilidade para o ponto lateral em que deve a mesma cair. Caso apanhe a bola deve arremessá-la para o alto, chamando outro número que ainda não tenha sido chamado. Erram os alunos que não conseguirem apanhar a bola, desde que atirada dentro dos limites que o professor aceita como válidos, e os que apanhando-a chamam colegas cujos números já haviam saído.

Nº 128	Gr. 2 – A	Inteligência Espacial

Habilidade	Nome	Outras estimulações
Raciocínio lógico	O hexágono	Dedução

Preparação:
   O hexágono, assim como o tangran, é um puzzle matemático cuja montagem exige grande poder de concentração e de domínio dessa forma geométrica. Papel-cartão de diferentes cores e a figura de um sólido geométrico de seis lados, cortado.

Utilização:
   Os alunos, reunidos em grupo, recebem as peças do hexágono em um envelope e devem montar a figura usando como referência o modelo da figura desenhado na lousa. É importante cortar cada peça com papéis de cores diferentes e enumerá-las para que ao terminar a tarefa seja fácil a cada grupo de alunos guardá-las nos respectivos envelopes.

Nº 129	Gr. 2 – A	Inteligência Espacial

Habilidade	Nome	Outras estimulações
Lateralidade / Motricidade	Perguntas trocadas	Atenção e concentração

Preparação:

Os alunos devem estar reunidos no pátio da escola. O professor forma uma fileira de alunos um ao lado do outro e outra fileira em frente. Um espaço de cerca de um metro deve estar aberto entre as duas fileiras.

Utilização:

Após explicar as regras do jogo, o professor passeará entre as duas filas e, repentinamente, parará diante de um aluno e, olhando fixamente para o mesmo, formulará uma pergunta simples. Este aluno deve manter-se inalterado e não respondê-la, pois a pergunta em verdade dirige-se ao parceiro à sua frente e, portanto, para quem o professor se coloca de costas. A atividade cria dificuldade, pois é natural concentrarmos nossa atenção a quem está diante de nós, ainda que a regra do jogo explicada antes alerte o aluno sobre essa proposital inversão.

Nº 130	Gr. 3 – A	Inteligência Espacial

Habilidade	Nome	Outras estimulações
Lateralidade	Brincando com a bússola	Raciocínio lógico

Preparação:

Espaço aberto, giz, um ou mais mapas, uma ou mais bússolas.

Utilização:

Os alunos devem observar atentamente o desenho de uma rosa dos ventos e reproduzi-lo no pátio da escola, direcionando-o segundo os pontos cardeais observados na bússola. Desta maneira, o norte da rosa dos ventos deverá coincidir com o norte da bússola, ocorrendo o mesmo com todos os demais pontos cardeais. Com essa construção, o professor pode estimular uma série de jogos em que os alunos, com olhos vendados ou não, deverão se deslocar segundo referências dos pontos cardeais, "ocultando" ou "descobrindo tesouros ocultos" cujas pistas sejam os pontos cardeais e colaterais. Essa atividade abre perspectivas para que os alunos, posteriormente, desenhem pontos de referência próximos à escola utilizando sua direção real ou ainda que se orientem pelo Sol e confrontem essa atividade com a orientação através da bússola.

Nº 131	Gr. 3 – A	Inteligência Espacial

Habilidade	Nome	Outras estimulações
Lateralidade	A planta da sala de aula	Raciocínio lógico / Escala

Preparação:
Alunos reunidos em grupo e uma folha de cartolina.

Utilização:
O professor pode introduzir o projeto da construção de uma "planta da sala de aula" falando sobre escala e, para esse tema, mostrar que quase todas as fotografias constituem a "retratação do espaço ou das pessoas em um tamanho diferente do real". Desenhando sua própria mão com os contornos reais e, depois, desenhando-a outra vez em escala, pode construir a imagem desse conceito. Deve, progressivamente, perceber que a escala evolui de 1:2 (um para dois = cada dois centímetros na representação equivale a um) até 1:200.000.000 ou ainda muito mais. A partir dessa compreensão, medir a sala com os alunos, discutir consensualmente qual a escala desejável (geralmente 1 centímetro na escala deve corresponder a 1 ou 2 metros reais) e iniciar o trabalho. O aluno deve compreender essa representação e ser estimulado a reproduzi-la em relação ao quarto onde dorme ou inúmeros outros espaços que conhece.

Nº 132	Gr. 3 – A	Inteligência Espacial

Habilidade	Nome	Outras estimulações
Raciocínio lógico / Lateralidade	Desenhando / Deformando	Memória verbal / Compreensão

Preparação:
  Um balão de ar usado em festas (bexiga), canetas hidrográficas.

Utilização:
  O balão deve estar bem esticado, preso com fita-crepe em uma superfície dura com um papelão. Nesse balão, de preferência de cor branca, os alunos devem desenhar rostos de pessoas ou até mesmo o contorno de sua mão. Após os desenhos, o balão é solto e deve ser preenchido de ar, mostrando que os desenhos aparecem deformados em relação à sua representação original. O experimento é interessante para revelar que existem dificuldades de se adaptar desenhos planos em estruturas esféricas e ajudará o aluno a compreender o problema das deformações que os mapas exibem em relação à representação dos continentes em um globo terrestre.

Nº 133	Gr. 3 – D	Inteligência Espacial

Habilidade	Nome	Outras estimulações
Raciocínio lógico / Criatividade	Metáforas e paródias	Memória verbal / Compreensão

Preparação:
  Explicar aos alunos o significado de "metáfora" e o de uma "paródia". A metáfora pode ser uma história com um sentido figurado e a paródia uma imitação de um texto ou de uma música.

Utilização:
  Os alunos, em duplas, trios ou grupos, devem ser estimulados a criar paródias e/ou metáforas para conceitos ou para conteúdos de diferentes disciplinas curriculares. O professor pode, por exemplo, explicar um tema e sugerir que os alunos escolham a letra de uma música popular de sucesso, substituindo-a por outra que explique o conteúdo desse tema ou ainda que procurem explicá-lo através de uma metáfora. As tradicionais fábulas de Esopo ou de La Fontaine simbolizam rico e diversificado instrumento para jogos dessa natureza.

| Nº 134 | Gr. 3 – D | Inteligência Espacial |

Habilidade	Nome	Outras Estimulações
Raciocínio lógico / Criatividade	Detonando	Compreensão verbal Inteligência linguística

Preparação:

O professor deve escolher a letra de uma música popular ou selecionar um texto referente a um conteúdo que, eventualmente, esteja trabalhando.

Utilização:

O trabalho dos alunos, individualmente ou em grupo, será o de substituir o texto trocando todas as vogais pela letra "A"; um outro grupo pode, com outro texto, substituir todas as vogais pela letra "E" e assim por diante. O jogo envolve uma eventual disputa e cabe aos grupos que ouvem a apresentação decodificar seu sentido. Exemplo: "A Brasal a am paas trapacal" (O Brasil é um país tropical).

| Nº 135 | Gr. 3 – D | Inteligência Espacial |

Habilidade	Nome	Outras Estimulações
Criatividade	Fantasia	Inteligência linguística

Preparação:

Uma toalha de rosto ou uma flanela de tamanho grande.

Utilização:

O pano deve passar de mão em mão e ao segurá-lo o aluno deverá tentar dar um formato ao mesmo que servirá de modelo para que crie uma história. Eventualmente, essa história pode estar circunscrita a um tema trabalhado em classe.

| Nº 136 | Gr. 3 – D | Inteligência Espacial |

Habilidade	Nome	Outras estimulações
Criatividade	Desenhando / Criando	Memória verbal / Inteligência pictórica

Preparação:
A classe deve ser dividida em dois grupos.

Utilização:
Sem conhecimento prévio dos trabalhos que deverão ser executados, a classe é dividida em dois grupos, cabendo a tarefa de elaborarem, em cartolina, desenhos. Após essa etapa os desenhos são trocados e a responsabilidade do grupo é de contar uma história a partir dos desenhos executados por outro grupo, revezando-se nessa atividade. Os próprios alunos podem julgar o conteúdo dessa adequação. Eventualmente, o professor pode dividir a classe em mais de dois grupos para o cumprimento dessa tarefa que será sempre a de criar histórias a partir de desenhos, podendo também ocorrer a inversão, criando-se desenhos a partir de histórias construídas pelos grupos.

| Nº 137 | Gr. 3 – E | Inteligência Espacial |

Habilidade	Nome	Outras estimulações
Criatividade Inteligência pictórica	Modelando	Destreza manual / Sensibilidade tátil

Preparação:
Jornal picado e um balde com água.

Utilização:
O jornal picado depois de muitas horas embebido transforma-se em uma pasta excelente para modelagens de formas de relevo, maquetes e outras configurações. Após um dia imerso em água, deve ser a mesma escorrida para que saia a tinta, e com o material é possível a preparação de inúmeros recursos, devendo os alunos ser orientados para reproduzirem em terceira dimensão os elementos extraídos de uma ilustração. Palitos com tiras de papel simbolizando bandeirinhas podem servir para atribuir nomes aos acidentes representados. Não apenas as maquetes se prestam para facilitar a construção de conceitos geográficos nos alunos. Um pano molhado enrolado e outro estendido, por exemplo, constituem ferramentas que facilitam a compreensão da evaporação.

Nº 138	Gr. 3 – C	Inteligência Espacial

Habilidade	Nome	Outras estimulações
Orientação temporal	Relógio de sol	Destreza e habilidade manual

Preparação:
Pedras e uma vareta vertical.

Utilização:
Mostrar aos alunos que provavelmente a primeira observação humana que deu origem aos relógios teria sido feita a partir da constatação de que sombras projetadas pelos objetos ao sol mudam de comprimento no correr do dia. Propor a construção de um relógio de sol usando uma vareta vertical e registrando o tempo conforme as posições da sombra. Essas posições podem ser assinaladas com pedras ou outros objetos e, posteriormente, com números marcados a giz no pátio. Explicar que cerca de 300 anos aC os caldeus aperfeiçoaram essa forma de marcação do tempo, apresentando-a sob a forma de uma espécie de bacia, em que a sombra, projetada por um ponteiro, marcava as horas. Discutir como seria possível a marcação do tempo à noite e lembrar que, muitas vezes, a observação do fogo e a demora para consumir a lenha indicavam esses "relógios noturnos".

Nº 139	Gr. 3 – A	Inteligência Espacial

Habilidade	Nome	Outras estimulações
Lateralidade	Labirintos	Motricidade

Preparação:
O professor deve desenhar no pátio da escola, com giz, ou com outros objetos (como latas de refrigerantes, por exemplo), labirintos sinuosos. O labirinto é um espaço assinalado com passagens confusas e saídas intricadas.

Utilização:
Os alunos devem ser estimulados a caminhar pelo labirinto, cada vez em tempo menor. É possível, em etapas seguintes, propor que percorram esses obstáculos com os olhos vendados.

Nº 140	Gr. 3 – D	Inteligência Espacial

Habilidade	Nome	Outras estimulações
Criatividade	Teatro de sombras	Memória verbal e expressão

Preparação:

O cenário pode ser preparado com um lençol pendurado em um barbante e um foco de luz atrás do mesmo.

Utilização:

Os alunos devem ser orientados a descobrir e identificar os colegas pelas sombras que projetam ao passar entre a luz e o lençol. Podem portar objetos e tornar mais complexa essa identificação. A atividade pode ser ampliada, criando-se um cenário com uma caixa de sapatos sem o fundo, uma vela e silhuetas recortadas. Os alunos devem ser estimulados a decodificarem essas imagens construindo histórias ou desenvolvendo conceitos relativos à atividade.

21
A inteligência musical

Poucas competências reveladas pelo ser humano são encontradas em "crianças-prodígio" com tanta frequência quanto o pendor musical, evidenciando, assim, um certo vínculo biológico com este tipo de inteligência. Além disso, essa forma de inteligência pode ser facilmente percebida em separado das demais, no caso de algumas crianças autistas, que, revelando clara deficiência intrapessoal, e muitas vezes também linguística e espacial, podem tocar um instrumento maravilhosamente ou executar extraordinárias pinturas e desenhos. Outro marcante elemento da "independência" dessa inteligência em relação a outras é sua localização cerebral, pois é sabido que certas partes do hemisfério direito do cérebro mostram-se particularmente sensíveis à habilidade e que traumatismos nessa área podem implicar a perda dessa competência, que antes sempre revelavam.

A relação entre a inteligência musical e problemas neurológicos traz à tona o caso curioso do compositor alemão Robert Shumann (1810-1856), portador de crises maníaco-depressivas agudas e que faleceu em um manicômio após tentativas frustradas de suicídio. Quando das fases mais angustiantes de sua doença, revelava-se capaz de produzir suas maiores obras musicais.

Ainda que não tão claramente localizada quanto a inteligência verbal, a inteligência musical mostra desempenho elevado em algumas pessoas, como Wagner, Villa-Lobos, Beethoven e muitos outros extremamente sensíveis à "linguagem" sonora do meio ambiente e capazes de transportar esses sentimentos para as suas composições. Em verdade, o compositor sente a beleza ou a tragédia, como sente provavelmente o escritor, mas apresenta-a através de uma outra forma de linguagem. Tal como as inteligências verbal e lógico-matemática, que têm nas letras e nos símbolos geométricos e numéricos um sistema simbólico universal, também a inteligência musical oferece um sistema simbólico acessível e internacional.

Experiências com estímulos sonoros, realizadas com alunos de 6 a 8 anos em uma escola de São Paulo, mostraram-se muito significativas e reveladoras. Nessa instituição de ensino desenvolveu-se a sensibilidade entre os professores do Ensino Fundamental, terceiro ciclo, de que os alunos necessitavam "aprender a ouvir", identificando sons, percebendo suas nuanças, reconhecendo sua lateralidade, procedendo-se a diversas classificações quanto à sua origem e à sua intensidade e, tempos depois, percebeu-se que, espontaneamente, os alunos acrescentavam a ideia de som aos lugares que visitavam, chegando a discordar dos adultos que se referiam a certos lugares como "ambientes conhecidos" por se apresentarem visualmente idênticos a uma estada anterior. Procuravam expressar que o som tornava o meio ambiente "diferente", ainda que as referências de suas paisagens fossem similares.

Os jogos propostos para o estímulo da inteligência musical se apresentam assim diferenciados por três linhas: a primeira voltada a "ensinar a criança a ouvir" (jogos estimuladores da *percepção auditiva*); uma outra "explorando de maneira mais fina sua sensibilidade para diferenças entre timbres e ruídos" (jogos estimuladores da *discriminação de ruídos* e de *sons*); e a terceira para a *compreensão dos sons* e para o progressivo domínio da *estrutura rítmica*.

A percepção auditiva associa-se à temporal e dessa forma os diferentes jogos exploram sons naturais, instrumentais, identificação de fontes e de trilhas sonoras, discriminação de sons associados, sons discriminativos e imitativos, associação de movimentos a sons instrumentais e diferentes formas de classificação e de execução de sons, simultaneamente a exploração da sensibilidade rítmica e a exploração do ritmo das palavras e de execuções melódicas.

Desnecessário acrescentar que a finalidade essencial desse treinamento não é a de tornar os alunos "músicos" ou "compositores" e sim abrir a janela de sua inteligência para descobrir e para instrumentalizar a magia e o encantamento da linguagem sonora. Após essa abertura, caberá ao próprio aluno prosseguir ou não seu aprimoramento sonoro, eventualmente aprendendo composição ou instrumentação musical.

22
Jogos para a estimulação da inteligência musical

Nº 141	Gr. 04 – A	Inteligência Musical
Habilidade Percepção auditiva	**Nome** Apito oculto	**Outras estimulações** Concentração

Preparação:
   Cada aluno deve dispor de um apito simples, amarrado a um barbante e pendurado ao pescoço.

Utilização:
   O professor deve explicar as regras do jogo aos alunos e determinar que um aluno feche os olhos e vire-se de costas. A uma indicação sua, um dos alunos fará soar o apito, colocando-o depois às costas, como todos os demais. O aluno que esteve de costas (ou com os olhos vendados) deve identificar a direção do apito. Em etapas subsequentes o jogo pode ir ampliando padrões de dificuldade, levando os alunos a identificar não apenas a direcionalidade, como as diferentes intensidades, assim como o som de um, dois ou mais apitos simultâneos.

| Nº 142 | Gr. 04 – A | Inteligência Musical |

Habilidade	Nome	Outras estimulações
Percepção auditiva	Os sons do pátio	Identificação de fontes sonoras

Preparação:
Não são necessários recursos, mas os alunos devem estar preparados para a importância da atividade. A saída ao pátio para *aprender e praticar a audição* não pode simbolizar uma simples brincadeira, mas uma atividade pedagógica de grande importância.

Utilização:
Levados ao pátio da escola, ou outros locais previamente escolhidos, os alunos são convidados a permanecer em silêncio por alguns instantes (30 segundos no máximo) e ir anotando mentalmente os sons ouvidos. Depois, o professor deve anotar essa diversidade. Em etapas seguintes é importante treinar-se a direcionalidade do som, timbres e intensidade.

| Nº 143 | Gr. 04 – A | Inteligência Musical |

Habilidade	Nome	Outras estimulações
Percepção auditiva	O som do surdo	Percepção tátil

Preparação:
A escola deve dispor de um surdo, instrumento musical de percussão constituído de um corpo de madeira ou de metal de 40cm x 30cm, recoberto com uma pele animal ou plástica. Um pandeiro surte o mesmo efeito e com um tecido de lona é possível improvisar-se um surdo. Uma baqueta ou pedaço de pau para a percussão.

Utilização:
Os alunos devem ser estimulados a "descobrir" os diferentes tipos de sons que podem ser obtidos do instrumento. Batidas com a mão aberta, com a mão fechada, com a baqueta, correndo os dedos sobre a pele do instrumento ou batendo com as unhas obtém-se grande variedade de sons que os alunos devem, progressivamente, ir dominando e identificando. O uso da atividade com os alunos com olhos vendados amplia o limite da experiência.

(Existe no comércio, de inúmeros fabricantes.)

Nº 144	Gr. 04 – B	Inteligência Musical

Habilidade	Nome	Outras estimulações
Percepção auditiva	O filme do som	Identificação de ritmo

Preparação:

Oito a dez embalagens de filmes de fotografia, pregos, pedrinhas, grampos, botões. Formar, duas a duas, embalagens de filme com materiais diferentes. Colar uma letra ou um número em cada uma das embalagens.

Utilização:

Os alunos, individualmente ou em duplas, devem descobrir os conteúdos das embalagens apenas pelo uso do recurso auditivo. Misturar várias embalagens e solicitar ao aluno que sacuda a embalagem e tente identificar o som produzido. Procure depois em outra embalagem que identifica o mesmo som.

Existem inúmeras etapas para a continuidade do uso do instrumento. O professor deve criar programas diferentes e anotar os resultados obtidos pelos alunos nessas diferentes etapas.

Nº 145	Gr. 04 – C	Inteligência Musical

Habilidade	Nome	Outras estimulações
Percepção auditiva	As palavras e a memória	Compreensão de palavras

Preparação:

O professor deve colecionar muitos cartões com 30 figuras duplas coladas, identificando diferentes animais ou objetos.

Utilização:

Distribuir as figuras entre os alunos e fazê-los dizer ritmicamente o nome dos objetos representados. Reunir as figuras em um saco plástico, ir tirando e pedindo aos alunos que digam seus nomes, sonorizando com clareza cada palavra pronunciada. Em etapas seguintes, desenvolver jogos da memória com as figuras, estimulando sempre sua verbalização e sonorização clara.

(Existe no comércio "Jogo da Memória", de diversos fabricantes.)

Nº 146	Gr. 04 – A	Inteligência Musical

Habilidade	Nome	Outras estimulações
Percepção auditiva	Os chocalhos	Coordenação motora

Preparação:

Reunir copinhos de iogurte (danoninho) e com grampeador e fita colante fazer chocalhos com feijão, milho ou pedrinhas dentro.

Utilização:

Estabelecer associações entre as sílabas das palavras pronunciadas pelo professor e o balançar do chocalho pelos alunos, acompanhando o ritmo da palavra, procurando dar o mesmo número de batidas quantas forem as palavras pronunciadas. Ir, progressivamente, aumentando o número de sílabas das palavras e estimular os movimentos com o chocalho. O professor pode ser substituído por alunos que, sorteando figuras, devem pronunciá-las para que os colegas movimentem o chocalho ritmicamente.

Nº 147	Gr. 04 – D	Inteligência Musical

Habilidade	Nome	Outras estimulações
Percepção auditiva	A caçada	Percepção tátil

Preparação:

Deve constar do material escolar de uso pessoal, e intransferível, uma fita de pano escuro para servir como venda para os olhos. Inúmeros outros jogos se utilizam desse recurso.

Utilização:

Um aluno deve ter seus olhos vendados. Os demais colegas mudam sua posição na sala de aula. O aluno que estiver com os olhos vendados deverá chamar por um(a) colega que responderá. A tarefa do aluno será a de localizar o colega indicando sua posição na sala.

Os alunos se revezam nessa atividade e o registro de seu desempenho deverá sempre ser anotado pelo professor.

Nº 148	Gr. 04 – B	Inteligência Musical

Habilidade	Nome	Outras estimulações
Percepção auditiva	O castelo dos mil sons	Memória

Preparação:

O ideal é o professor dispor de um gravador com uma fita apresentando sons diferentes. Em sua falta, pode improvisar com sons metálicos, guturais, latidos, vozes conhecidas, trechos de música e outros.

Utilização:

Os alunos são divididos em duas equipes e todos devem ter seus olhos vendados. Iniciando a atividade, o professor informa que irão percorrer um castelo imaginário devendo memorizar os sons ouvidos para relacioná-los na ordem em que forem apresentados. Vence a equipe que fizer a relação mais completa e na ordem correta.

O jogo permite sua aplicação em diferentes níveis e o professor pode colecionar a fita 1, 2, 3 e assim por diante com grau de dificuldade crescente.

Nº 149	Gr. 04 – D	Inteligência Musical

Habilidade	Nome	Outras estimulações
Percepção auditiva	Montagem e desmontagem	Coordenação motora

Preparação:

O jogo pressupõe a existência de uma sala de aula vazia, com as carteiras desordenadas.

Utilização:

O jogo é uma disputa entre duas ou mais equipes em que o professor e eventualmente alguns alunos atuarão como árbitros. A tarefa de cada equipe é arrumar as cadeiras, no menor tempo possível, com o menor volume de ruído causado. Vence a equipe que "preparar" a sala com menor ruído. É possível desenvolver-se variações, como, por exemplo, a arrumação de uma mesa e outras com garrafas, peças, campainhas e outras peças.

Nº 150	Gr. 04 – A	Inteligência Musical

Habilidade	Nome	Outras estimulações
Percepção auditiva	Sons iniciais e finais	Memória auditiva

Preparação:
Recortar de revistas figuras cujos nomes tenham a mesma terminação e outras cujos nomes apresentam a mesma sílaba inicial (Exemplos: Ga**to**, Ra**to**, Ma**to**, Sapa**to**, ou **Bo**lacha, **Bo**la, **Bo**tão, **Bo**liche etc.). Incluir outras gravuras que iniciem e terminem com outros fonemas.

Utilização:
Existe uma enorme multiplicidade para o uso do jogo. Os alunos podem, por exemplo, reunir palavras com o mesmo fonema inicial, agrupar outros com a mesma terminação. O professor pode ir retirando as gravuras de uma caixa e solicitando dos alunos a identificação do fonema.

Nº s/n	Gr. 04 – C, D, E	Inteligência Musical

Habilidade	Nome	Outras estimulações
Compreensão e Discriminação sonora	Diversos	Diversas outras

Preparação:
Existe no comércio uma série de instrumentos musicais infantis que permitem ampla exploração da compreensão dos sons e estrutura rítmica. O fabricante Hering, por exemplo, oferece pequenos saxofones, caracóis, violões, sanfonas, xilofones, pianetas, tambores, flautas, gaitas, pistões, agogôs, cornetas e muitos outros instrumentos.

Utilização:
Alternando-se o uso dos instrumentos, os alunos podem obter expressivo aprofundamento na identificação e, depois, na discriminação de múltiplos sons. Torna-se bastante visível a evolução do aluno quando seus resultados integram um "programa" definido, estruturado e devidamente avaliado.

(Existem diversos instrumentos. Principais fabricantes: Hering, Jog, Casa Manon, Musical Oliveira e outros.)

Nº 151	Gr. 04 – A	Inteligência Musical

Habilidade	Nome	Outras estimulações
Percepção auditiva	Viajando de trem	Percepção auditiva e temporal

Preparação:
Improvisar com copos de danoninho, embalagens vazias de filmes fotográficos ou casca de coco seca um chocalho (afoxê) e um apito.

Utilização:
Desenvolver um jogo onde os instrumentos imitem o som produzido por um trem e os alunos desenvolvam movimentos corporais, associando-os aos instrumentos que vão sendo apresentados. Progressivamente essa "viagem" de trem pode ter suas "paradas" e as mesmas podem se associar a inúmeros outros sons locais que, progressivamente, devem ir sendo identificados, discriminados e classificados pelos alunos.

Nº 152	Gr. 04 – C	Inteligência Musical

Habilidade	Nome	Outras estimulações
Percepção auditiva	Cabeça de papel	Coordenação motora

Preparação:
O jogo necessita do uso de um pequeno tambor, facilmente improvisado, e pratos ou outro qualquer instrumento de metal que produza sonoridade específica. Alguns cinzeiros metálicos, quando recebem uma percussão, produzem sons dessa natureza.

Utilização:
Após uma etapa de identificação, comparação, classificação e análise de diferentes sons, podem ser propostos aos alunos movimentos corporais associados aos sons emitidos (pelo professor ou por outros alunos). Assim, por exemplo, ao som do tambor, marcham, ao som do prato colocam a mão na cintura, tambor e prato, marcham com a mão na cintura, ao ouvirem um apito levantam um dos braços, etc.

Nº 153	Gr. 04 – E	Inteligência Musical

Habilidade	Nome	Outras estimulações
Estrutura rítmica	Encenassom	Atenção e expressão corporal

Preparação:

Reunir ou improvisar uma série de instrumentos musicais simples (pandeiro, atabaque, surdo, ganzá, chocalho e outros).

Utilização:

O professor pode criar uma história simples, onde diferentes elementos da mesma deverão ser substituídos pela emissão de um som; assim ao ler a história e pronunciar, por exemplo, *bosque,* o pandeiro deve ser brandido, a palavra *lago* corresponde ao som do chocalho e assim por diante. Progressivamente a história pode ir ganhando maior complexidade e participação integral dos alunos em sua estrutura, chegando-se à substituição da linguagem oral pela musical.
(Existem instrumentos musicais no comércio.)

Nº 154	Gr. 04 – D	Inteligência Musical

Habilidade	Nome	Outras estimulações
Percepção auditiva	Classificassom	Autodomínio e atenção

Preparação:

A escola, ou o professor, necessita dispor de um surdo e um triângulo, podendo facilmente substituir esses instrumentos por objetos que emitam sons graves (surdo) e agudos (triângulo).

Utilização:

Os alunos, ao ouvirem os instrumentos, atentamente devem ir sentindo as diferenças de timbre que permitam o desenvolvimento da habilidade de *classificar* sons graves e sons agudos.

Nº 155	Gr. 04 – A	Inteligência Musical

Habilidade	Nome	Outras estimulações
Percepção auditiva	Sons e habilidades operatórias	Memória auditiva Atenção e autodomínio

Preparação:

A equipe de professores deve estimular o uso de diferentes habilidades operatórias (*relacionar, classificar, analisar, deduzir, identificar* etc.) e tornar claro aos alunos o uso e emprego das mesmas na compressão de um texto e nas ações do cotidiano de todas as profissões (a dona de casa, por exemplo, classifica os alimentos que compra, analisa a qualidade de cada um, deduz o valor nutritivo e assim por diante).

Utilização:

Essa atividade exploradora das habilidades pode ser completada com o uso de sons e, assim, o emprego alternado de um chocalho, uma castanhola, um surdo, triângulo e outros instrumentos, simbolizam meios de explorar o emprego das habilidades em âmbito diferente do demonstrado em sala de aula.

Nº 156	Gr. 04 – D	Inteligência Musical

Habilidade	Nome	Outras estimulações
Percepção auditiva	Seriassom	Concentração e atenção

Preparação:

O jogo pressupõe a existência de instrumentos musicais que permitam a seriação ascendente ou descendente de tipos do som. Por exemplo: tamborim, tamborzinho e tambor maior ou inúmeros outros (pratos, campainhas, maracas, chocalhos etc.). Uma série de copos de vidro ou garrafas com água em níveis diferentes pode também tornar válida a ação educativa proposta pelo jogo.

Utilização:

Os alunos tocarão os instrumentos, apreciarão o som e sua intensidade, e classificarão o timbre, devendo chegar a uma identificação tanto em ordem ascendente quanto descendente dos sons emitidos, sem estar olhando os instrumentos quando de sua percussão.

(Existem os instrumentos citados no comércio.)

Nº 157	Gr. 04 – A	Inteligência Musical
Habilidade Percepção auditiva	**Nome** Xilofone caseiro	**Outras estimulações** Estrutura rítmica

Preparação:

A atividade utiliza um xilofone pequeno, que pode ser improvisado com uma caixa de madeira e placas também de madeira removíveis. Duas baquetas com pontas arredondadas.

Utilização:

Os alunos devem "descobrir" as notas musicais pela audição dos instrumentos com a introdução, uma a uma, das placas na superfície da caixa, desenvolvendo a entonação e a compreensão das diferenças entre cada uma das notas musicais. Em etapas posteriores, as placas podem ir sendo introduzidas duas a duas e assim progressivamente.

Nº 158	Gr. 04 – D	Inteligência Musical
Habilidade Percepção auditiva	**Nome** Conguê	**Outras estimulações** Coordenação motora

Preparação:

Improvisar com duas metades de um coco unidas por um barbante um instrumento simples.

Utilização:

Associar o som do instrumento a movimentos que acompanham o ritmo do caminhar, marchar, correr, saltar e outros movimentos cinestésicos. Progressivamente o aluno deve ir descobrindo todo o sentido de uma "linguagem sonora" e ir identificando essa linguagem a seus movimentos corporais.

Nº 159	Gr. 04 – D	Inteligência Musical

Habilidade	Nome	Outras estimulações
Percepção auditiva	Passaredo	Inteligência naturalista

Preparação:
Adquirir em casas de caça e pesca pios de aves em peças de madeira. Esses pios costumam ser utilizados por caçadores para atrair aves.

Utilização:
Existe uma enorme multiplicidade para o uso do jogo. Os alunos podem, por exemplo, ser levados a descobrir o habitat e os hábitos da espécie e identificar sua beleza. Os pios podem abrigar progressivo domínio da diversidade dessas espécies e a experiência pode, em etapas mais avançadas, levar os alunos a identificar esses e outros sons em uma excursão por um bosque ou mesmo em uma visita a uma praça onde existam árvores e pássaros.

(Existem pios em lojas que comerciam artigos de caça e pesca.)

Nº 160	Gr. 04 – A	Inteligência Musical

Habilidade	Nome	Outras estimulações
Percepção auditiva	Brincando com sineta	Expressão corporal

Preparação:
Dispor de um pequeno sino ou uma sineta.

Utilização:
Mostrar aos alunos o compasso existente no tique-taque de um despertador, nas batidas de uma construção ou do deslocamento de um trem. Procurar mostrar esse compasso com uma sineta, imitando com a mesma o tique-taque do relógio e outros compassos.

Solicitar aos alunos que imitem com a sineta esses compassos.

(Existem sinetas em casas de comércio.)

Nº 161	Gr. 04 – D	Inteligência Musical

Habilidade	Nome	Outras estimulações
Percepção auditiva	Pandeirinho	Associação entre tempo e som

Preparação:
Usar um pandeiro simples. Mesmo os pandeiros infantis se prestam ao exercício.

Utilização:
Executar uma melodia simples cadenciando com as batidas do pandeiro os tempos mais fortes. Desenvolver nos alunos o procedimento de executar batidas no pandeiro apenas nos tempos mais fortes. Por exemplo: **Mar**cha sol**da**do, ca**be**ça de pa**pel**; quem não **mar**char di**rei**to, vai **pre**so pro quar**tel**.
(Existem em lojas que comerciam artigos musicais.)

Nº 162	Gr. 04 – A	Inteligência Musical

Habilidade	Nome	Outras estimulações
Percepção auditiva	Estúdio	Percepção do som da voz alterado pelo gravador

Preparação:
Usar um gravador comum e gravar vozes de alunos, professores, funcionários da escola e outras pessoas que simbolizem familiaridade na escola ou na família.

Utilização:
Os alunos devem ser estimulados a reconhecer as vozes gravadas e, principalmente, ao revelarem evoluções nesse domínio, como que ampliando o arquivo de sua memória sonora. Após uma etapa de reconhecimento é interessante desenvolver-se uma outra, para, na análise dessas vozes, eventual classificação e comparações entre as mesmas.

Nº 163	Gr. 04 – D	Inteligência Musical

Habilidade	Nome	Outras estimulações
Percepção auditiva	Desenhando a música	Associação entre a cor e o som

Preparação:
  Usar músicas gravadas ou trilhas sonoras. Evitar o uso de músicas cantadas.

Utilização:
  Estimular os alunos a "desenhar" as músicas que ouvem, construindo associações entre os movimentos do lápis no papel e os sons ouvidos e entre as cores utilizadas e as representações. Será muito difícil que os alunos possam evoluir na atividade se o professor não os iniciar nas referências dessas percepções, podendo, por exemplo, associar a percussão a uma ou outra cor e ligar instrumentos musicais a cores.

Nº 164	Gr. 04 – D	Inteligência Musical

Habilidade	Nome	Outras estimulações
Percepção auditiva	Descobrindo o eco	Inteligência naturalista

Preparação:
  Descobrir um espaço na escola ou, preferivelmente, em um ambiente aberto que possa produzir eco.

Utilização:
  Levar os alunos a esse espaço e fazê-los descobrir o eco e, inicialmente, brincar com sua audição. Tal como a percepção dos ruídos no jogo conhecido como "sons do pátio" a atividade pode ganhar diferenciados níveis de aprofundamento da sensibilidade auditiva e da descoberta do meio natural.

Nº 165	Gr. 04 – D	Inteligência Musical

Habilidade	Nome	Outras estimulações
Percepção auditiva	Descubra o par	Inteligência interpessoal / Empatia

Preparação:

Sala ou espaço em que os alunos possam circular livremente. Letras de músicas escritas em pedaços de papel, repetindo-se duas a duas ou mais vezes.

Utilização:

Os alunos devem retirar de uma mesa pedaços de papel contendo uma letra de uma música conhecida e, cantando em voz baixa, mas sem interromper, procurar os colegas que estejam cantando a mesma canção. A mesma letra deve ser distribuída para dois ou mais alunos que assim, progressivamente, vão se organizando em duplas, depois quartetos e, eventualmente, em grupos maiores.

Nº 166	Gr. 04 – E	Inteligência Musical

Habilidade	Nome	Outras estimulações
Estrutura rítmica Memória musical	Qual a música?	Ludicidade / Empatia

Preparação:

O professor deve selecionar letras de diversas músicas conhecidas pelos alunos e selecionar em cada uma delas uma palavra específica.

Utilização:

Os alunos, preferencialmente divididos em grupos, devem, ao ouvir a palavra pronunciada pelo professor, tentar lembrar-se da ou das letras musicais em que essa palavra aparece. Ganha ponto o grupo que consegue cantarolar um trecho da música. Um "placar" desenhado na lousa pode mostrar a evolução dos diferentes grupos que competem.

| Nº 167 | Gr. 04 – D | Inteligência Musical |

Habilidade	Nome	Outras estimulações
Percepção auditiva Pesquisa	Resgate	Memória musical

Preparação:

O professor deve reunir uma coleção de músicas infantis. Essa coleção pode ser facilmente organizada consultando-se pessoas da comunidade e resgatando suas lembranças.

Utilização:

Com a coleção em mãos, o professor pode apresentar aos alunos um verso e sugerir que façam o mesmo resgate entre seus conhecidos e familiares. A atividade pode permitir o desenvolvimento de uma verdadeira gincana interna, ganhando mais pontos os grupos que maior resgate obtiverem. Após essa etapa, os alunos podem buscar outras canções e com as colecionadas pelo professor construir um acervo de verdadeira coleção musical, classificadas de acordo com os temas que aborda ou, quando possível, com a identificação da época de sua maior popularidade.

23
A inteligência cinestésico-corporal e a motricidade

Essa forma de inteligência se manifesta pela capacidade de resolver problemas ou elaborar produtos, utilizando o corpo (ou partes do mesmo) e seus movimentos de maneira altamente diferenciada e hábil, para propósitos expressivos. Presente em dançarinos, atletas, cirurgiões, artistas, artesãos e instrumentistas é extremamente marcante nos grandes mímicos. É interessante destacar que no caso do atleta que faz uma defesa excepcional, marca um gol de bicicleta, ou consegue uma "mágica" cesta ou extraordinária "cortada" o êxito não esteve ligado ao domínio cognitivo da ação, pois todos são capazes de concebê-la em sua imaginação, mas no uso do corpo para, com eficiência e extrema precisão, chegar à "solução do problema" que, nesse exemplo, esse atleta buscava.

O valor que o brasileiro confere ao futebol e ao carnaval e a participação interessada dos alunos do Ensino Fundamental e Médio em aulas de educação física poderiam despertar a falsa ideia de que essa inteligência já é plenamente estimulada em todo país. Inegavelmente o valor social do esporte, da dança e das diversas atividades mímicas constituem estímulos expressivos, mas a abrangência dos mesmos necessita envolver outras áreas da motricidade inteiramente esquecidas na família e na escola, como é o caso da sensibilidade tátil, do aprimoramento do paladar e mesmo da percepção de diferenças expressivas entre tipos de aroma. Qualquer criança, se devidamente treinada, pode aprender a se comunicar com a linguagem dos surdo-mudos ou a ler através do método Braille. Essas práticas, entretanto, não se incorporam ao conjunto de recursos desenvolvidos convencionalmente nas salas de aula. Estas têm um cunho excessivamente utilitário e não constroem no aluno a percepção de que "não é apenas com seus olhos que ele pode perceber o mundo que o cerca".

É, no mínimo, fascinante ver o que descobre o aluno quando é estimulado a aprimorar sua capacidade de visualizar. Experiências com pessoas que chegaram à adolescência ou à idade adulta cegas e que, portanto, não aprenderam a ver espontaneamente, mostram como a natureza é pródiga no desenvolvimento dessa capacidade, mas também o quanto a ela acrescentamos, quando promovemos alguns estímulos. O texto seguinte, de Oliver Sacks, neurologista inglês e professor de neurologia em Nova York, mostra essa dimensão do enxergar:

"Nós que nascemos com a visão mal podemos imaginar tal confusão. Já que possuímos de nascença a totalidade dos sentidos e fazendo as correlações entre eles, e com um outro, criamos um mundo visível de início, um mundo de objetos, conceitos e sentidos visuais. Quando abrimos os olhos todas as manhãs, damos de cara com um mundo que passamos a vida *aprendendo* a ver. O mundo não nos é dado: construímos nosso mundo através de experiência, classificação, memória e reconhecimento incessantes. Mas quando Virgil abriu os olhos, depois de ter sido cego por 45 anos – tendo um pouco mais que a experiência visual de uma criança de colo, há muito esquecida – não havia memórias visuais em que apoiar a percepção; não havia mundo algum de experiência e sentido esperando-o. Ele viu, mas o que viu não tinha qualquer coerência. Sua retina e nervo ótico estavam ativos, transmitindo impulsos, mas seu cérebro não conseguia lhes dar sentido; estava, como dizem os neurologistas, agnóstico" (Oliver Sacks, *Um antropólogo em Marte.* Companhia das Letras, 1977).

O ser humano, comparado com outras espécies animais, possui um desenvolvimento motor bastante lento e isso acontece porque o cérebro da criança está sendo programado para atividades mais complexas que envolvem a linguagem, raciocínio lógico, poder de espacialização e amadurecimento das emoções. Talvez por esse motivo os animais nasçam preparados para as tarefas básicas de sobrevivência e os humanos necessitam contar com educadores que os estimulem a desenvolver seu tato, paladar, audição, atenção e outros recursos cinestésicos corporais finos. Sem esses estímulos provocados, não desenvolverão essas habilidades, ou estas aparecerão apenas muito mais tarde através de ensaios e erros que a vida propõe. Ao dar um chocalho para o bebê, ao ligar uma música suave enquanto é amamentado, ao cercar a criança de bolas, espelhos inquebráveis, bonecos sonoros e objetos macios, as mães mesmo sem o saber estão estimulando a inteligência cinestésico-corporal de seus filhos.

As linhas de estimulação em que se buscou classificar os jogos para a inteligência cinestésico-corporal são a motricidade, *associada à coordenação manual e à atenção*, a *coordenação visomotora e tátil*, a percepção de *formas e percepção tridimensional ou estereognóstica*, a *percepção de peso e tamanho* e jogos estimuladores do *paladar e da audição*.

24
Jogos para a estimulação motora

Nº 168	Gr. 05 – A	Inteligência Cinestésico--corporal

Habilidade	Nome	Outras estimulações
Coordenação motora	Brincando no trilho	Orientação espacial

Preparação:

Montar um trilho de cerca de 10 a 15cm de largura, apoiado em duas bases de madeira ou tijolos, a cerca de 20cm do chão.

Utilização:

Mostrar aos alunos como proceder e fazê-los caminhar sobre o trilho, de frente, depois de costas e de lado. Em etapas mais avançadas, repetir a experiência com o aluno, tendo seus olhos vendados. Aproveitar o recurso para que o aluno também dê saltos. Dividir, posteriormente, o trilho em partes e levar os alunos a saltarem de uma para outra parte.

(Existe no comércio – Trilho [QI].)

Nº 169	Gr. 04 – A	Inteligência Cinestésico--corporal

Habilidade	Nome	Outras estimulações
Coordenação motora	Perneta	Orientação espacial

Preparação:

Construir com cubos de madeira de pouco mais de 20cm de altura e com cordas que funcionem como alças uma espécie de tamanco.

Utilização:

O aluno deverá andar sobre as peças, segurando as cordas. Após o domínio de uma primeira fase de equilíbrio, fazer com que ande apoiando só a ponta dos pés ou apenas o calcanhar. Deslocar-se ao som de um instrumento de percussão, andar apenas de lado ou andar de costas.

(Existe no comércio – Toc-Toc [QI].)

Nº 170	Gr. 05 – A	Inteligência Cinestésico--corporal

Habilidade	Nome	Outras estimulações
Coordenação motora	Saltitando	Orientação espacial

Preparação:

Corda para pular com terminais de madeira, que pode ser adquirida em lojas de brinquedo ou fabricada em casa ou em uma oficina. Comprimento ideal de 2,30m a 2,50m.

Utilização:

O aluno deve aprender a pular corda e progressivamente executar diferentes movimentos, saltitando ora com um pé, ora com o outro.

(Existe no comércio.)

Nº 171	Gr. 04 – A	Inteligência Cinestésico--corporal

Habilidade	Nome	Outras estimulações
Arremesso	Bolão	Orientação espacial e equilíbrio

Preparação:
Usar bolas plásticas gigantes. As melhores são as de inflar, com 12 gomos.

Utilização:
O aluno deverá jogar a bola, recebê-la de volta. Atirá-la no chão, na parede e executar diversos movimentos. O essencial é que o professor estruture essa sequência e desenvolva limites e regras claras à ação lúdica. Pode, se preferir, estabelecer sistemas de pontuação e desenvolver atividades grupais diversas.

(Existem no comércio diversas marcas [Lídice – Bola Gigante].)

Nº 172	Gr. 02 – C	Inteligência Cinestésico--corporal

Habilidade	Nome	Outras estimulações
Coordenação visomotora e tátil	Tabitati	Motricidade e atenção

Preparação:
Preparar dez cartelas, divididas em par, cada uma tendo ao fundo uma textura diferente. Algumas podem ser forradas de lã, outras de seda, outras ainda de feltro, lixa ou outro material.

Utilização:
Os alunos, com os olhos vendados, devem procurar as cartelas pares. Vence a equipe cujos componentes conseguirem maior número de pontos.

| Nº 173 | Gr. 02 – C | Inteligência Cinestésico-
-corporal |
|---|---|---|

Habilidade	Nome	Outras estimulações
Coordenação visomotora e tátil	Vaivém	Ideia de conjuntos
Atenção

Preparação:
O professor confecciona o jogo com garrafas plásticas descartáveis, cordão, argolas e fitas colantes ou fitas adesivas coloridas. Deve cortar duas garrafas ao meio, juntar partes iguais, colar essas partes com fita adesiva ou colante colorida, passar dois fios de cerca de três metros de comprimento e colocar argolas nas extremidades.

Utilização:
A peça permite jogo em duplas, em que cada aluno segura uma das extremidades do cordão e dá um impulso, abrindo os braços e arremessando o objeto para outro, que repete a operação, e assim sucessivamente, até que um dos alunos cometa um erro. Ao errar, sai do jogo, entrando outro participante.
(Existe no mercado – Vaivém produzido por diversos fabricantes.)

| Nº 174 | Gr. 02 – C | Inteligência Cinestésico-
-corporal |
|---|---|---|

Habilidade	Nome	Outras estimulações
Coordenação visomotora e tátil	Jogo da memória auditiva	Coordenação manual
Atenção

Preparação:
Cinco a seis pares de caixas plásticas ou embalagens de filmes fotográficos, preenchidas com diferentes elementos (cereais, areia, clipes metálicos, clipes plásticos e outros).

Utilização:
As peças devem ser espalhadas sobre uma mesa e os alunos devem procurar as peças pares, chocalhando e ouvindo o som produzido. Os alunos podem estar reunidos em duplas e ganha a dupla que obtiver maior número de acertos.

Nº 175	Gr. 02 – C	Inteligência Cinestésico-corporal

Habilidade	Nome	Outras estimulações
Coordenação visomotora e tátil	A toca do rato	Pontaria Atenção

Preparação:

O professor deve selecionar uma tampa de caixa grande (mais ou menos de 60cm x 60cm); seis potes de iogurte, pintando três de uma cor e três de outra. Fazer um corte no pote, simulando a entrada de uma toca. Colocar em cada pote, no telhado, um número de um a seis. Preparar bolinhas com papel alumínio amassado ou com feltro. Marcar entre as tocas o "meio de campo", assinalando um ponto onde deve ser colocada a bolinha antes de cada jogada.

Utilização:

A atividade pode ser desenvolvida em equipe e consiste na tentativa dos alunos, com um toque, impulsionar a bolinha na toca. Ao conseguir, o aluno marca pontos e passa a vez para o colega.

Nº 176	Gr. 02 – C	Inteligência Cinestésico--corporal

Habilidade	Nome	Outras estimulações
Coordenação visomotora	Cinco-Marias	Noção de quantidade e de conjunto

Preparação:

Preparar cinco saquinhos de pano não transparente e deixar um dos lados aberto. Encher os saquinhos com milho, arroz ou feijão e fechar...

Utilização:

Os alunos, divididos em grupo ou integrando equipes, devem pegar as peças na sequência de um a cinco, atirando uma para cima e pegando as da mesa. Na primeira jogada, o aluno pega uma, na segunda pega duas peças de cada vez e assim por diante. Ao errar, cede a vez ao adversário de outra equipe.

Nº 177	Gr. 02 – C	Inteligência Cinestésico--corporal

Habilidade	Nome	Outras estimulações
Coordenação visomotora	Passa bola	Noções de distância Atenção

Preparação:
O professor confecciona duas taças com garrafas plásticas, cortando-as ao meio e colando fita adesiva em sua extremidade. Preparar uma bola de meia ou de pano.

Utilização:
O jogo pode ser praticado individualmente, em dupla ou em grupo. Individualmente, o aluno segura uma taça em cada mão e passa a bola de uma taça para a outra.

Nº 178	Gr. 05 – A	Inteligência Cinestésico--corporal

Habilidade	Nome	Outras estimulações
Coordenação motora	Arremessando	Lateralidade

Preparação:
Bolas de borracha de cinco a seis tamanhos diferentes.

Utilização:
O aluno deve aprender a obedecer regras e perceber claramente os limites, mas deve ser estimulado a usar as bolas arremessando-as a outros, contra paredes, aparar bolas arremessadas por outros, aparar bola usando uma das mãos, a direita ou a esquerda.

Em etapas seguintes, após explorar todas as tentativas manuais, treinar a lateralidade com o uso dos pés.

N° 179	Gr. 04 – A	Inteligência Cinestésico--corporal

Habilidade	Nome	Outras estimulações
Arremesso / Rebatimento	Peteca	Orientação espacial e equilíbrio

Preparação:
Usar petecas e estimular diferentes formas de uso.

Utilização:
O aluno deverá jogar a peteca, recebê-la com uma e com outra mão. Aumentar progressivamente as distâncias dos arremessos. Estabelecer claros limites e discutir com os alunos novas regras e novos jogos, usando sempre esse recurso. Um brinquedo (Plic-Ploc – fabricado por Stelco) constituído por uma cesta cônica com cabo e alavanca arremessadora de bola plástica representa também excelente recurso para exercícios análogos.

(Existem no comércio diversas marcas.)

N° 180	Gr. 05 – A	Inteligência Cinestésico--corporal

Habilidade	Nome	Outras estimulações
Coordenação motora	O armário e as chaves	Orientação espacial

Preparação:
Solicitar o serviço de um marceneiro, fazendo um pequeno armário com várias portas e diferentes fechaduras. Havendo dificuldade, verificar portas que possam ser usadas pelos alunos para experimentar o uso de chaves.

Utilização:
O aluno deve aprender a abrir e fechar portas, guardar objetos em diferentes compartimentos, abrir portas conforme orientação do professor, situando-as à direita, à esquerda, ao centro e outros.

(Existem no comércio: Maleta de Coordenação [Acrilu] – Casa das Chaves [Estrela].)

Nº 181	Gr. 04 – A	Inteligência Cinestésico--corporal

Habilidade	Nome	Outras estimulações
Coordenação manual	Abotoar / Desabotoar	Orientação espacial e Coordenação motora

Preparação:
Usar panos coloridos com casas e botões de diferentes tamanhos, botões de pressão, ganchos. O mesmo tecido pode ter casas do tipo ilhós para passar barbante. Venda para os olhos.

Utilização:
O aluno deverá abotoar e desabotoar, dar laço, enganchar. Essa atividade deve ser programada e é bom que o aluno não segure o pano em suas mãos para brincadeiras livres, mas que execute a atividade segundo determinações do professor, preferivelmente com os olhos vendados.

Nº 182	Gr. 05 – A	Inteligência Cinestésico--corporal

Habilidade	Nome	Outras estimulações
Coordenação motora	Alinhavos	Coordenação visomotora

Preparação:
Providenciar uma placa perfurada de Eucatex e fios de lã.

Utilização:
O aluno deve usar a placa para passar os fios de lã pelos orifícios e, em etapas seguintes, copiar desenhos desenvolvidos pelo professor ou extraídos de folhas impressas. Usar cores diferentes e estabelecer a relação entre o alinhavo e as figuras geométricas solicitadas. Desenvolver etapas progressivas do trabalho, fazendo com que cresça a capacidade de aperfeiçoamento do aluno. Sugerir "quadros artísticos" com a placa e outros.
(Existe no comércio: Alinhavo [Mádida].)

| Nº 183 | Gr. 04 – A | Inteligência Cinestésico-
-corporal |

Habilidade	Nome	Outras estimulações
Coordenação manual	Botões e copinhos	Orientação espacial e Coordenação motora

Preparação:
Reunir um expressivo número de copinhos plásticos de café (ou de Danoninho, estes melhores, por serem mais resistentes), fazer furos nos copos e juntar fios de lã e botões diversos.

Utilização:
O aluno deverá alinhavar, passar o fio pelos orifícios, montar diferentes "peças" com a união dos copos com os fios. Usar botões coloridos. Dar laços de tipos diferentes e criar estratégias para que os alunos desenvolvam jogos de montar usando esse recurso ou outros similares, adicionados aos jogos.

| Nº 184 | Gr. 05 – A | Inteligência Cinestésico-
-corporal |

Habilidade	Nome	Outras estimulações
Coordenação motora	Recorte e cole	Orientação espacial

Preparação:
Revistas usadas, tesouras sem ponta, cola.

Utilização:
O aluno deve aprender a usar a tesoura e a dimensionar o uso conveniente da cola. Recortar figuras de revistas e colar em papel-cartão, formando uma verdadeira "coleção" de objetos, personagens ou situações. Estimular a colagem propondo sequências, criando histórias, desenvolvendo múltiplas habilidades, tais como observar, relatar, descrever, opinar, sugerir e inúmeras outras.

| Nº 185 | Gr. 05 – A | Inteligência Cinestésico--corporal |

Habilidade	Nome	Outras estimulações
Coordenação manual	Facas e garrafas	Orientação espacial e Equilíbrio

Preparação:
Usar garrafas plásticas e facas sem corte.

Utilização:
O aluno deverá ir aprendendo a construir figuras com as facas entrelaçadas e desenvolver níveis diferentes de equilíbrio, apoiando-as sobre garrafas. Como as garrafas são muito leves é possível enchê-las com areia. O professor deverá programar diferentes "problemas" que estimulem o uso do recurso. Por exemplo: Usar quatro facas para construir uma plataforma sobre as bocas das garrafas, formar, com as facas, um triângulo e apoiá-las sobre as garrafas e muitos outros que, progressivamente, os próprios alunos aprenderão a construir.

GARRAFAS

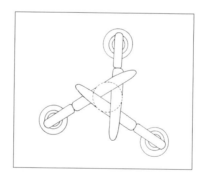

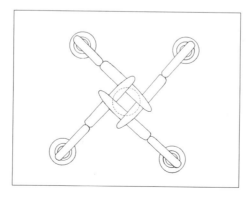

Nº 186	Gr. 05 – A	Inteligência Cinestésico--corporal

Habilidade	Nome	Outras estimulações
Coordenação motora	Travessia do rio	Agilidade / Equilíbrio

Preparação:
Folhas de jornal.

Utilização:
A atividade é uma corrida de revezamento onde os jogadores, divididos em duplas, postam-se um frente ao outro, separados por uma distância de dois a três metros. Entre eles existe um rio imaginário e o primeiro deverá atravessar o rio, sem pisar na água, passando assim "de pedra em pedra", isto é, apoiando-se sobre as folhas de jornal. Iniciado o jogo, cada participante coloca a folha de jornal no chão e pula para a mesma, colocando a folha seguinte à sua frente para o próximo passo. Após esse passo, apanha a primeira folha e coloca adiante até chegar ao parceiro, que, usando o mesmo recurso, deve voltar à margem.

Nº 187	Gr. 05 – A	Inteligência Cinestésico--corporal

Habilidade	Nome	Outras estimulações
Coordenação motora	Caixa-surpresa	Orientação espacial e Coordenação motora

Preparação:
O professor deverá escrever em pedaços de papel uma série de atividades motoras (correr, saltar, equilibrar, montar, fazer polichinelo e outras), colocando-as em uma caixa de sapatos. Explicar aos alunos as regras do jogo.

Utilização:
Iniciado o jogo a caixa deve passar de mão em mão e a um apito do professor o aluno que a tem em mãos deve abrir um dos papéis e cumprir a determinação escrita. O jogo termina quando todas as papeletas forem retiradas da caixa. Existem muitas outras formas de se improvisar essa atividade, desde que o professor estabeleça outras regras.

Nº 188	Gr. 05 – A	Inteligência Cinestésico--corporal

Habilidade	Nome	Outras estimulações
Coordenação motora	Modelando com massa ou argila	Orientação espacial

Preparação:
Massa de modelar de cores sortidas e uma espátula ou argila, eventualmente colorida com anilina.

Utilização:
O aluno deve desenvolver diferentes e múltiplas tarefas com a massa, usando o amassamento, torção, segmentação e outros recursos. Deve usar as mãos ou os dedos para dedilhar rolos finos de massas
(Existem várias marcas no comércio.)

Nº 189	Gr. 04 – A	Inteligência Cinestésico--corporal

Habilidade	Nome	Outras estimulações
Coordenação manual	Bate-pino	Lateralidade e força

Preparação:
Para esta atividade podem-se usar jogos já existentes no comércio ou solicitar a construção desses jogos a um marceneiro. Pessoas com habilidades em trabalhos com madeira podem preparar esse recurso, constituído de uma bancada com orifícios, peças cilíndricas que se encaixam nos mesmos e pequeno martelo de madeira.

Utilização:
O aluno deverá encaixar os cilindros com o auxílio do martelo e, progressivamente, o professor deve estipular o número de batidas e o uso das duas mãos para a tarefa. Martelos e pregos podem improvisar recurso para a atividade.
(Existe no comércio Bate-pino da Mônica [Coluna].)

Nº 190	Gr. 05 – A	Inteligência Cinestésico--corporal

Habilidade	Nome	Outras estimulações
Coordenação motora	Fantoche de dedo	Criatividade

Preparação:
Preparar com feltro ou com copos plásticos uma série de fantoches de dedo. Utilizar trapos de feltro coloridos e fazer dedais com caras humanas ou animais ou a parte lateral dos copinhos que deverão ser enrolados no dedo (formando o dedal), colados com fita adesiva e posteriormente pintados.

Utilização:
O aluno deve usar o fantoche para dramatizar livremente. Trabalhar inicialmente um e depois os diferentes dedos. Inventar para cada dedo um fantoche e fazê-los personagens de diferentes histórias que deverão ser também verbalizadas.

Nº 191	Gr. 04 – A	Inteligência Cinestésico--corporal

Habilidade	Nome	Outras estimulações
Digitação	Caça-palavras	Alfabetização

Preparação:
Microcomputador com programa Windows e impressora.

Utilização:
Cada equipe deve montar um quadro de caça-palavras no microcomputador e imprimi-lo. Quando terminarem os quadros serão trocados entre as equipes que deverão se empenhar para achar a solução. O tema do caça-palavras será proposto pelo professor. Abaixo, um modelo de caça-palavras:

```
A R T U V A U L M I
A B A C A T E X E O
P R L X M A U O L T
T O U H M L O P Ã B
U I P M R C S S O P
```

Nº 192	Gr. 05 – A	Inteligência Cinestésico--corporal

Habilidade	Nome	Outras estimulações
Digitação	Pimba	Orientação espacial

Preparação:
Placa de madeira pintada de verde, simulando um campo de futebol com pregos fixados em lugar dos jogadores de dois times.

Utilização:
O aluno deve ser estimulado a desenvolver um jogo de futebol substituindo a bola por uma moeda de 25 centavos ou um botão, impulsionando-o em direção ao gol adversário. Alternar "regras" estabelecendo o uso de diferentes dedos para as jogadas.
(Existem no comércio: Pimba [QI].)

Nº 193	Gr. 04 – A	Inteligência Cinestésico--corporal

Habilidade	Nome	Outras estimulações
Coordenação manual	Pilhas de caixas	Identificação de formas e tamanhos

Preparação:
É possível desenvolver estratégias que levem o aluno a empilhar usando caixas de fósforos, moedas de diferentes valores, cubos de madeira coloridos, botões e uma série de outros recursos.

Utilização:
O aluno deverá empilhar as peças e em caso de peças com diferentes tamanhos empilhá-las na ordem proposta pelo professor. A atividade se presta também a discriminação de cores e identificação de tamanhos
(Existe no comércio – de diversos fabricantes.)

Nº 194	Gr. 05 – A	Inteligência Cinestésico-corporal

Habilidade	Nome	Outras estimulações
Motricidade	Cubo elástico	Criatividade

Preparação:

Reunir pequenos cubos de madeira (dez a doze), mais ou menos do tamanho de caixas de fósforos, fazendo pequeno furo nos mesmos, prendê-los com elásticos. Uma passagem por uma marcenaria, certamente, fornecerá essa "matéria-prima geralmente não aproveitada. Eventualmente pintar de cores diferentes cada um dos cubos.

Utilização:

O aluno deve ser estimulado a criar formas variadas, explorando ao máximo as muitas combinações possíveis. Quando o professor puder ter um desses recursos, deve desenvolver formas e estimular os alunos a imitá-lo, criando etapas progressivas de exploração bimanual e espacial.

(Existe no comércio: Elasticubo [Gepeto].)

Nº 195	Gr. 04 – A	Inteligência Cinestésico-corporal

Habilidade	Nome	Outras estimulações
Coordenação manual	Jogos de encaixes	Sensibilidade tátil

Preparação:

Utilizar-se de carretéis de linha ou de retrós ou canetas usadas.

Utilização:

O aluno deverá fazer encaixes de canetas nos carretéis, seguindo orientação do professor. Deve explorar a capacidade de encaixe para desenvolver diferentes habilidades, *comparando, descrevendo, analisando* as diferentes formas obtidas. É importante que exista uma "programação" para que a atividade não se isole de um efetivo projeto de desenvolvimento motor do aluno.

(Existe no comércio – de diversos fabricantes.)

| Nº 196 | Gr. 05 – A | Inteligência Cinestésico--corporal |

Habilidade	Nome	Outras estimulações
Coordenação bimanual	Correntes	Sensibilidade tátil

Preparação:

Usar arames encapados, geralmente sobras de trabalhos de eletricidade em construção. Formar com esses arames pequenos elos abertos para facilitar atividades de encaixe.

Utilização:

O aluno deverá desenvolver atividades de encaixe, unindo os elos e formando correntes. Elos com cores diferentes podem ser usados para estimular as habilidades de identificação e de classificação. Com os olhos vendados os alunos podem aprimorar a sensibilidade tátil e a percepção de cores. O aluno deve ser orientado a manter uma pequena abertura do elo, uma vez que a fragilidade do material facilita aberturas maiores.

(Existem no comércio: Correntes [Coluna].)

| Nº 197 | Gr. 04 – A | Inteligência Cinestésico-
-corporal |

Habilidade	Nome	Outras estimulações
Coordenação manual	Progressão	Sensibilidade tátil

Preparação:

O professor pode formar, em caixas diferentes, um verdadeiro arsenal de objetos para a estimulação tátil, desde objetos muito diferentes entre si, para o início da atividade e, progressivamente, outras coleções (tecidos por exemplo) que envolvem a necessidade de progressiva sensibilidade tátil.

Utilização:

Desenvolver um "programa" de estimulação tátil alternando diferentes "fases". Na fase um, o aluno com olhos vendados (tateando objetos embaixo de uma toalha, sobre a mesa) deve diferenciar o "liso" do "áspero" e associar o objeto por sua asperosidade. Em etapas seguintes ir diminuindo as diferenças de textura e levar o aluno a conquistas expressivas. Uma etapa final do processo, eventualmente, poderia até mesmo permitir a identificação de signos em Braille. (Sistema de impressão e leitura desenvolvido por Louis Braille e adotado para cegos.)

| Nº 198 | Gr. 05 – A | Inteligência Cinestésico-
-corporal |

Habilidade	Nome	Outras estimulações
Coordenação manual	Miscelânea	Criatividade

Preparação:

Formar caixas de sapato, uma para cada aluno, com pequenos cubos de madeira, tábuas, elásticos, clipes coloridos, tampinhas de dentifrício ou de garrafas de água ou ainda outros produtos. É importante que o conteúdo das caixas seja o mesmo e que as peças sejam numeradas para, em caso de mistura, facilitar a separação posterior.

Utilização:

O aluno deve ser estimulado a montar peças conforme modelos e explorar o uso de diferentes habilidades operatórias, encaixando, empilhando e montando elementos apresentados em modelos. Em etapas seguintes é válida a experiência da proposta de modelos desenhados para a construção desejada.

(Existe no comércio grande variedade de produtos, de diferentes fabricantes.)

Nº 199	Gr. 04 – A	Inteligência Cinestésico--corporal

Habilidade	Nome	Outras estimulações
Coordenação manual	Espelhinhos	Lateralidade e sensibilidade tátil

Preparação:

Caixas de fósforos, copinhos ou outros objetos e um espelho. É interessante um jogo para cada aluno, para cada dupla ou, eventualmente, um trio de alunos.

Utilização:

O(s) aluno(s) deverá(ão) encaixar contas, agrupar peças, identificar formas ou cores, montar figuras obedecendo modelos propostos pelo professor, mas tateando os objetos e *observando o resultado através de um espelho*. O espelho deve ser explorado como importante recurso para se avaliar o domínio da lateralidade e do uso das mãos, direita e esquerda.

Nº 200	Gr. 05 – A	Inteligência Cinestésico--corporal

Habilidade	Nome	Outras estimulações
Coordenação bimanual	Cofre	Sensibilidade tátil

Preparação:

Garrafas plásticas e tampas de dentifrício de cores diferentes. Eventualmente, contas de um colar ou grãos-de-bico envernizados para garantir sua maior conservação.

Utilização:

O aluno deverá introduzir tampinhas na garrafa obedecendo normas quanto à cor. Repetir a experiência com os olhos fechados ou vendados e explorar a capacidade do aluno em classificar formas ou cores diferentes nos produtos que deve introduzir nas garrafas. Em etapas posteriores, desenvolver a mesma experiência com garrafas de bocal menor. Eventualmente promover jogos ou disputas entre alunos que devem sempre cumprir a tarefa de olhos fechados.

| Nº 201 | Gr. 04 – A | Inteligência Cinestésico-
-corporal |

Habilidade	Nome	Outras estimulações
Coordenação manual	Enfiagem	Criatividade
Sensibilidade tátil

Preparação:

Carretéis plásticos ou de madeira, retrós e fio plástico encapado (usado em instalações elétricas). Para essa mesma atividade é possível preparar-se material com macarrão perfurado e anilina para tingir o macarrão com cores diferentes.

Utilização:

O aluno deverá enfiar os carretéis no fio, obedecendo cores. Repetir a experiência com olhos vendados. Criar peças diferentes e reproduzir desenhos bidimensionais.

| Nº 202 | Gr. 05 – A | Inteligência Cinestésico-
-corporal |

Habilidade	Nome	Outras estimulações
Coordenação bimanual	Fábrica de fitas	Sensibilidade tátil
Criatividade

Preparação:

Cortar tiras de papel de revistas com 1 ou 2cm de largura, terminando em ponta. Enrolar as tiras em um lápis, começando pela parte mais larga, passar cola na parte terminal da tira e depois retirá-la do lápis (que servirá apenas como fôrma).

Utilização:

O aluno deve ser estimulado a usar sua "fábrica de tiras" para a confecção de diferentes "produtos". Usar como cordel para enfiar-se contas ou macarrão, desenhar letras, construir símbolos geométricos e uma infinidade de outros produtos.

| Nº 203 | Gr. 04 – A | Inteligência Cinestésico--corporal |

Habilidade	Nome	Outras estimulações
Coordenação manual	Colheres de pau	Identificação de formas e tamanhos

Preparação:
Colheres de pau ou, em sua falta, pedaços de madeira que as imitem. Venda para os olhos.

Utilização:
O aluno deve desenvolver progressivas experiências de sua utilização, com ambas as mãos. Em etapas posteriores, com os olhos vendados, deve ser estimulado, com a mesma, a reconhecer alguns objetos e desenvolver experiências simples.

| Nº 204 | Gr. 05 – A | Inteligência Cinestésico--corporal |

Habilidade	Nome	Outras estimulações
Coordenação bimanual	O homem na lua	Sensibilidade tátil e percepção visual

Preparação:
Disco branco desenhado em folhas de papel ou círculo branco traçado na lousa. Venda para os olhos.

Utilização:
O aluno, com os olhos vendados, deverá posicionar olhos, nariz e boca nesse círculo. A atividade admite uma participação coletiva, com vários círculos e diferentes alunos desenvolvendo suas experiências. Desenvolvida esporadicamente será apenas uma atividade lúdica, mas seguindo as linhas de uma programação, com devidos registros dos progressos, é possível administrar-se uma evolução sensível, ainda que diferente de um para outro aluno.

| Nº 205 | Gr. 04 – A | Inteligência Cinestésico--corporal |

Habilidade	Nome	Outras estimulações
Coordenação manual	Agulha e linha	Sensibilidade tátil

Preparação:
Agulhas, se possível com suas pontas desgastadas para evitar ferimentos, e linhas.

Utilização:
Os alunos deverão enfiar a linha no buraco da agulha. O professor pode formar dois grupos e estabelecer uma competição, onde cada aluno, após a execução da tarefa, passará a agulha para o seguinte que deverá retirar a linha e colocá-la novamente, e assim sucessivamente até o último da fila. Esse jogo, assim como muitos outros propostos, pode assumir uma função apenas lúdica, sendo incorporado a uma gincana.

| Nº 206 | Gr. 05 – A | Inteligência Cinestésico--corporal |

Habilidade	Nome	Outras estimulações
Coordenação bimanual	Bijuterias	Sensibilidade tátil e percepção de cores

Preparação:
Contas plásticas de colares antigos, macarrão ou ainda botões.

Utilização:
O aluno deve enfiar livremente as contas nos cordões, formando pulseiras e colares, alternando cores e criando produtos diferenciados. Em etapas posteriores pode desenvolver a tarefa com olhos vendados e desenvolver modelos colocados na lousa em folha impressa pelo professor.

(Existe no comércio – Bijuterias [Coluna].)

Nº 207	Gr. 04 – A	Inteligência Cinestésico--corporal

Habilidade	Nome	Outras estimulações
Coordenação manual	Visita ao zoo	Sensibilidade tátil

Preparação:
Recortar de revistas figuras de animais diversos, colar em cartolina grossa e recortá-las no estilo dos jogos de quebra-cabeças ou puzzles.

Utilização:
Os alunos deverão montar animais e nomeá-los. Explorando outras inteligências, sobretudo a espacial e linguística, pode ser solicitado a nomear os animais, classificá-los e envolvê-los em narrativas criadas segundo a orientação do professor.

Nº 208	Gr. 05 – A	Inteligência Cinestésico--corporal

Habilidade	Nome	Outras estimulações
Coordenação bimanual	Fechando pontos (Jogo da velha)	Sensibilidade tátil e percepção visual

Preparação:
Microcomputador com impressora e lápis coloridos.

Utilização:
O aluno, com o Paintbrush, deve montar um quadrado feito de espaços e pontinhos (ver modelo abaixo). Feito o quadro, com auxílio do mouse deverá levar o cursor até um ponto e traçar retas entre os pontos. Cada jogada permite a construção de apenas um traço e o objetivo do jogo é fechar quadradinhos, impedindo que os adversários (em duplas ou trios) façam o mesmo. Ao fechar o quadradinho a dupla (ou trio) insere-lhe um signo que a identifique. Vence o jogo quem no final possuir maior número de quadradinhos fechados.

. . . .
. . . .
. . . .
. . . .

Nº 209	Gr. 05 – A	Inteligência Cinestésico--corporal

Habilidade	Nome	Outras estimulações
Coordenação manual	Pescaria	Noção de pontaria e tamanho

Preparação:
Peixes feitos com papel-cartão ou plástico de copos de iogurte, varas de pesca com alfinetes caracterizando anzóis, caixa de sapato vazia ou outra maior simbolizando o aquário (ou o rio).

Utilização:
Os alunos deverão lançar o anzol nos rios, tentando pegar os peixes Em etapas seguintes, devem desenvolver experiências com a outra mão e, eventualmente, até mesmo com os olhos vendados.

(Existe no comércio: Gincana da pesca [Coluna].)

Nº 210	Gr. 05 – A	Inteligência Cinestésico--corporal

Habilidade	Nome	Outras estimulações
Coordenação bimanual	Exposição artística	Sensibilidade tátil

Preparação:
Quadro de papelão para servir como tela, miçangas de várias cores, grãos de milho, feijão ou outros, serragem, macarrãozinho de sopa de tamanhos diversos, anilina, cola e papel colorido.

Utilização:
O aluno (ou o professor) deverá desenhar no "quadro" figuras claramente delimitadas e sobre a mesma colar os diferentes produtos, fazendo quadros artísticos, inicialmente livres, depois usando referências descritas pelo professor.

Nº 211	Gr. 04 – A	Inteligência Cinestésico--corporal

Habilidade	Nome	Outras estimulações
Coordenação manual	O jogo da velha II	Sensibilidade tátil e raciocínio

Preparação:
O tradicional "Jogo da velha" é muito útil e pode ser desenvolvido com tampinhas e um tabuleiro e, eventualmente, pode ser praticado utilizando-se o Paintbrush do Windows, como indicado no jogo 208.

Utilização:
Os alunos deverão traçar as retas que caracterizam o jogo e cada participante escolhe um símbolo que o identifique. As regras estabelecem que cada aluno deve colocar seu símbolo em um dos quadrados e não permitir que o oponente consiga a sequência de 3 a 6 símbolos. Vence o jogo quem realizar a sequência na horizontal, vertical ou diagonal.

Nº 212	Gr. 05 – A	Inteligência Cinestésico--corporal

Habilidade	Nome	Outras estimulações
Coordenação bimanual	Bate prego	Criatividade

Preparação:
Chapa de madeira compensada ou Eucatex, martelinho de madeira, pregos pequenos e peças de cartolina ou de plástico, fabricadas com o material plástico utilizado em copos de iogurte.

Utilização:
O aluno deve criar modelos, pregando as peças plásticas na chapa de madeira. Em etapas seguintes, devem copiar modelos propostos e, em níveis mais avançados, ser estimulado a desenvolver objetos simples em marcenaria.

Nº 213	Gr. 04 – A	Inteligência Cinestésico--corporal

Habilidade	Nome	Outras estimulações
Coordenação manual	Massinha	Sensibilidade tátil e criatividade

Preparação:

Massa plástica, ou argila colorida com anilina, acondicionada em saquinhos de plástico transparente.

Utilização:

Usar o saquinho plástico, com um dos cantos cortados, para que o aluno o aperte e saia pequena quantidade de massa e, desta maneira, execute trabalhos livres, em níveis mais avançados, trabalhos que explorem mais acentuadamente sua concepção de arte. Quando toda a massa já estiver fora da embalagem, utilizá-la para diferentes atividades em modelagem.

Nº 214	Gr. 05 – A	Inteligência Cinestésico--corporal

Habilidade	Nome	Outras estimulações
Coordenação bimanual	Parafusando	Percepção tátil, força manual

Preparação:

Placas de madeira e isopor com pequenos furos para apoio do parafuso, parafusos de tamanhos diversos e diferentes chaves de fenda. Peças de papelão podem substituir as placas de madeira.

Utilização:

O aluno deve montar um painel com a placa e parafusar peças diferentes sobre a mesma. Embalagens de diferentes produtos podem ser utilizadas e desta maneira a criação de "mensagens" diversas. A primeira finalidade do jogo é usar as chaves de fenda para rosqueamento e emprego da força manual.

Nº 215	Gr. 04 – A	Inteligência Cinestésico--corporal

Habilidade	Nome	Outras estimulações
Coordenação manual	A oficina	Sensibilidade tátil

Preparação:

Montar em caixas de sapato um conjunto de ferramentas simples de uma oficina de marcenaria, como lixa, serras, torquês, martelo, chaves de fenda, verrumas e outros produtos possíveis. Peças de madeira ou de papelão.

Utilização:

As ferramentas devem ser utilizadas segundo uma prévia programação e a finalidade deve ser a confecção de objetos diversos de madeira ou de papelão grosso. O recurso permite que, progressivamente, o aluno aplique diferentes habilidades manuais (comprimir, pressionar, rosquear e, ao mesmo tempo, criar diferentes formas). Em etapas posteriores, a caixa de sapatos pode conter tomadas, benjamins, porcas e parafusos para uma montagem de produtos elétricos, explorando as mesmas habilidades motoras.

(Existe no comércio [Oficina – Jot Play].)

Nº 216	Gr. 05 – B	Inteligência Cinestésico--corporal

Habilidade	Nome	Outras estimulações
Coordenação visomotora	Zarabatana	Orientação espacial

Preparação:

Canudos de mamona ou mesmo para refrigerantes, dardos de plástico e alvos fixos de cartão.

Utilização:

Os alunos devem tentar acertar o alvo soprando nos tubos.

(Existe no comércio – Zarabatana [Atma].)

| Nº 217 | Gr. 04 – B | Inteligência Cinestésico-corporal |

| Habilidade | Nome | Outras estimulações |
| Coordenação manual | Arco e flecha | Sensibilidade tátil |

Preparação:

Não é difícil improvisar arcos utilizando-se de varetas flexíveis e cordões. As setas podem também ser improvisadas com varetas que tenham uma ponta afiada e penas em outra extremidade.

Utilização:

Os alunos procurarão tentar acertar os alvos com as setas e, em etapas seguintes, procurar melhorar seu desempenho.

(Existem no comércio – Arco e Flecha [Estrela] e ainda outros.)

| Nº 218 | Gr. 05 – B | Inteligência Cinestésico-corporal |

| Habilidade | Nome | Outras estimulações |
| Coordenação visomotora | Boliches | Orientação espacial
Pensamento lógico |

Preparação:

Bonecos de papelão ou garrafas de água com milho ou areia para ficarem mais pesados. Bolas de borracha.

Utilização:

O professor deve escolher um local que permita um espaço de 10 a 30 metros e montar o jogo. A finalidade é levar os alunos a aperfeiçoarem sua técnica de derrubada dos bonecos e, desta maneira, progressivamente ir ganhando maior coordenação visomotora. Jogado ocasionalmente, o boliche é apenas uma atividade lúdica que pode se transformar em um estímulo pedagógico se houver etapas programadas para seu desenvolvimento e cuidadoso relatório sobre o desempenho e progresso de cada aluno.

(Existe no comércio – de diversos fabricantes.)

| Nº 219 | Gr. 05 – B | Inteligência Cinestésico-
-corporal |
|---|---|---|

Habilidade	Nome	Outras estimulações
Coordenação visomotora	Atingindo alvos	Orientação espacial e lateralidade

Preparação:
Não é difícil improvisar alvos de diferentes naturezas e bolas de diferentes tamanhos, inclusive bolinhas de vidro, para construir jogos. Uma placa de Eucatex perfurada ou mesmo um papelão, colocados ao final de um terreno em ligeiro declive, podem estimular a capacidade do aluno em progredir no alcance dos alvos.

Utilização:
Os alunos devem tentar alcançar os alvos com as bolas. O professor deve acompanhar seu progresso nessa habilidade. Este pode criar múltiplas variações, como o aumento de distância, o uso das duas mãos alternadas e até mesmo o lance de olhos vendados.
(Existe no comércio – Alvinho [QI].)

| Nº 220 | Gr. 05 – B | Inteligência Cinestésico-
-corporal |
|---|---|---|

Habilidade	Nome	Outras estimulações
Coordenação visomotora	Transferindo imagens	Orientação espacial
Lateralidade

Preparação:
Folhas de papel de seda, giz colorido, folhas de papel em branco para acolher as transferências.

Utilização:
O professor deve selecionar várias figuras, usando histórias em quadrinho de tiras publicadas nos jornais, revistas ou outros desenhos tirados de vários programas comuns em microcomputadores. Os alunos devem colocar a folha com a figura que se pretende decalcar, com forte camada de giz atrás, de encontro às folhas em branco que servirão como cenas de fundo. Devem, depois, riscar a lápis sobre a figura e, depois que o giz demarcou a folha de fundo, completar a ilustração. Essa atividade, iniciada com uma única figura, pode evoluir para a construção de múltiplas cenas e estas levar o aluno ao emprego de diferentes habilidades operatórias.
(Existe no comércio – Transfer (Abril) – Kalkitos (Papel Mate).)

Nº 221	Gr. 04 – B	Inteligência Cinestésico--corporal

Habilidade	Nome	Outras estimulações
Coordenação visomotora	Traçando contornos	Lateralidade, Atenção, Orientação espacial

Preparação:

Números e letras vazados feitos em cartolina ou papelão e pranchas transparentes ou ainda desenhos ilustrados em papel vegetal, com o uso de lápis ou canetas hidrográficas permitem diversificadas atividades de traçado que estimulam a coordenação visomotora, tato, lateralidade, atenção e orientação espacial.

Utilização:

Os alunos devem passar o dedo indicador sobre os sulcos, com olhos abertos e fechados ou colocando as peças sobre o papel riscar seus contornos, delineando-os posteriormente com lápis ou caneta.

Nº 222	Gr. 05 – B	Inteligência Cinestésico--corporal

Habilidade	Nome	Outras estimulações
Percepção tátil	Sacola-surpresa	Discriminação de forma, tamanho e textura

Preparação:

Uma sacola de pano com abertura fechada com elástico. Na mesma, produtos diversificados conforme o grau da sensibilidade tátil que se deseja explorar (Formas: figuras geométricas em papel-cartão. Tamanhos: conchas, lápis, tampinhas, colheres, dados etc. Textura: retalhos de seda, veludo, lã, lixa fina, plástico etc. Percepção estereognóstica: bolinha de gude, lápis, borracha, botões etc.).

Utilização:

Múltiplas atividades devem ser propostas com esse recurso: Encontrar na sacola dois objetos iguais, selecionar objetos grandes e pequenos, usar a mão direita para uma finalidade e a esquerda para outra, atender comandos de identificar texturas e muitas outras opções previamente programadas e criteriosamente registradas segundo os desempenhos individuais.

(Existe no comércio – Zarabatana [Atma].)

Nº 223	Gr. 04 – C	Inteligência Cinestésico--corporal

Habilidade	Nome	Outras estimulações
Discriminação de formas	Jogo mascarado	Raciocínio lógico

Preparação:
   Máscaras de feltro individuais, com elástico, sacola de feltro e figuras de papelão com formas diferentes (avião, carro, colher, pera, chave, letras etc.).

Utilização:
   Os alunos, mascarados, devem retirar da sacola as diferentes figuras, identificando-as através do tato. Criar jogos para promover maior número de identificações. Em etapas subsequentes pode chegar a sacola 2, a sacola 3 e assim por diante com níveis mais elevados de dificuldades.
   (Existe no comércio – Jogo-Tato (QI).)

Nº 224	Gr. 05 – D	Inteligência Cinestésico--corporal

Habilidade	Nome	Outras estimulações
Discriminação de peso	O jogo do peso	Noção de medida

Preparação:
   Embalagens vazias de filmes fotográficos, pilhas velhas, algodão, areia, caixa.

Utilização:
   Colocar em cada duas embalagens as pilhas, a areia, o algodão e reuni-las em uma caixa. O professor deve misturar as embalagens e pedir aos alunos que sintam o peso de cada uma, para formar pares com embalagens de igual peso. Deve, depois, colocar as embalagens conforme o peso e, progressivamente, incluir novas embalagens com níveis diferentes de peso e medida. Uma balança sensível pode ser usada, eventualmente, para aferir os resultados com maior precisão.

Nº 225	Gr. 04 – D	Inteligência Cinestésico--corporal

Habilidade	Nome	Outras estimulações
Discriminação térmica	O jogo da temperatura	Sensibilidade tátil

Preparação:
Colocar, em cada duas embalagens de filmes fotográficos vazias, pedrinhas de gelo, água quente, água fria, água gelada, água morna.

Utilização:
Os alunos devem formar pares de embalagens procurando temperaturas iguais. É interessante que existam letras ou números colados nas embalagens, facilitando a identificação e o registro do progresso dos alunos.

Nº 226	Gr. 05 – B/C	Inteligência Cinestésico--corporal

Habilidade	Nome	Outras estimulações
Percepção visual	Miniaturas	Orientação espacial

Preparação:
Organizar em caixas objetos diferentes. Assim, por exemplo, a *Caixa 1* pode abrigar miniaturas de bichos, carrinhos e outros; a *Caixa 2,* pinos e esferas, a *Caixa 3,* blocos coloridos, a *Caixa 4,* contas e bolinhas, a *Caixa 5,* fichas de jogo ou o fundo de copinhos plásticos coloridos e, eventualmente, outras.

Utilização:
Os alunos devem separar os objetos, formando grupos ou conjuntos, criar histórias envolvendo os objetos, juntar objetos diferentes em conjuntos diferenciados (bolas e pinos, por exemplo), juntar e separar contas, agrupar objetos segundo formas e números de peças e uma série de outras atividades.

(Existem inúmeros brinquedos do tipo no comércio.)

Nº 227	Gr. 04 – B	Inteligência Cinestésico--corporal

Habilidade	Nome	Outras estimulações
Coordenação manual	Caixas malucas	Sensibilidade tátil

Preparação:

É indispensável colocar de antemão, em caixas diferenciadas, múltiplos objetos que estimulem a identificação da cor e da forma, com níveis de dificuldade progressivamente diferenciados. Quebra-cabeças, tangrans e transparências podem incluir os recursos existentes nessas caixas.

Utilização:

Os alunos devem identificar objetos, silhuetas, formas grandes e pequenas diversificadas, embalagens de produtos e inúmeros outros elementos estimuladores da percepção visual. É importante a essas atividades associar outras como a criação de narrativas, teatralização, estabelecendo um verdadeiro "programa" de estimulação visomotora, visual, espacial e outras.

(Existe no comércio uma infinidade de jogos ou brinquedos do tipo.)

Nº 228	Gr. 05 – D	Inteligência Cinestésico--corporal

Habilidade	Nome	Outras estimulações
Percepção de forma, peso e tamanho	Mosaico	Memória visual e coordenação motora

Preparação:

Uma gravura com figuras bem representativas e peças componentes dessa gravura recortadas em feltro.

Utilização:

Os alunos devem cobrir com as peças de feltro as partes componentes da gravura. Eventualmente, e em etapas posteriores, devem desenvolver progressivamente a habilidade de cortar as peças de feltro (ou outro tecido) na forma das gravuras.

(Existe no comércio – Casa de Cores [Acrilu].)

Nº 229	Gr. 04 – C	Inteligência Cinestésico--corporal

Habilidade	Nome	Outras estimulações
Percepção de formas	Formas superpostas	Sensibilidade tátil Raciocínio lógico

Preparação:

Formas geométricas recortadas em cartolina ou papel-cartão colorido. Essas mesmas formas em linhas simples desenhadas em papel vegetal ou plástico transparente. É também possível solicitar-se a sobreposição de figuras geométricas iguais opacas, desde que com cores diferentes.

Utilização:

Os alunos devem associar as peças de papel vegetal ou plástico transparente às opacas, deslizando uma sobre a outra de maneira que as figuras se sobreponham.

(Existe no comércio – Transparências Didáticas [Jovial].)

Nº 230	Gr. 05 – B	Inteligência Cinestésico--corporal

Habilidade	Nome	Outras estimulações
Coordenação visomotora	Formas geométricas agrupadas	Orientação espacial Noção de quantidade

Preparação:

Desenhar em "baralhos" várias formas geométricas diferentes (Exemplo: três círculos e um triângulo, dois retângulos e três triângulos etc.).

Utilização:

Os alunos devem tentar nomear as formas, agrupar "baralhos" que contenham as propostas solicitadas pelo professor, agrupar peças que contenham determinada forma geométrica, independente da quantidade, enfileirar peças em ordem crescente de quantidades específicas de formas e muitos outros exercícios com progressivas dificuldades.

(Existe no comércio – Zarabatana [Atma].)

Nº 231	Gr. 04 – C	Inteligência Cinestésico- -corporal

Habilidade	Nome	Outras estimulações
Identificação de formas	Geometria ao meio	Orientação espacial

Preparação:
Uma série de cartões ou "baralhos" ilustrados com figuras geométricas, recortadas ao meio.

Utilização:
Todas as peças devem estar embaralhadas e a tarefa dos alunos, preferivelmente em duplas ou trios, será a de juntar partes correspondentes formando figuras geométricas corretas. Organizar um "bingo" com os alunos, retirando peças de uma sacola e solicitando que as duplas que possuem a parte correspondente se manifestem. Relacionar as formas com os objetos existentes no espaço (uma porta, por exemplo, é um retângulo e assim por diante).
(Existe no comércio – Formas geométricas [Grow].)

Nº 232	Gr. 05 – C	Inteligência Cinestésico- -corporal

Habilidade	Nome	Outras estimulações
Coordenação estereognóstica	Bingo diferente	Orientação espacial

Preparação:
Preparar cartelas de bingo contendo algumas formas geométricas, como quadrado, círculo, triângulo, tetraedro, quadrilátero. Uma sacola plástica contendo cartões ou objetos com essas formas (carta de baralho, botão e outros objetos com formas tridimensionais similares às que aparecem na cartela).

Utilização:
O professor deve "cantar" a peça retirada da sacola e os alunos devem procurar relacionar a representação tridimensional com a figura, marcando pontos.
(Existe no comércio – Dominó Geométrico [C B S].)

Nº 233	Gr. 04 – D	Inteligência Cinestésico--corporal

Habilidade	Nome	Outras estimulações
Coordenação manual	Encaixando formas	Orientação espacial

Preparação:

Uma folha de sulfite com formas geométricas desenhadas. Uma série de formas geométricas iguais às desenhadas, mas de diferentes tamanhos, recortada em cartolina ou papel-cartão.

Utilização:

O professor deve mostrar as diferenças de tamanho e solicitar aos alunos que associem, segundo a forma, as peças em cartão com as desenhadas. Pode, em etapas posteriores, estimular a sensibilidade tátil pedindo aos alunos que, com olhos vendados, identifiquem as formas, localizando-as depois na folha de sulfite.

(Existem no comércio diversos jogos com formas geométricas.)

Nº 234	Gr. 05 – D	Inteligência Cinestésico--corporal

Habilidade	Nome	Outras estimulações
Percepção de peso	Balançando	Coordenação motora

Preparação:

Colocar em copos plásticos feijão, outros com grão-de-bico, outros com bolinhas de vidro e outros produtos. Uma balança de cozinha.

Utilização:

O professor deve estimular o aluno a observar o peso dos diferentes produtos. Fazer operações diversas, misturando os ingredientes dos copos e pesando-os separadamente. É importante que o aluno anote seus resultados e que apresente expectativas do peso real, sentindo com a mão a probabilidade. Estimular o emprego de outras habilidades como comparar, classificar, deduzir.

| Nº 235 | Gr. 04 – D | Inteligência Cinestésico-
-corporal |

| Habilidade | Nome | Outras estimulações |
| Reconhecimento de tamanhos | Encaixando pirâmides | Orientação espacial |

Preparação:
   Improvisar uma pequena placa de madeira com um prego, cuja ponta tenha sido limada. Cortar em papel-cartão formas geométricas (triângulos, quadrados, quadriláteros, hexágonos etc.) de tamanhos diferentes e todas essas formas com um furo no meio. É interessante que cada forma tenha uma cor.

Utilização:
   O professor deve mostrar os diversos tamanhos usando uma forma de cada vez. Levar o aluno a identificar formas semelhantes, mesmo que com tamanhos diferentes. Misturar várias peças e solicitar que os alunos as separem. Solicitar que montem as peças na base com o prego, começando pelas maiores e ir construindo uma pirâmide.
   (Existe no comércio: Pirâmides [Dexter].)

| Nº 236 | Gr. 05 – D | Inteligência Cinestésico-
-corporal |

| Habilidade | Nome | Outras estimulações |
| Associação de tamanhos | O chapéu do xuxo | Orientação espacial |

Preparação:
   Preparar em feltro ou cartolina várias caras de um menino ou menina de diferentes tamanhos. Preparar chapéus, cada um ajustado a um dos tamanhos selecionados. O ideal seria oito a dez rostos e oito a dez chapéus correspondentes, separados.

Utilização:
   Os alunos devem comparar os tamanhos dos chapéus. Comparar, depois, o tamanho dos rostos. Ordenar chapéus segundo seu tamanho e proceder de forma idêntica em relação aos rostos. Progressivamente devem ir testando correspondência adequada entre o rosto e seu chapéu.
   (Existe no comércio – O palhacinho e o chapéu [QI].)

Nº 237	Gr. 04 – C	Inteligência Cinestésico--corporal

Habilidade	Nome	Outras estimulações
Coordenação de figura e fundo	Figura-fundo	Orientação espacial Noção de quantidade

Preparação:
Fios de lã de várias cores, barbantes coloridos, sisal, fitas diversas e um pano de fundo de uma cor forte.

Utilização:
O professor deve montar o pano de fundo e, colocando um fio sobre o outro, indagar pela quantidade dos fios que estão sendo vistos. Aumentar o número de fios e fitas, criando composições. Solicitar que os alunos associem essas composições a figuras geométricas ou elementos naturais (árvores, frutas, nuvens etc.). Estimular a manipulação dos fios, fazendo e desfazendo montagens.

Nº 238	Gr. 05 – C	Inteligência Cinestésico--corporal

Habilidade	Nome	Outras estimulações
Coordenação estereognóstica	Tecendo e contando	Orientação espacial Criatividade

Preparação:
Preparar uma prancha de madeira com pregos fixos (tamanho 10 por 10) separados um do outro cerca de 5cm. Elásticos coloridos.

Utilização:
Os alunos devem formar figuras diferentes com os elásticos. Devem ser estimulados a reproduzir na prancha figuras desenhadas na lousa. Devem formar várias figuras com elásticos da mesma cor e, depois, cobrir com elásticos com cores diferentes. Criar figuras diversas segundo orientação do professor. (Exemplo: Façam uma árvore, uma casa etc.)
(Existe no comércio – Criatividade [Brimal].)

Nº 239	Gr. 04 – C	Inteligência Cinestésico- -corporal

Habilidade	Nome	Outras estimulações
Percepção de figura-fundo	Encaixando os amigos	Orientação espacial Noção de tamanho

Preparação:
Selecionar uma figura de uma paisagem ou uma outra em que existam várias crianças. Cobrir com papel vegetal e tirar o contorno de um ou outro personagem ou elemento da paisagem. Recortar essa figura.

Utilização:
O professor deve solicitar aos alunos que coloquem as peças exatamente sobre o elemento correspondente da figura. Usar essa figura para a exploração da inteligência linguística da criança, fazendo-a criar histórias à medida que realiza os encaixes. Evoluir de trabalhos com figuras simples para outras, mais complexas.
(Existe no comércio – Família [Acrilu], Puzzle Descoberta [Grow].)

Nº 240	Gr. 05 – C	Inteligência Cinestésico- -corporal

Habilidade	Nome	Outras estimulações
Coordenação estereognóstica	Pega-varetas	Coordenação motora fina Noção de quantidade

Preparação:
Preparar varetas coloridas de madeira ou plástico, canudos de refrigerante ou usar o jogo que existe no comércio. Palitos usados para espetinhos coloridos também podem ser utilizados.

Utilização:
O professor deve passar aos alunos as regras do jogo. As varetas devem ser seguras e depois soltas e os alunos, um de cada vez, devem retirar uma vareta sem tocar nas demais. O professor pode usar o jogo para solicitar aos alunos que disponham as varetas conforme sua solicitação. Usar as varetas para cobrir traços em uma cartolina. Usar quantidade e cor para estimular a percepção das diferenças e grandezas.
(Existe no comércio: Pega-varetas [Coluna].)

Nº 241	Gr. 04 – B – C	Inteligência Cinestésico--corporal

Habilidade	Nome	Outras estimulações
Coordenação manual	Rato e ratoeira	Orientação espacial

Preparação:

Uma caixa de fósforos pode simbolizar a ratoeira. O desenho de um ratinho ou um dedal pode servir para simbolizá-lo. Isso pode ser improvisado de muitos outros modos.

Utilização:

O professor deve estimular a percepção das posições "em cima", "embaixo", "à direita", "à esquerda", "em frente", "atrás", "dentro" e "fora", solicitando que os alunos, individualmente ou em dupla, coloquem o ratinho nos lugares correspondentes da ratoeira. Estabelecer jogos em duplas e explorar, com muitas perguntas, as diversas posições possíveis.

(Existem no comércio diversos jogos para essa finalidade.)

Nº 242	Gr. 05 – C	Inteligência Cinestésico--corporal

Habilidade	Nome	Outras estimulações
Coordenação estereognóstica	O homem em Marte	Orientação espacial Noção de tamanho

Preparação:

Preparar cartelas de papelão mostrando Marte, Júpiter ou outro satélite do sistema solar e um foguete indo em sua direção. Em cada cartela torna-se maior a aproximação do foguete. Essa ideia pode ser explorada através de muitas outras formas de improvisação.

Utilização:

O professor deve estimular a montagem das cartelas em sequência, de maneira que os alunos identifiquem os conceitos de "perto" e "longe". Sugerir aos alunos que desenhem figuras intermediárias e progressivamente ir trabalhando a percepção estereognóstica desenvolvendo atividades similares com dois objetos da sala de aula (por exemplo: um vaso e um cesto).

Nº 243	Gr. 04 – E	Inteligência Cinestésico--corporal

Habilidade	Nome	Outras estimulações
Paladar	As balas coloridas	Percepção de semelhanças/diferenças

Preparação:

Copinhos plásticos contendo balas fragmentadas em pedacinhos pequenos. Cada copinho deve ter um número e em cada um deles um tipo de bala de paladar acentuadamente diferente. Um copo maior com pedacinhos de pão, destinados a "limpar o paladar".

Utilização:

O professor deve estruturar um jogo em que o aluno deve identificar o paladar da bala apresentada em sequência. Em um primeiro momento o aluno experimenta, com olhos vendados, uma bala. Após "limpar seu paladar" "deve experimentar uma outra. Deve descobrir se a terceira experimentada é do copo 1 ou 2. Aos poucos, outros copinhos com outros paladares devem ser incorporados a essa atividade. Variar, em etapas seguintes, com temperos. Evoluir para líquidos e assim por diante.

Nº 244	Gr. 05 – E	Inteligência Cinestésico--corporal

Habilidade	Nome	Outras estimulações
Paladar	O castelo dos mil gostos	Percepção de semelhanças/diferenças

Preparação:

O professor deve criar uma história que envolva um passeio dos alunos e, ao longo do mesmo, ir experimentando em proporções muito pequenas produtos de diferentes paladares (bala, açúcar, açúcar mascavo, vanile, canela, orégano, sal, mel, alecrim, hortelã e outros cuidadosamente separados e em copos com rigorosa higiene e indispensável uso de colher, limpa após o uso de cada aluno).

Utilização:

O professor deve colocar os diferentes produtos em quantidade mínima na ponta do dedo do aluno que deve levá-la à boca. É importante transformar a atividade em um programa com diferenças expressivas entre suas etapas e proceder a cuidadoso registro do progresso de cada aluno. Após algum tempo, retornar à atividade com as anotações, verificando a memória gustativa dos alunos.

Nº s/n	Gr. 04 – D	Inteligência Cinestésico--corporal

Habilidade	Nome	Outras estimulações
Memória auditiva	Revisão de jogos	Lateralidade

Preparação:

O estímulo à audição do aluno influi ao mesmo tempo na sua memória musical e na cinestésico-corporal. Assim sendo, o aperfeiçoamento auditivo pode se valer das mesmas estratégias propostas pelos múltiplos jogos usados para estímulo da inteligência musical.

Utilização:

Da mesma maneira que o trabalho com a construção do conhecimento não exclui a importância de revisões e cuidadosa análise da fixação do apreendido, o estímulo da capacidade auditiva, como todos os outros de natureza sensorial, necessita de periódicas revisões e consequentes anotações. Desta maneira, a "memória auditiva" pode expressar efetivamente se a conquista do progresso dessa inteligência foi efetivamente autêntica.

Nº 245	Gr. 04 – A	Inteligência Cinestésico--corporal

Habilidade	Nome	Outras estimulações
Coordenação motora	Ensaiando	Lateralidade

Preparação:

Espaço aberto para a circulação dos alunos.

Utilização:

O professor deve estimular os alunos, organizados em dupla, em trio ou em quartetos, a simularem gestualmente comportamentos em diferentes situações, envolvendo, por exemplo, a praia, o *shopping*, assistindo um jogo, recebendo um diploma e outras. Um grupo deve observar a simulação dos outros e procurar apresentar uma "leitura" de toda essa linguagem corporal expressa em apresentações dessa natureza.

Nº 246	Gr. 04 – D	Inteligência Cinestésico-corporal

Habilidade	Nome	Outras estimulações
Coordenação visomotora	Desenhar com olhos fechados	Lateralidade Criatividade

Preparação:
Folhas de papel, lápis, giz de cera e venda para os olhos.

Utilização:
Depois de desenharem com os olhos abertos e desenvolverem progresso nessa atividade, os alunos podem ser estimulados a executar essa tarefa com os olhos vendados, diversificando-se os estímulos para progressos nessa tarefa. Uma exposição de trabalhos pode ser feita. Em uma etapa seguinte, podem desenhar objetos apresentados e que tenham sido percebidos apenas pelo tato.

Nº 247	Gr. 04 – A	Inteligência Cinestésico-corporal

Habilidade	Nome	Outras estimulações
Motricidade	Relógio humano	Lateralidade / Inteligência espacial

Preparação:
Um relógio e o conhecimento das horas.

Utilização:
Os alunos devem dramatizar, com o movimento do corpo e o uso dos braços e pernas, as posições do ponteiro do relógio que são mostradas. O jogo pode ser desenvolvido entre um grupo e outros, cabendo ao primeiro, e apenas a ele, observar a hora marcada pelo professor e representá-la com o corpo para que os demais grupos a identifiquem.

Nº 248	Gr. 04 – A	Inteligência Cinestésico--corporal

Habilidade	Nome	Outras estimulações
Motricidade e coordenação motora	Jogos corporais diversos	Lateralidade Atenção

Preparação:

Diversos, conforme o tipo de jogo abaixo proposto.

Utilização:

Diversos jogos folclóricos ou usados apenas em programas lúdicos podem ser adaptados como meios de um estímulo-motor progressivo. Caso ocorra essa utilização é importante reiterar a importância de acompanhamento e anotações cuidadosas sobre o desempenho e progresso dos alunos envolvidos. Entre muitos jogos, é possível destacar:

- Jogo do passa-anel;
- Corrida de sacos;
- Corrida do equilíbrio da bola na colher (na mão ou na boca);
- Brincadeiras como brigas de galo com os alunos de cócoras;
- Corridas com objetos na cabeça, nas mãos, nos ombros etc.;
- Gangorra humana com mãos dadas e os braços esticados;
- Tiros ao alvo ou arremessos com o espelho.

25
A inteligência naturalista

A Inteligência Naturalista ou Biológica foi, cronologicamente, a última identificada por Gardner. Diz respeito à competência para perceber a natureza de maneira integral e sentir processos de acentuada empatia com animais e com as plantas, uma afinidade que pode estender-se a um sentimento ecológico, uma percepção de ecossistemas e habitats. Inteligência acentuada em pessoas como Humboldt, Burle Marx, Wallace, La Condamine, Darwin e outros naturalistas e exploradores, aparece de forma muito manifesta entre todos os indivíduos, alguns com essa competência pouco desenvolvida e consequentemente não percebendo a natureza se não por sua utilidade econômica ou estética, outros possuindo-a de forma plena e, dessa maneira, vivendo essa relação com o ambiente de forma apaixonada e intensa. Em muitas pessoas uma flor artificial vale tanto quanto uma natural na medida em que cumpre sua finalidade estética, para outras pessoas nada substitui o elemento natural e o pleno sentido de "vida" nesse elemento presente. Pesquisas recentes parecem indicar que essa forma de inteligência pode ser singularmente comum em alguns autistas ou portadores da síndrome de Tourette.

Parece muito nítido o efeito dos estímulos no desenvolvimento da Inteligência Naturalista. Uma criança que cresce no campo, em um sítio ou em uma chácara ou mesmo à beira-mar e que tem como companheiros pessoas envolvidas com a natureza, geralmente diferencia-se bastante de outras que, emparedadas em construções verticais, tornam-se adultos que facilmente se irritam com os ruídos naturais ou as relações empáticas de um cachorro ou de um gato. Mas, mesmo em pessoas estimuladas naturalisticamente ou não, existem diferenças: a carga genética torna algumas mais sensíveis e mais integradas ao ambiente que outras, e mesmo entre irmãos com a mesma educação naturalista existe um processo de empatia com a circunstância natural diferenciado. Essas observações permitem concluir que *nossa herança genética nos desperta para o mundo com maior ou com menor sensibilidade natural, mas a força da educação é significativa na estruturação de nosso comportamento posterior.* As observações comportamentais de homens e de mulheres no Ocidente parece sugerir que essa inteligência esteja situada no hemisfério cerebral direito; claramente mais desenvolvido entre as mulheres. São elas, com exceções é claro, mais sensíveis às "mensagens" de uma flor natural, mesmo uma única flor em um simples vaso, que têm mais empatia pelo sofrimento de um animal doméstico. Essa mais apurada sensibilidade feminina com a natureza, certamente, não deve ser vista como produto de uma composição hormonal, mas está ligada à forma como construiu sua vida nos últimos cem mil anos: durante milênios o homem saía para a caça e cabia à mulher a proteção dos filhos, o cuidado natural, a acuidade de percepção do ambiente: para o homem, este precisava ser decifrado para conquistas, para a mulher precisava ser amado e protegido para garantia da sobrevivência familiar. Essa diferença deve ter feito da mulher a iniciadora da criação de gado ao não permitir o abate imediato de filhotes desamparados da caça conquistada. Não é, pois, sem razão que é maior o número de mulheres que o de homens que admiram o fascínio do fogo, o encanto do mar, a graça do jardim e, é evidente, a inefável linguagem das flores. O hemisfério de maior desenvolvimento cerebral é o direito, que as torna mais propensas à percepção e fluência verbal e à coordenação motora fina, diferindo do homem ocidental que pelo maior desenvolvimento do hemisfério cerebral esquerdo se destaca na percepção tridimensional de objetos, no mais apurado senso de orientação e pontaria e na objetividade linguística.

O estímulo a essa inteligência na família deve começar muito cedo. O bebê precisa começar a descobrir a vida vegetal e animal e compartilhar com seus pais de toda devoção desse encantamento; necessita descobrir que a oposição entre a noite e o dia não é apenas uma diferença de luz, mas também de sons e cheiros. Mais tarde, se possível, precisa ter seus animais de estimação, mesmo que em um singelo aquário, e habituar-se a descobrir trilhas e "sinais" em árvores, em bosques, ou no ruído das ondas: é interessante que "descubra" o cheiro do mar e estimule sua memória naturalista e sonora em identificar em fitas gravadas o quadro natural do espaço que se gravou. Na escola, perceber nas aulas de geografia ou de ciências uma interessante aventura de alfabetização do ambiente, mas também descobrir onde a natureza oculta suas formas geométricas, suas relações lógicas e as estruturas do saber classificado em história, química, línguas ou outros componentes.

As linhas de estimulação sugeridas para jogos naturalistas devem alternar nos momentos de interação ambiental procedimentos estimuladores da *curiosidade*, outros que envolvam atividades explícitas de *exploração* e de *descobertas*, simultaneamente integrados a jogos para a *Interação interpessoal com diferentes formas de vida* e jogos que simulam *aventuras* de desafio natural.

26
Jogos para a estimulação da inteligência naturalista

Nº 249	Gr. 06 – A	Inteligência Naturalista
Habilidade Curiosidade	**Nome** O que o mestre mandar	**Outras estimulações** Orientação espacial Motricidade

Preparação:
É indispensável darmos oportunidade aos alunos de executarem tarefas antecipadamente planejadas. O professor deve idealizar uma verdadeira gincana de atividades e cumprindo-as deve solicitar aos alunos que o façam.

Utilização:
O professor será o "mestre" e executará a gincana estabelecida (saltará cercas inexistentes, remará por rios imaginários, procurará tesouros ocultos) e assim percorrerá interessante caminho estimulando a motricidade e soltando a imaginação naturalista dos alunos. O sucesso do jogo depende da capacidade do professor em levar o aluno a partilhar dessas "aventuras".

Nº 250	Gr. 06 – A	Inteligência Naturalista

Habilidade	Nome	Outras estimulações
Curiosidade	Coleções naturais	Atenção e pesquisa

Preparação:

O professor deverá estimular que os alunos, divididos em grupos, façam coleções de produtos naturais, tais como rochas, minerais, folhas, conchas, cogumelos ou outros produtos. Deve arrumar caixas bem divididas para expor essas coleções e levar os alunos a classificar com critério os objetos colecionados.

Utilização:

O professor deve, antes de estimular os alunos às coleções, planejar os mostruários, as referências bibliográficas para que possam identificar as peças encontradas e estabelecer as regras essenciais para a coleção.

Nº 251	Gr. 06 – A	Inteligência Naturalista

Habilidade	Nome	Outras estimulações
Curiosidade	Descobrindo tocas	Orientação espacial Motricidade

Preparação:

O professor deve estimular os alunos a pensarem sobre as "casas" onde moram os animais e, dessa maneira, definir uma série para que os alunos "pesquisem" bibliograficamente, e sempre que possível, na natureza as "casas" dos animais.

Utilização:

O professor estabelecerá as regras da pesquisa e os alunos devem apresentar seus trabalhos com fotografias, recortes e desenhos. A casa das formigas, dos pássaros, dos cupins e outros constituem interessante estímulo à descoberta da natureza.

Nº 252	Gr. 06 – A	Inteligência Naturalista

Habilidade	Nome	Outras estimulações
Curiosidade	Explorando a natureza	Atenção e pesquisa

Preparação:
O professor deverá estimular os alunos a "descobrirem" e "relatarem" os elementos da natureza. Uma "excursão programada" para a visita a um bosque, uma praça, uma árvore, numa tarde de outono ou de inverno, o mar, um rio, a noite e outros elementos transforma-se em envolvente desabrochar da curiosidade infantil.

Utilização:
O professor deve trabalhar o espírito de observação e pesquisa. Na primeira vez, ir progressivamente "descobrindo" seu encantamento e, aos poucos, estimular os alunos para que descubram e revelem suas descobertas. Sempre que possível uma pequena máquina fotográfica ou a ajuda do desenho constitui forte instrumento de registro dessas sensibilidades.

Nº 253	Gr. 06 – A	Inteligência Naturalista

Habilidade	Nome	Outras estimulações
Curiosidade	Uma visita a um riacho	Orientação espacial Motricidade

Preparação:
Um pequeno riacho nas proximidades da escola pode oferecer excelente oportunidade para pesquisas e descobertas.

Utilização:
Barquinhas de papel lançadas às águas ajuda a perceber a correnteza e a identificar as margens. A umidade do solo permite explorar diferentes tipos de vegetação, verificar se existe vida nas águas e se há pegadas em suas margens. As marcas no terreno podem mostrar fases de enchente e, portanto, sugerir elementos sobre o regime das águas. O riacho deve permitir a construção de conceitos sobre montante, jusante, planície, nascente, foz, afluente e muitos outros.

Nº 254	Gr. 06 – A	Inteligência Naturalista

Habilidade	Nome	Outras estimulações
Curiosidade	Trocando fitas	Atenção e sensibilidade auditiva

Preparação:
O professor procurará reunir vários gravadores e dará uma fita a cada grupo em uma excursão. Os grupos devem se distanciar uns dos outros e gravar naturais sons anotando suas possíveis origens.

Utilização:
Quando cada grupo trouxer sua fita, estabeleça trocas e invente jogos para que se busque identificar os sons naturais. Se possível, é interessante retornar ao local das gravações e conferir os sons ao natural.

Nº 255	Gr. 06 – A	Inteligência Naturalista

Habilidade	Nome	Outras estimulações
Curiosidade	Caçando "monstros"	Orientação espacial Motricidade

Preparação:
É indispensável que o professor "invente" um "monstro" e que estimule seus alunos para essa caçada. Deve contar, com entusiasmo, uma história e dar algumas "pistas" para que os alunos possam descobri-lo.

Utilização:
Considerando que "monstro" é um ser de conformação extravagante, uma grande árvore, ou uma planta exótica pode ser o monstro. Os alunos não devem saber quem é o monstro e nem onde fica, mas através de algumas pistas sugeridas pelo professor deverão procurar encontrá-lo. Essas pistas devem ser explicadas com muitas informações naturais que agucem a audição, a sensibilidade olfativa e curiosidade dos alunos. O professor deverá manter durante todo o tempo o espírito da brincadeira, oferecendo aos alunos várias sugestões.

Nº 256	Gr. 06 – A	Inteligência Naturalista

Habilidade	Nome	Outras estimulações
Curiosidade	A trilha misteriosa	Atenção e pesquisa

Preparação:

Gravador e fita gravada com sons diferenciados. Para tornar mais fácil a identificação dos mesmos, o professor deverá usar uma campainha para separar um som de outro. Fazer a gravação captando sons de ventania, ondas do mar, pássaros e animais. A televisão pode permitir que se grave diferentes "cenas" extraídas de reportagens, explorações e outras.

Utilização:

Os alunos devem ser convidados a partilhar de uma rota imaginária, da descoberta de uma trilha fantástica e dispõem como único elemento a fita com os sons gravados. A classe pode estar organizada em grupos e cada grupo deve idealizar o roteiro da trilha a partir dos sons ouvidos. Uma estratégia que facilita a construção dessa trilha e o divagar pelo imaginário é uma voz (pode ser do professor) anunciando cada som por seu número.

Nº 257	Gr. 06 – A	Inteligência Naturalista

Habilidade	Nome	Outras estimulações
Curiosidade	Desenhando constelações	Orientação espacial Motricidade

Preparação:

Essa atividade é realizada à noite e, portanto, possível se os alunos forem convidados a trazer seus sacos de dormir ou colchonetes e passar uma noite na escola. Em uma excursão a atividade é também possível.

Utilização:

O professor deverá estimular os alunos a observar estrelas e desenhar constelações, reunindo-se depois para descrevê-las. Os alunos não precisam se preocupar em desenhar ou descrever as constelações como se encontram no céu. O professor pode recriar a ideia dos astrônomos do passado, levando seus alunos a inventar "novas constelações". A noite também oferece interessante oportunidade para a identificação dos pontos cardeais a partir da lua ou das estrelas.

Nº 258	Gr. 06 – A	Inteligência Naturalista

Habilidade	Nome	Outras estimulações
Curiosidade e exploração	Proury	Relacionamento

Preparação:
Sala completamente escura ou alunos com olhos vendados e um grupo de mais de dez e menos de trinta alunos.

Utilização:
Os alunos devem circular pela sala escura com extremo cuidado e, encontrando alguém, tocá-lo levemente, pronunciando a palavra "Proury". Caso ouça como resposta a mesma palavra, continuar circulando e fazendo novos contatos. Ao tocar em alguém que não responda ao seu pronunciamento, deverá procurar a mão dessa pessoa. Se estiver livre, segurá-la e não mais responder quando tocado. Caso a pessoa que não respondeu à sua indagação esteja de mãos dadas, caminhar tatilmente até o extremo da corrente de pessoas e segurar a mão que estiver livre. Ao perceber que não mais existem sussurros pela sala, a luz deve ser acesa. Antes de iniciar o jogo, avisar a um participante para não responder à chamada, iniciando a formação da corrente.

Nº 259	Gr. 06 – B	Inteligência Naturalista

Habilidade	Nome	Outras estimulações
Exploração	A presa e o predador	Orientação espacial

Preparação:
Espaço aberto em um local seguro onde não existam espinhos, barrancos ou rios profundos, mas que, ao mesmo tempo, possa oferecer bons pontos para esconderijos. Estabelecer os limites da área onde ocorrerá o jogo.

Utilização:
O professor deverá explicar aos alunos a vida dos animais na natureza e sua inevitável condição de "presas" e "predadores", destacando que quase todo animal é, ao mesmo tempo, presa e predador. As regras seguem, em linhas gerais, as de uma brincadeira de "esconde-esconde". Iniciado o jogo, o predador poderá tentar achar sua presa e pode ser combinado à emissão de som do predador. O jogo continua até que todas as presas sejam pegas ou até que o predador desista de sua busca. *É indispensável que, ao final, professor e alunos troquem ideias sobre como se sentiram como presas e/ou predadores e sobre a vida dos animais que imitaram.*

Nº 260	Gr. 06 – B	Inteligência Naturalista

Habilidade	Nome	Outras estimulações
Curiosidade e exploração	Presa e predador II	Sensibilidade tátil e/ou olfativa

Preparação:

As mesmas condições do jogo anterior ou uma sala ampla onde os alunos com olhos vendados possam circular com segurança.

Utilização:

Os alunos devem circular pela sala com os olhos vendados e descobrir suas "presas" pelo olfato. Um algodão embebido de álcool, perfume, essência, desodorante ou outro produto de odor característico, acondicionado em um copo plástico, pode simbolizar a "presa" que, antes do jogo iniciar, teve esse olfato identificado por todos os alunos. Atividades análogas podem ser feitas tendo os alunos, com os olhos vendados, que identificar sua presa através do paladar, após identificar um e depois descobri-lo entre muitos outros. A mistura de refrigerantes ou sodas, balas e condimentos em pequena proporção podem constituir-se nos elementos materiais essenciais ao jogo.

Nº 261	Gr. 06 – B	Inteligência Naturalista

Habilidade	Nome	Outras estimulações
Curiosidade e exploração	Predador e presa III	Orientação espacial Motricidade

Preparação:

Dez a quinze bolinhas de vidro e um espaço aberto com as características identificadas no jogo da sacola-surpresa (inteligência cinestésico-corporal).

Utilização:

O professor deverá esconder as bolinhas em um determinado terreno, camuflando-as com produtos do ambiente natural. Falar aos alunos sobre a camuflagem e dar exemplo, achando uma das bolinhas. Distribuí-las pelo terreno, algumas com localização mais fácil e outros em locais (ou camuflagens) mais difíceis. Um mapa e uma bússola podem ser usados para alunos maiores tornando a procura bem mais expressiva e operatória.

Nº 262	Gr. 06 – B	Inteligência Naturalista

Habilidade	**Nome**	**Outras estimulações**
Curiosidade e exploração	Prontidão para explorar	Relacionamento

Preparação:

As atividades propostas não constituem propriamente um jogo. Representam muito mais um apelo para levar o aluno a descobrir o mundo natural e aprender a se encantar com seus movimentos. Remos, vara de pesca, sementes diversas constituem o material adequado.

Utilização:

Os alunos devem estar "prontos" para seu envolvimento naturalista. Esse estado de "prontidão" significa estar tanto *interessado* quanto *capaz*. E tão importante quanto esse estado é a "prontidão" do professor delimitada por seus *conhecimentos* e seu *entusiasmo*. A improvisação é sempre uma terrível inimiga do sucesso e não importa a atividade que pretende desenvolver com os alunos (plantar hortaliças, ensiná-los a pescar, acender fogueira, colher frutos silvestres e, depois, preparar geleias, empinar pipas para sentir os movimentos do vento, colher amostras de folhas ou de sementes, caminhar pelas águas rasas de um regato), as excursões devem ser curtas, planejadas, alegres e voltadas para a construção do conhecimento e desenvolvimento das habilidades dos alunos.

Nº 263	Gr. 06 – B	Inteligência Naturalista

Habilidade	Nome	Outras estimulações
Exploração	Massa de modelar e pegadas	Sensibilidade tátil Motricidade

Preparação:
Massa de modelar e uma enciclopédia sobre animais e plantas.

Utilização:
Os alunos devem, orientados pelo professor, proceder a cuidadosa pesquisa sobre pegadas de animais ou formatos de folhas, elaborar "fichas" informativas sobre essas espécies e, com massa de modelar ou argila, confeccionar os moldes dessas folhas ou das pegadas. O professor pode organizar uma exposição, associando o trabalho manual à pesquisa. Uma eventual visita a um Jardim Botânico ou ao Zoológico para observar essas espécies pode dar um complemento a essa atividade. Um concurso de fotografias também complementa a atividade.

Nº 264	Gr. 06 – B	Inteligência Naturalista

Habilidade	Nome	Outras estimulações
Curiosidade e exploração	Caça ao tesouro	Relacionamento interpessoal

Preparação:
Planejar cuidadosamente a atividade, fazendo cartões com dicas sobre a trilha que deve ser seguida e as etapas da caça ao tesouro. Essas dicas devem sempre explorar os elementos naturais (ao pé da árvore mais alta, entre as folhas de flores amarelas etc.). Um mapa que mostre os pontos cardeais e uma bússola ajudam a dar mais "corpo" operatório à atividade.

Utilização:
Os alunos, organizados em equipe (que devem ter nomes, símbolos, *slogans* e outros elementos de identificação), devem, usando as pistas, tentar descobrir os tesouros. Uma trilha com plantas aromáticas ou copos com algodão embebido em uma essência podem ajudar a compor o "mapa do tesouro". Em oportunidades mais avançadas, a equipe de alunos deverá esconder o tesouro e apresentar aos demais os mapas das dicas.

Nº 265	Gr. 06 – B	Inteligência Naturalista

Habilidade	Nome	Outras estimulações
Curiosidade e exploração	Descobrindo segredos	Orientação espacial Motricidade

Preparação:
Ambiente ao ar livre, com toda segurança necessária.

Utilização:
Os alunos, divididos em duplas, podem escolher livremente um local para sua exploração e devem ser orientados a, em silêncio ou sussurrando, encontrar uma espécie específica para observar. Devem levar questões do tipo: Qual a menor criatura deste local? Qual a mais colorida? Qual a mais barulhenta? Munidos desse desafio devem optar por um lugar propício à observação e entregar-se plenamente à mesma. O professor deverá marcar o tempo mínimo e máximo e cada dupla deve levar prancheta para suas anotações, ou embalagens plásticas, de filmes fotográficos, para a coleta de amostras. Ao final, um círculo de debates deve servir para que se compartilhe os resultados dessa exploração.

Nº 266	Gr. 06 – B	Inteligência Naturalista

Habilidade	Nome	Outras estimulações
Curiosidade e exploração	Sherlock moderno	Sensibilidades sensoriais

Preparação:
O professor pode demarcar com fitas ou barbantes algumas áreas de reconhecimento em campo aberto. Essas áreas devem ter, no máximo, dois metros quadrados. Lupas para os alunos.

Utilização:
Os alunos, divididos em duplas (ou trios), devem, com as lentes de aumento nas mãos, procurar detalhes na área específica de sua "pesquisa" (pequenos animais, cor do solo, flores, trilhas de insetos etc.). Devem anotar os elementos dessa pesquisa e a atividade será bem mais interessante se, antes de ser iniciada, o professor colher de cada área um elemento especial e solicitar aos alunos "proprietários" dessa área que o identifiquem. Um círculo de debates deve encerrar as discussões. O conteúdo a ser examinado deve, de alguma maneira, estar associado aos conceitos com os quais, em sala, se está ajudando a construir.

Nº 267	Gr. 06 – C	Inteligência Naturalista

Habilidade	Nome	Outras estimulações
Descobertas	A cozinha mágica	Curiosidade / paladar

Preparação:

A atividade somente é possível em uma excursão a um sítio ou a local onde existam produtos naturais e um ou outro cultivado. O professor deve, antes da atividade, conhecer o roteiro que irá percorrer com os alunos, selecionando os produtos comestíveis que podem ser encontrados (framboesas, morangos, limões, folhas para chás ou saladas, tubérculos e outros produtos).

Utilização:

O professor deverá sair com os alunos em um passeio pelos arredores, levando uma cesta para a coleta de alimentos para complementar um lanche. Após colher diversos produtos, prepare-os de modo que sejam servidos junto a outros trazidos pelos alunos. Dessa maneira, os alunos aprendem a identificar aromas e paladares específicos. Mostre empolgação, envolva-os em seu entusiasmo e respeite os alunos que, eventualmente, podem não gostar deste ou daquele produto. *A "cozinha" pode se transformar em uma fábrica se os alunos aprenderem a fazer barbantes, velas, cestos, tapetes, acolchoados, trabalhos com cordas e outros.*

Nº 268	Gr. 06 – C	Inteligência Naturalista

Habilidade	Nome	Outras estimulações
Descoberta da atenção	Aponte o que ouviu	Percepção sensorial

Preparação:

Até trinta alunos, sentados em uma cadeira ou no chão, formando um círculo. O professor deve destacar que a atividade envolve a "descoberta" da atenção e seu emprego na mobilidade e domínio da concepção corporal.

Utilização:

Iniciando o jogo, o professor aponta uma parte de seu corpo ou de sua roupa, afirmando, entretanto, ser outra (exemplo: aponta para o cabelo e afirma: – este é meu nariz). O primeiro aluno, imediatamente, deve colocar a mão sobre a parte de seu corpo que ouviu (e não na que viu) e falar de outra. Caberá ao seguinte colocar a mão na parte que ouviu e fazer afirmação indicando outra, e assim sucessivamente. Caso ocorra erro, o professor pode interromper o jogo e reiniciar a atividade a partir do primeiro.

Nº 269	Gr. 06 – C	Inteligência Naturalista

Habilidade	Nome	Outras estimulações
Descoberta da atenção	Perguntas trocadas	Interação

Preparação:
Os alunos formarão uma fila, um ao lado do outro, e em par (um defronte ao outro), deixando um espaço para que o professor possa circular entre eles.

Utilização:
O jogo consiste em passear lentamente entre as duas filas e, repentinamente, fazer uma pergunta a um dos alunos, olhando fixamente em seus olhos. Esse aluno deve manter-se inalterado e não respondê-la, pois a resposta caberá ao outro. Como nossa atenção em geral se concentra em respondermos a quem nos olha, é fácil o aluno se confundir até que, aos poucos, as regras passam a ser claramente dominadas por todos.

Nº 270	Gr. 06 – C	Inteligência Naturalista

Habilidade	Nome	Outras estimulações
Descoberta da atenção	Passeio de carruagem	Relacionamento interpessoal

Preparação:
Cada aluno recebe o nome de uma palavra que compõe determinada história. O professor prepara previamente a história.

Utilização:
Iniciada a atividade, o professor, calmamente, lê a história que preparou e cada aluno ao ouvir seu nome deve bater palmas uma vez. Uma das palavras deve ser comum a todos os alunos, e estes ao ouvirem devem concentrar sua atenção para baterem palmas duas vezes (Exemplo: Criando uma história sobre um "passeio de carruagem" o professor atribuirá a alguns alunos a palavra "roda", outros serão "bancos", outros "porta" e todos serão "carruagem". Iniciada a história [que deve repetir essas palavras várias vezes], os alunos deverão bater palmas em cada oportunidade que o nome é citado e bater palmas duas vezes sempre que for citada a palavra "carruagem"). Ao mesmo tempo que estimula a atenção, o jogo propõe uma percepção.

Nº 271	Gr. 06 – C	Inteligência Naturalista

Habilidade	Nome	Outras estimulações
Descoberta da atenção	Imitação	Motricidade

Preparação:

Material de pesquisa sobre alguns animais e seus hábitos e características físicas, como locomoção, voz, habitat, tamanho, cor, necessidades alimentares, bico ou boca, pata ou garra, pena ou escama etc.

Utilização:

O jogo consiste em estimular os alunos a imitarem os animais para que os demais o reconheçam tomando como referência a linguagem corporal desenvolvida. Em etapas seguintes, o jogo pode evoluir para descobrirem os ambientes em que esses animais vivem e dramatizar situações que envolvam seu desafio pela sobrevivência da espécie, sempre a partir de pesquisas efetuadas pelos próprios alunos.

N° 272	Gr. 06 – D	Inteligência Naturalista

Habilidade	Nome	Outras estimulações
Partilhar	Partilhando	Relacionamento pessoal

Preparação:

Existem diversas maneiras de levar o aluno a partilhar de atividades que estimulem sua inteligência naturalista. Abaixo algumas sugestões:

• *Mural* – Criar histórias coletivas, ilustrando-as em um mural, é uma maneira interessante de se construir uma fábula, após um passeio ou no relato de observações sobre a natureza extraída de filmes e de documentários;

• *Poemas coletivos* – O professor pode iniciar a construção de um poema, escrevendo a primeira frase, e solicitando a cada aluno que escreva a sua. Após todas as frases o grupo deve ser convidado a "arrumar" o poema dando sequência, rimas e corrigindo determinadas colocações para dar melhor estrutura;

• *Charadas* – A arte da mímica pode ser utilizada para a exploração da natureza. Usando mímicas e metáforas, os alunos devem imitar animais ou plantas;

• *Histórias ilustradas* – Após um estudo da natureza, recorte revistas, feltro, papéis e usando cartolina, tesoura e cola peça aos alunos para criarem um quadro de arte sobre a área estudada;

• *Histórias interativas* – Conte histórias sobre a natureza envolvendo descobertas, magia e mistério. Envolva os alunos na construção dessa história coletiva.

Nº 273	Gr. 06 – E	Inteligência Naturalista

Habilidade	Nome	Outras estimulações
Aventuras de proteção	Partilhando aventuras	Interação

Preparação:

Diversas iniciativas podem envolver os alunos em um verdadeiro "projeto" de amor à natureza e proteção à terra. Abaixo algumas ideias:

• *Excursões monitoradas* – Inúmeros locais são excelentes para visitas que obedeçam um planejamento prévio. Zoológicos, jardins botânicos, universidades;

• *Programas de acampamento* – Existem diversos, para estudantes de todas as idades;

• Convidar guardas florestais, especialistas em florestas, caçadores ou pescadores para conversar com os alunos;

• Descobrir museus sobre os índios, acampamentos ou áreas expostas à visitação. Planeje uma visita, estudando antes os aspectos da cultura a ser visitada;

• Organize na escola um *Clube de defesa à Terra*. Estabeleça regras e estatutos. Lute por uma causa ambiental, escreva cartas, colecione reportagens. Faça reuniões periódicas avaliando o desempenho dos integrantes;

• Clubes de caminhadas (a pé ou de bicicleta) constitui alternativa válida;

• Organize a limpeza do jardim da escola, de uma praça, ou de uma rua. Estabeleça coleta seletiva do lixo, na escola. Organize um "Dia de salvação de uma praça" e outras. Plante uma árvore para comemorar um evento importante.

Nº 274	Gr. 06 – E	Inteligência Naturalista

Habilidade	Nome	Outras estimulações
Aventura	A beira do abismo	Motricidade

Preparação:
Os alunos são divididos em grupos. Uma sala ou pátio da escola. No mesmo uma linha traçada indica a margem do "abismo". Venda para os olhos.

Utilização:
Os alunos primeiro fazem uma prospecção sobre a distância do local em que estão até o abismo. Não podem calcular o número de passos. Com os olhos vendados devem aproximar-se o mais possível desse abismo. Ultrapassando a linha despencam abismo abaixo. Vence o grupo cujos integrantes chegaram mais perto do abismo sem ter perdido nenhum de seus integrantes. Em etapas seguintes pode colocar cadeiras e cestos de lixo como obstáculos nessa caminhada cega até o abismo.

Nº 275	Gr. 06 – B	Inteligência Naturalista

Habilidade	Nome	Outras estimulações
Exploração	O dia e a noite	Motricidade

Preparação:
Os alunos devem identificar diferenças entre o dia e a noite e desenvolver múltiplas comparações.

Utilização:
A partir da descoberta dessas diferenças, é possível organizar-se jogos comparativos entre grupos, reforçando os padrões de diferenças. Em etapas seguintes é possível pensar-se em vestir bonecos para o dia e para a noite e muitas outras atividades.

Nº 276	Gr. 06 – B	Inteligência Naturalista

Habilidade	Nome	Outras estimulações
Exploração e descobertas	Descobrindo a natureza	Motricidade Atenção

Preparação:

Lupa, termômetro e, se disponível, outros instrumentos meteorológicos como o barômetro e o altímetro.

Utilização:

O aluno deve ser levado a praticar experiências que visem aprofundar seus conhecimentos sobre a ação do sol, do ar, da temperatura e assim por diante. Queimar um pedaço de jornal com uma lupa leva-o a perceber o efeito do calor solar, o termômetro pode ser transformado em um "brinquedo" com múltiplas finalidades exploratórias e uma simples vela pode mostrar a ação do calor e sua influência sobre o movimento do ar.

27
A inteligência pictórica

A inteligência pictórica se manifesta pela competência em se expressar ou em se compreender a linguagem dos signos, das cores ou de desenhos. Muito forte em grandes pintores, sobretudo os realistas, está presente em cartunistas, desenhistas, ilustradores ou especialistas em computação gráfica. Muito ligada à percepção estética, pode ser identificada mesmo em pessoas sem ou de pequena instrução, quando "se sentem incomodadas" com a desarrumação do seu ambiente. Na criança esse senso estético é muito nítido; enquanto algumas "odeiam" objetos esparramados e uma escrivaninha "bagunçada", outras se incomodam com os que pensam assim.

Nílson José Machado, que associa essa inteligência à musical, destaca que na criança "antes mesmo que a linguagem escrita lhe seja acessível, os recursos pictóricos tornam-se elementos fundamentais na comunicação e na expressão de sentimentos, funcionando como um canal muito especial, através do qual as individualidades se revelam – ou são construídas – expressando ainda, muitas vezes, características gerais da personalidade, ou mesmo sintomas dos mais variados desequilíbrios psíquicos".

As linhas de estimulação dos jogos pictóricos se inicia com alguns jogos voltados para o *reconhecimento de objetos* e de suas formas, o *reconhecimento das cores*, a percepção fina de *formas e de tamanhos*, a *percepção de fundo* e a *visoespacial*.

Perceber visualmente objetos e cores não significa apenas ver, mas também discriminar e interpretar os sinais visuais presentes. Dessa maneira, quando se apresenta um objeto a uma criança não se pretenda que veja apenas as linhas de seu contorno, mas que identifique uma figura, que o associe a imagens onde essa mesma forma se reproduz, que busque em sua memória a referência comparativa dessa imagem com outras, independentemente de sua cor, tamanho ou posição. Em quase todas as ações da vida humana, a percepção visual se apresenta e, por esse motivo, constitui aspecto de extrema importância no processo de desenvolvimento de uma criança, permitindo melhor desempenho em tarefas mais complexas, como a escrita e a leitura.

28
Jogos para a estimulação da inteligência pictórica

Nº 277	Gr. 07 – A	Inteligência Pictórica

Habilidade	Nome	Outras estimulações
Reconhecimento de objetos	Jogo da argola	Identificação de cores e tamanhos

Preparação:
Separar dez garrafas descartáveis, numeradas de um a dez, e preenchê-las com papel crepom em tiras, com cores diferentes. Preparar argolas de papelão que se encaixem nas garrafas servindo de argolas. Colocar areia no fundo da garrafa para dar maior peso.

Utilização:
Os alunos participam divididos em duplas ou em grupos com até seis integrantes. As garrafas devem ficar agrupadas a uma distância de cinco metros dos alunos que devem lançar suas argolas, procurando encaixá-las na garrafa. Ganha o aluno ou a equipe que obtiver maior número de pontos.

Nº 278	Gr. 07 – A	Inteligência Pictórica

Habilidade	Nome	Outras estimulações
Identificação de cores	Canudos coloridos	Relação número x quantidade

Preparação:

   Canudos de refrigerante de diversas cores e cortados em tamanhos diferentes. Pedaços de cabo de vassoura serrados e pintados também se prestam ao desenvolvimento da atividade.

Utilização:

   Os alunos, individualmente ou em duplas, devem separar, reunir, classificar, descrever as peças, estabelecendo progressivas relações entre a quantidade das mesmas e os signos numéricos que começam a decodificar.

Nº 279	Gr. 07 – A	Inteligência Pictórica

Habilidade	Nome	Outras estimulações
Reconhecimento de objetos	Cada cor em seu lugar	Percepção visual

Preparação:

   Formar com caixas de papelão um gaveteiro de mais ou menos trinta centímetros de comprimento por cinco de altura, unindo-as em um mesmo suporte e contendo seis ou mais gavetas. Colorir cada gaveta com uma cor diferente. Separar clipes ou tampas de caneta usadas da mesma cor das gavetas. Reunir o mesmo número de peças para cada caixa.

Utilização:

   As peças são colocadas misturadas sobre a mesa e o aluno tem que classificá-las pela cor e colocá-las na gaveta correspondente. Se jogado em duplas, vence quem terminar primeiro.

Nº 280	Gr. 07 – A	Inteligência Pictórica

Habilidade	Nome	Outras estimulações
Reconhecimento de cores	Livro de pano	Linguagem oral, imaginação

Preparação:
Tecido e tinta para pintar em tecidos.

Utilização:
O professor deve, juntamente com seus alunos, criar uma história. Pedir que os alunos façam desenhos enquanto prepara a redação dessa história. Passar cada uma das páginas para o pano e orientar os alunos para que pintem. Costurar as folhas do livro. Usar o livro como "material de classe" e fonte de referência para construir outros envolvendo os assuntos trabalhados em aula ou de interesse dos alunos.

Nº 281	Gr. 07 – A	Inteligência Pictórica

Habilidade	Nome	Outras estimulações
Reconhecimento de objetos	As contas na caixa	Coordenação visomotora

Preparação:
Contas ou bolinhas coloridas e copos de plástico com uma fita ou retângulo de papel na mesma cor das bolinhas. Fundos de copos plásticos coloridos podem ser usados como fichas, substituindo as bolinhas.

Utilização:
Os alunos deverão colocar as bolinhas nos copos com a cor correspondente. Progressivamente o professor deve ir acrescentando mais cores e solicitando a mesma atividade. Os copos podem estar enfileirados e os alunos devem guardar as bolinhas segundo a ordem dos mesmos. Em etapas seguintes, devem colocar bolinhas verdes em copo azul; duas bolinhas verdes e uma amarela em copo verde e assim por diante.

Nº 282	Gr. 07 – B	Inteligência Pictórica

Habilidade	Nome	Outras estimulações
Reconhecimento de cores	Desenho coletivo	Reconhecimento de objetos

Preparação:
　　Alunos divididos em grupos, cartolina para cada grupo e lápis ou canetas hidrocor de cores variadas.

Utilização:
　　O professor entrega uma cartolina para cada grupo e sugere um tema para o desenho (por exemplo: a primavera). Os grupos iniciam o preparo de seu desenho na cartolina: após alguns minutos o professor alterna as cartolinas, de maneira que o grupo A receba a cartolina do B, o B do grupo C, o C do grupo D, o D, do grupo E, e este do grupo A. Por mais alguns minutos dedicam-se à tarefa de completar o desenho anterior e assim sucessivamente até que todos os desenhos tenham passado por todos os grupos.
　　Esta atividade pode ser também desenvolvida usando-se atividades no microcomputador com o acessório Paintbrush.

Nº 283	Gr. 07 – B	Inteligência Pictórica

Habilidade	Nome	Outras estimulações
Reconhecimento de cores	Colorindo palavras	Criatividade

Preparação:
　　Alunos divididos em grupos, cada grupo com uma cartolina e lápis de cor ou canetas hidrocor ou pincel atômico.

Utilização:
　　O professor deve enumerar diversas palavras e solicitar que os grupos representem duas a três dessas palavras, sem escrevê-las, usando apenas cores e alguns signos. Cabe, depois, a um grupo tentar identificar no desenho do outro quais as palavras se pretendeu representar. Ao final, cada grupo explica aos demais a sua ilustração. Palavras que podem ser utilizadas: suave, forte, rápida, lenta, aguda, grave, áspera, lisa, triste, alegre, surpresa, delírio, encantamento.

| Nº 284 | Gr. 07 – E | Inteligência Pictórica |

Habilidade	Nome	Outras estimulações
Percepção de fundo	Trabalhando transparências	Noção de quantidade

Preparação:

Selecionar a silhueta 8 a 10 de figuras como a que apresentamos aqui e obtida no World, do Windows. Essas figuras devem estar agrupadas em folhas de sulfite. Desenhar, em papel vegetal, o contorno dessas figuras.

Utilização:

Os alunos devem colocar as peças de papel vegetal, portanto, transparente, sobre as silhuetas correspondentes, alcançando a coincidência. Em etapas seguintes, o aluno deve observar em uma os contornos e identificar qual se ajusta à silhueta selecionada e que está sobre uma outra mesa. Os alunos podem ser solicitados a fazer uma coluna de figuras e colocar ao lado as silhuetas correspondentes.

(Existe no comércio: Transparências Didáticas [Jovial].)

| Nº 285 | Gr. 07 – E | Inteligência Pictórica |

Habilidade	Nome	Outras estimulações
Percepção visoespacial	Bolinhas coloridas	Atenção e coordenação visomotora

Preparação:

Conjunto de bolinhas de vidro de cores diferentes. Copos plásticos com uma tira de papel da mesma cor das bolinhas selecionadas.

Utilização:

Os alunos deverão juntar duas bolinhas e colocá-las nos copos correspondentes. Acrescentar progressivamente outras bolinhas e outros copos com outras cores; colocar os copos enfileirados e solicitar que os alunos guardem as bolinhas obedecendo a ordem dos copos. Diversificar as cores nos copos (exemplo: colocar duas bolinhas verdes no copo vermelho e uma bolinha vermelha no copo verde etc.). As bolinhas e os copos podem naturalmente ser substituídos por palitos, canetas velhas de cores diferentes, canudos de refrigerantes e caixas diversas.

Nº 286	Gr. 07 – C	Inteligência Pictórica

Habilidade	Nome	Outras estimulações
Reconhecimento de formas e tamanhos	Tabuleiro geométrico	Coordenação motora Inteligência lógico--matemática

Preparação:
Uma base de madeira com três pregos com as pontas limadas ou três pinos. Formas geométricas com um furo no centro para serem encaixadas no prego ou pino. Essas peças devem formar triângulos, quadrados e círculos. Progressivamente outros jogos podem ser construídos com mais pinos para encaixe e mais figuras geométricas.

Utilização:
Os alunos devem encaixar as formas nos pinos conforme orientação do professor. Podem encaixar as figuras segundo desenho das mesmas no quadro-negro e colocar uma forma sobre a outra para identificar semelhanças e diferenças.
(Existe no comércio: Tabuleiro de Formas Geométricas, Blocos Criativos, Pirâmides e outros [Úki-Úki – Dexter – Acrilu e outros].)

Nº 287	Gr. 07 – E	Inteligência Pictórica

Habilidade	Nome	Outras estimulações
Memória verbal	Letras misturadas	Criatividade / Fluência

Preparação:
Alunos divididos em grupos.

Utilização:
O professor escreve na lousa ou verbaliza uma palavra qualquer de significado conhecido ou não pela maior parte dos alunos. Marca o tempo de 30 segundos. Nesse tempo, os grupos deverão formar palavras conhecidas usando total ou parcialmente as letras da palavra escolhida. Cada palavra válida equivale a 10 pontos para a equipe. O "placar" deve ser registrado na lousa.

Nº 288	Gr. 07 – E	Inteligência Pictórica

Habilidade	Nome	Outras estimulações
Memória verbal	Brainstorming – letras	Fluência verbal

Preparação:

Alunos divididos em grupos.

Utilização:

O professor explica as regras do jogo. Inicia-o escrevendo na lousa uma letra (pode ser também uma sílaba). Marca o tempo de 20 a 30 segundos. Os grupos nesse espaço de tempo deverão procurar formar o maior número de palavras possível, iniciando com a letra ou com a sílaba apresentada pelo professor.

Nº 289	Gr. 07 – A	Inteligência Pictórica

Habilidade	Nome	Outras estimulações
Reconhecimento de objetos diferentes com cor igual	Fichas esparramadas	Identificação de objetos

Preparação:

Fichas retangulares de cartolina com várias cores e com quatro tamanhos diferentes.

Utilização:

Os alunos devem separar as fichas de cor igual, depois separá-las segundo o mesmo tamanho. Separar por cor e tamanho igual e, progressivamente, ir desenvolvendo sequências, orientados pelo professor. Em etapas seguintes o professor pode introduzir outras formas e solicitar habilidades no sentido de identificação das relações entre as cores e as formas.

| Nº 290 | Gr. 07 – A | Inteligência Pictórica |

Habilidade	Nome	Outras estimulações
Reconhecimento de objetos de cor igual e tamanhos diferentes	Caminhão de carga	Noção de quantidade Orientação espacial

Preparação:
   Uma caixa de sapatos ou similar simboliza o "caminhão", caixas de fósforos simples, unidas por fita colante duas a duas e três a três representam a "carga". Essas caixas devem ser embrulhadas em papel colorido ou envolvidas em fitas colantes coloridas. Jogos que contenham utensílios de cozinha também se prestam a essa atividade.

Utilização:
   Os alunos, orientados pelo professor, devem agrupar as peças de uma determinada cor, depois separá-las. Carregar o caminhão com peças médias ou pequenas, apenas com peças azuis ou verdes. Agrupar peças pelo tamanho e pela cor.

| Nº 291 | Gr. 07 – A | Inteligência Pictórica |

Habilidade	Nome	Outras estimulações
Reconhecimento de objetos	Caixinha mágica	Noção de quantidade

Preparação:
   Botões de diferentes tamanhos e cores, tampinhas de dentifício de cores diferentes, caixas de papelão pintadas ou com uma bolinha que identifica sua cor. Copinhos de Danoninho coloridos, unidos por uma fita colante, podem substituir as caixas.

Utilização:
   Os alunos devem agrupar todas as peças na caixa de cor correspondente, separá-las depois segundo sua forma. Observar desenhos de forma e cor executados na lousa e procurar cumprir a tarefa com as peças que dispõem. Devem separar elementos de cada formato e colocar em locais diferentes. O professor pode retirar uma peça e solicitar ao aluno que encontre outra correspondente. Desenvolver atividades individuais, depois em dupla.

Nº 292	Gr. 07 – A	Inteligência Pictórica

Habilidade	Nome	Outras estimulações
Reconhecimento de objetos	Cores e formas	Noção de quantidade Identificação de cores

Preparação:
   Duas revistas iguais. Recortar das duas a mesma ilustração, formando pares. Se possível, plastificar as figuras para garantir maior durabilidade. Um saco plástico para guardar as peças.

Utilização:
   Os alunos devem formar filas com as figuras correspondentes. O material pode estimular descrições sobre os objetos e histórias criadas pelos alunos. Em uma etapa seguinte é interessante tirar fotocópia do objeto, ampliando-o. A tarefa do aluno será identificar os "pares" com objetos de cores e tamanhos diferentes.

Nº 293	Gr. 07 – A	Inteligência Pictórica

Habilidade	Nome	Outras estimulações
Reconhecimento de objetos em posições diferentes	Bicharada	Identificação de objetos Orientação espacial Vocabulário

Preparação:
   Valendo-se do microcomputador, desenhos colecionados ou de uma coleção extraída de revistas, o professor deve formar "baralhos" com os mesmos animais em três posições diferentes (sentado, deitado, de pé). Plastificar esses "baralhos" para dar maior durabilidade.

Utilização:
   Os alunos devem sobrepor as figuras iguais, formar conjuntos apenas de animais sentados ou de pé. Criar histórias sobre as figuras e descrever sequências que envolvam as atividades do animal em seu dia a dia.
   (Existe no comércio – Animais Domésticos [Jovial].)

Nº 294	Gr. 07 – A	Inteligência Pictórica

Habilidade	Nome	Outras estimulações
Reconhecimento de objetos isomorfos	Formas iguais	Noção de conjunto Orientação espacial

Preparação:

Recortar de revistas figuras de árvores, animais, casas ou outros objetos de diferentes tamanhos, colar em cartolina e formar fichas. Uma mesma ilustração ampliada ou diminuída em fotocópias, e depois coloridas, também pode formar o conjunto de fichas necessárias. É interessante que essas peças tenham cores diferentes.

Utilização:

Os alunos devem juntar os modelos de animais, árvores e objetos independentemente de seu tamanho. O professor pode estimular inúmeras sequências com esse recurso. O objetivo essencial é o aluno reconhecer formas, mesmo em diferentes tamanhos.

(Existe no comércio – Materiais Isomorfos [Gepeto].)

Nº 295	Gr. 07 – A	Inteligência Pictórica

Habilidade	Nome	Outras estimulações
Reconhecimento de partes	Fichas esparramadas	Identificação de formas Identificação de cores

Preparação:

Figuras diversas (casa, maçã, pera, gato etc.) coladas em fichas de cartolina, divididas em duas ou em quatro partes.

Utilização:

Os alunos devem separar as várias metades e completar as figuras. Iniciar pela atividade de junção de uma única figura dividida em duas partes e, progressivamente, evoluir para mais figuras com maiores divisões. Oferecer apenas uma parte e propor encontrar as partes restantes. Estabelecer jogos em duplas, com alunos trocando suas partes com outros para formar maior número de peças.

Nº 296	Gr. 07 – A	Inteligência Pictórica

Habilidade	Nome	Outras estimulações
Reconhecimento de formas	Brincando com mapas	Noção de escala Orientação espacial

Preparação:
Reproduzir em papel vegetal e colar em cartolina uma série de mapas mudos em tamanhos pequenos.

Utilização:
Os alunos, orientados pelo professor e divididos em grupos, devem explorar um atlas e ir buscando localizar os mapas que possuem em mãos. A tarefa exige pesquisa e atenção porque os mapas existentes no atlas se apresentam em escalas diferentes das propostas aos alunos e, muitas vezes, são partes integrantes de um todo (o aluno tem de descobrir, por exemplo, o contorno do Piauí em um mapa do Brasil).

Nº 297	Gr. 07 – A	Inteligência Pictórica

Habilidade	Nome	Outras estimulações
Reconhecimento de objetos	Detalhes	Identificação de objetos em diversidade

Preparação:
Obter duas vias de uma cartela que possua um grande número de detalhes ou ilustrações com desenho de muitas pessoas. A figura deve ser plastificada ou envolvida em folha plástica transparente para garantir maior durabilidade. Uma coleção de figuras isoladas, mas que estão presentes nas cartelas, recortadas da segunda via.

Utilização:
Os alunos devem observar atentamente a cartela. Podem desenvolver essa atividade individualmente ou em grupo. Após a observação devem virar a cartela para o verso e recebendo do professor apenas uma das figuras tentar reproduzir, verbalmente ou por escrito, a posição da mesma na cartela original. Existem outras formas de trabalhar essa capacidade de percepção visual de detalhes em um espectro bastante amplo.

(Existe no comércio: Lince [Grow].)

Nº 298	Gr. 07 – B	Inteligência Pictórica

Habilidade	Nome	Outras estimulações
Reconhecimento de cores	Sacola preciosa	Discriminação de tamanho e forma

Preparação:

Um saco plástico contendo grande variedade de formas grandes e pequenas (dez de cada) de círculos, letras, quadrados, triângulos, retângulos. Essas formas devem apresentar cores diferentes. Clipes coloridos nas mesmas cores utilizadas para as formas.

Utilização:

O professor deve, inicialmente, apresentar as várias formas e as várias cores, fazendo com que os alunos as verbalizem. Separar, depois, várias dessas formas e pedir para que com as mesmas construam casas, bonecos e outras peças. Ir alternando as cores e, posteriormente, misturando várias cores em uma mesma forma. Juntar as peças de tamanho igual. Juntar depois as de tamanho diferente. Se possível, utilizar modelos de formas do Tangran para essa atividade.

Nº 299	Gr. 07 – C	Inteligência Pictórica

Habilidade	Nome	Outras estimulações
Reconhecimento de objetos e cores	Futebol	Identificação de objetos em diversidade

Preparação:

Usar papel-cartão verde, cartolinas de cores diferentes, canudos de plástico para as traves, renda para as redes. Desenhar com giz as linhas do campo. Montar as traves.

Utilização:

Os alunos devem participar da montagem progressiva de um estádio de futebol. Cartolinas coloridas e outros materiais devem atrair sua atenção para que apresentem sugestões sobre outros elementos. O campo de futebol de um dia pode, no dia seguinte, ganhar outros elementos e assim, progressivamente, ir se modelando o "estádio". O professor deve sempre indagar que outros elementos acrescentar e buscar identidade entre os objetos e suas formas e cores e uma escala real. Do campo de futebol pode ir para outras montagens, estimulando sempre a identificação da cor e da forma e uma escala, que relaciona o material criado originalmente.

| Nº 300 | Gr. 07 – B / C | Inteligência Pictórica |

Habilidade	Nome	Outras estimulações
Reconhecimento de cores e formas / tamanhos	Festa na aldeia	Discriminação de tamanho e forma

Preparação:

Confeccionar o material, juntamente com os alunos, utilizando-se de cartolina, tesoura, cola, lápis de cor, macarrão de várias formas, guache e pincel.

Utilização:

Recortar em cartolina o molde de um cocar indígena e colar no molde o macarrão colorindo-o. Assim como o cocar, inúmeros outros artefatos como tangas, ocas e outros produtos podem ser preparados, tomando-se sempre o cuidado de escolher modelos a partir de pesquisas em livros e enciclopédias. Os recursos são válidos para afastar do aluno a ideia preconceituosa de que todas as comunidades indígenas são iguais e, mais ainda, para que perceba que as tribos indígenas da América do Norte vestiam-se de maneira diferente das muitas comunidades indígenas que habitam o Brasil. É importante que o aluno perceba que um cocar Xavante é diferente dos utilizados pelos Carajás ou outros grupos. A pesquisa aprofunda o conhecimento e leva o aluno a operacionalizar conceitos.

Nº 301	Gr. 07 – C / D	Inteligência Pictórica

Habilidade	Nome	Outras estimulações
Reconhecimento de formas e cores	Maria Amélia	Inteligência verbal

Preparação:

Usar papel-cartão de várias cores, barbante tingido, papel-espelho, cola e tesoura.

Utilização:

Os alunos, juntamente com o professor, devem desenhar o rosto de uma personagem inventada (que pode ser Maria Amélia ou outra qualquer), recortar e fazer colagens nos olhos, boca e cabelo, com barbante tingido. Podem usar uma vareta para segurar o rosto de Maria Amélia e imaginar diferentes situações em que a personagem possa interagir com outros. O professor pode fazer um modelo e solicitar que cada aluno construa seu próprio personagem, masculino ou feminino. É importante que explore o recurso em diferentes situações e que desenvolva um programa de sua atuação relacionando a inteligência pictórica e verbal com inúmeras outras.

Nº 302	Gr. 07 – C / D	Inteligência Pictórica

Habilidade	Nome	Outras estimulações
Reconhecimento de cores, formas e tamanhos	Vaso de flores	Sensibilidade tátil e inteligência naturalista

Preparação:

Confeccionar o material, juntamente com os alunos, utilizando-se de argila, água, papel crepom, tesoura, cola, palitos de fósforos e fita colante.

Utilização:

Forrar as carteiras com jornal e ensinar os alunos a moldar a argila, fazendo uma cesta com a forma que desejarem, mas com limite máximo de 5cm de altura. Deixar a cesta moldada secar bem. Recortar tiras de papel crepom, de 1,5m, enrolando-as em um palito de fósforo. A parte final do papel deve imitar uma flor, também de diferentes tipos. As flores devem ser colocadas na cesta. Após uma atividade livre, é interessante que os alunos sejam estimulados a pesquisar diferentes tipos de flor, usando papel de outras cores.

| Nº 303 | Gr. 07 – C | Inteligência Pictórica |

Habilidade	Nome	Outras estimulações
Reconhecimento de formas geométricas e cores	Gincana das formas	Identificação de objetos em diversidade

Preparação:
　　Usar papel-cartão colorido e construir figuras geométricas diferentes (retângulos, quadrados, trapézios, triângulos, círculos e ainda outras) em cores diferentes.

Utilização:
　　Estabelecer valores diferenciados para cada forma e para cada cor e dividir os alunos em grupos. Delimitar um espaço e no mesmo, sem que os alunos vejam, esconder as diferentes formas. A um sinal do professor os participantes deverão organizar formas de procura das peças e ao final do tempo estabelecido proceder à contagem dos pontos obtidos pelos diferentes grupos. Em etapas sucessivas novas formas e novas cores podem ir sendo incorporadas à gincana.

| Nº 304 | Gr. 07 – A / B / C | Inteligência Pictórica |

Habilidade	Nome	Outras estimulações
Reconhecimento de cores, formas e tamanhos	Fabriquinha	Discriminação de tamanho e forma

Preparação:
　　Confeccionar o material, juntamente com os alunos, usando barbante, tecido, lã, linha e palha de milho seca.

Utilização:
　　Permitir que o aluno liberte seu imaginário e crie com o material apresentado diferentes bonecas ou bonecos, desenvolvendo histórias com os mesmos. Em etapas seguintes, essa mesma "produção" pode ser desenvolvida com os olhos vendados e ainda em outras situações é interessante que um aluno comece um boneco, passando-o para outro para que dê continuidade e para um terceiro que apresente a finalização, invertendo os papéis dos "operários" nessa fábrica de bonecos que desenvolve uma produção em série.

| Nº 305 | Gr. 07 – C | Inteligência Pictórica |

Habilidade	Nome	Outras estimulações
Reconhecimento de formas, cores e tamanhos	Equilíbrio	Identificação de objetos em diversidade / Equilíbrio

Preparação:

Confeccionar bonecos segundo a indicação abaixo, usando cartolina, bolinhas de ferro, cola, canetas hidrocor, tesoura. O boneco é feito com uma tira de cartolina (ou de feltro) de 2cm de largura e 14cm de comprimento, formando uma caixinha com bordas arredondadas que abrigue a bolinha de ferro em seu interior. Após esse trabalho desenhar caras e roupas no boneco. Preparar uma "pista" para que o boneco corra, que pode ser uma tábua ou uma mesa com inclinação.

Utilização:

Os alunos podem participar da montagem dos bonecos e da preparação das pistas. Colocada sobre a superfície inclinada, a bolinha desloca-se por dentro do boneco, fazendo-o deslizar. É importante que o aluno compreenda "por que" o boneco se desloca, percebendo que a bolinha alterna o ponto de equilíbrio. Essa experiência leva o aluno a operacionalizar e conceituar equilíbrio, além de envolvê-lo em uma experiência, ao mesmo tempo, lúdica e pictórica.

| Nº 306 | Gr. 07 – C | Inteligência Pictórica |

Habilidade	Nome	Outras estimulações
Experiência e identificação de tamanhos	Experiência elétrica	Noções de equilíbrio e Ciências naturais

Preparação:

Reunir algumas lâmpadas pequeninas (usadas em enfeites natalinos) de 6V com os respectivos soquetes. Uma pilha grande; fio elétrico e fita-crepe.

Utilização:

Usando o fio e ligando este à pilha e ao soquete, a lâmpada acenderá oferecendo ao professor excelente oportunidade para propor questões sobre as causas do fenômeno para que os alunos especulem a possibilidade de resposta. O desejável é que os alunos encontrem a resposta e façam analogias entre a fonte de energia da pilha e outras utilizadas pelo homem. Além de uma atividade pictórica, o recurso permite subsidiar conceitos de ciências e de estudos sociais. Evidentemente, a experiência citada pode ser desenvolvida de muitas outras maneiras e uma simples lanterna, se pedagogicamente utilizada pelo professor, pode propiciar interessantes reflexões por parte dos alunos.

Nº 307	Gr. 07 – A / B / C	Inteligência Pictórica

Habilidade	Nome	Outras estimulações
Identificação de cores, tamanhos e formas	Fantoches	Inteligências linguística e corporal

Preparação:
Reunir saquinhos de pipoca, sanduíche e muitos outros e com retalhos de tecido, papel-espelho ou papel crepom desenhar diferentes caras humanas e de animais nos saquinhos, utilizando-se de cola, tesoura, canetas coloridas, lantejoulas e macarrão colorido.

Utilização:
Os fantoches, naturalmente, não se prestam apenas à identificação de cores e de formas, mas a múltiplas estimulações, permitindo teatralizações diversas e adequações das mesmas aos conteúdos que na oportunidade se visa construir.

Nº 308	Gr. 07 – D	Inteligência Pictórica

Habilidade	Nome	Outras estimulações
Associação: expressão e a comunicação	Legenda criativa	Utilização para a construção de conceitos

Preparação:
Reunir muitas revistas com historinhas em quadrinhos ou colecionar "tiras" publicadas em jornais, com essas histórias. Recortar todas as palavras que expressam a comunicação dos personagens, deixando vazios os "balões", isto é, as áreas onde os autores escrevem as mensagens proferidas pelos personagens. Colar essas histórias ou tiras em folhas de sulfite branca e xerocopiar.

Utilização:
Observando com atenção as expressões dos diferentes personagens, os alunos devem criar suas falas estabelecendo adequação entre seu conteúdo e a expressão desses personagens. Depois de experiências livres, os alunos podem ser levados a usar as histórias para transpor para os balões as diferentes mensagens das disciplinas curriculares. Desta maneira, uma tira em quadrinhos associa o uso da sensibilidade de percepção pictórica ao estudo ou pesquisa sobre os diferentes conteúdos construídos em sala de aula.

Nº 309	Gr. 07 – B	Inteligência Pictórica

Habilidade	Nome	Outras estimulações
Identificação das cores básicas	Macacos coloridos	Orientação espacial e noção de conjunto

Preparação:
Reunir 20 figuras iguais (macaco, fruta, planta ou objetos conhecidos) e colorir com cinco cores diferentes, cada cinco peças. Separar em cartão, de maneira que o jogo fique composto de cinco objetos verdes, cinco azuis, cinco vermelhos e cinco amarelos.

Utilização:
O aluno recebe apenas os cartões com os objetos amarelos e vermelhos e deve separá-los em conjunto. Progressivamente outras cores são introduzidas e os alunos devem organizá-las em colunas, fileiras ou pilhas separando ou juntando cores, segundo determinação do professor. A atividade pode ser desenvolvida individualmente e em grupo e, em etapas seguintes, outros objetos com as cores do jogo podem ser introduzidos para estimular essa identificação.

Nº 310	Gr. 07 – B	Inteligência Pictórica

Habilidade	Nome	Outras estimulações
Reconhecimento de cores	Montando cores	Coordenação motora e posição espacial da forma

Preparação:
Reunir ou selecionar cartões (cerca de 15cm x 10cm) com cores diferentes, usando as cores básicas e muitas outras, utilizando também papel-espelho. Os cartões devem ter cortes de tipo encaixe como quebra-cabeças.

Utilização:
Os alunos devem manusear as peças livremente e experimentar encaixar as peças adequadamente identificando as cores em uma relação anotada pelo professor no quadro-negro.
(Existe no comércio: Tabuleiro de Conceito [Dexter].)

| Nº 311 | Gr. 07 – B | Inteligência Pictórica |

Habilidade	Nome	Outras estimulações
Associação: expressão e a comunicação	Dominó de cores	Orientação espacial

Preparação:
Usar um jogo de dominó convencional e substituir cada numeração por uma cor, revestindo a peça com papel-cartão ou colando sobre os números um pequeno retângulo de papel com essa cor.

Utilização:
Os alunos, em duplas ou trios, devem embaralhar as peças e colocar uma ao lado da outra obedecendo as regras de um jogo de dominós. Individualmente as peças permitem que os alunos as separem pela cor solicitada e, em etapas seguintes, façam montagens e desenvolvam tarefas de colorir com lápis de cor, em uma folha em branco, as ordens das cores arrumadas com as peças.
(Existe no comércio: Dominó de Cores [Mádida e Q.I.].)

| Nº 312 | Gr. 07 – B | Inteligência Pictórica |

Habilidade	Nome	Outras estimulações
Associação: cor e representação	Aquarela	Utilização em atividades de educação artística

Preparação:
Figuras diversas em preto e branco e guache ou lápis de cor para que o aluno seja estimulado a colorir.

Utilização:
Os alunos devem, antes de iniciar essa tradicional atividade de educação artística, nomear as cores e aprender as novas cores formadas pela mistura de cores tradicionais. Inicialmente as cores usadas devem reproduzir as cores da natureza, mas em etapas posteriores os alunos devem ser estimulados a criar suas composições, sempre verbalizando o sentido das cores. A atividade permite a introdução do conceito de cores "frias" e cores "quentes". As atividades propostas devem evoluir de processos simples para outros mais complexos e as cores devem ser introduzidas progressivamente nesses trabalhos. Constitui um valioso estímulo os alunos serem levados a pesquisar na natureza as cores que utilizarão em suas figuras.

Nº 313	Gr. 07 – B	Inteligência Pictórica

Habilidade	Nome	Outras estimulações
Associação entre duas cores em uma mesma forma	Cata-ventos	Orientação espacial e coordenação manual

Preparação:
O professor deve preparar figuras de cata-ventos de uma só cor, de duas cores sobrepostas, alternando essas variações com as cores básicas. Essa mesma atividade pode ser desenvolvida com outras peças ou com bolas.

Utilização:
Os alunos devem sobrepor peças iguais e ser estimulados a separar os dois cata-ventos cujas cores estão reunidas em uma só peça. Devem arrumar as peças sobre a mesa, segundo modelos propostos pelo professor. Além de sua validade como recurso para o reconhecimento das cores, o cata-ventos é uma alegre brincadeira que serve para auxiliar a identificação da intensidade e direção dos ventos, estudados na disciplina de integração social.
(Existe no comércio: Cata-ventos [Jovial].) Selecionar em calendários ou em revistas uma gravura colorida com muitas cores. Colar em cartolina e recortar formando um quebra-cabeça com 30 ou mais peças de encaixe. Fichas de cartolina nas cores usadas no quebra-cabeça.

Nº 314	Gr. 07 – B	Inteligência Pictórica

Habilidade	Nome	Outras estimulações
Identificação da mesma cor em formas diferenciadas	Brincando com cores	Vocabulário e orientação espacial

Preparação:
É importante que o professor possa colecionar uma série de figuras idênticas, mas com grande variação de cores, colando-as em cartões que podem ser plastificados. O microcomputador pode ser um auxiliar valioso para a preparação dessas peças. Bolinhas ou quadradinhos de papel com as cores das peças.

Utilização:
Os alunos seguindo progressiva orientação do professor devem colocar os cartões um ao lado dos outros e ir jogando dominós ou agrupando essas peças conforme as cores que apresentam ou as solicitadas pelo professor. Eventualmente, o professor pode confeccionar bolinhas de papel com as cores das peças e solicitar que os alunos as retirem de um copo para associá-las às peças.
(Existe no comércio: Dominó de Cores [Coluna].)

| Nº 315 | Gr. 07 – D | Inteligência Pictórica |

Habilidade	Nome	Outras estimulações
Percepção de figura-fundo	Quebra-cabeças coloridos	Orientação espacial

Preparação:
Selecionar em calendários ou em revistas uma gravura colorida com muitas cores. Colar em cartolina e recortar formando um quebra-cabeça com 30 ou mais peças de encaixe. Fichas de cartolina nas cores usadas no quebra-cabeça.

Utilização:
Os alunos devem montar o quebra-cabeça, colocando uma ficha sobre os tons identificados. Mencionar qual ou quais as cores que mais aparecem e descrever as cenas representadas usando a ideia que fazem sobre as cores.

Em etapa seguinte devem ser levados a observar as cores reunidas na paisagem, comparando as cores nas peças e sua presença natural.

(Existe no comércio: O Circo Chegou [Grow].)

| Nº 316 | Gr. 07 – E | Inteligência Pictórica |

Habilidade	Nome	Outras estimulações
Percepção visomotora	Fantoches com meias	Orientação espacial Sensibilidade tátil

Preparação:
Selecionar meias ou adquiri-las em diferentes cores.

Utilização:
Os alunos devem construir fantoches nas meias, sempre que possível, buscando a construção de diferentes tipos. Ao invés de uma livre criação, o professor pode estimular através de narrativas a concepção de alguns personagens, sua descrição detalhada e a partir da mesma o preparo das meias com sua caracterização. O material pode ser utilizado para a criação de peças e outras atividades.

| Nº 317 | Gr. 07 – B | Inteligência Pictórica |

Habilidade	Nome	Outras estimulações
Percepção e reconhecimento de cores	O cientista das cores	Atenção e acuidade visual

Preparação:
Os alunos devem dispor de vários produtos em pó como café, açúcar, farinhas, chocolate e outros.

Utilização:
O professor deve estimular os alunos a "inventar" cores, fazendo diferentes misturas com os produtos disponíveis, procurando-as depois na natureza e fazendo desenhos onde possam as mesmas ser utilizadas. Podem ainda misturar tintas com as cores primárias e ampliar o padrão da percepção das diferentes tonalidades.

| Nº 318 | Gr. 07 – D | Inteligência Pictórica |

Habilidade	Nome	Outras estimulações
Percepção de figura-fundo	Teatro de sombras	Percepção de fundo

Preparação:
Lanterna ou outro foco de luz.

Utilização:
Os alunos devem, com o uso das mãos e, progressivamente, outros objetos, brincar de teatros de sombra, buscando o domínio da percepção de fundo. Com a criação dessas imagens, estimular sua reprodução através de desenhos, assim como pesquisar em revistas pessoas, plantas, animais e objetos e buscar a construção de meios para sua reprodução através do teatro.

29
As inteligências pessoais

As inteligências inter e intrapessoal constituem capítulo de destaque nos estudos originais de Gardner, em obras onde analisa importantes personalidades humanas ou em uma outra onde examina a expressão de algumas lideranças. Nessas obras, entretanto, não existem muitas propostas de procedimento para o estímulo dessas inteligências, ficando essa tarefa bem mais explícita na obra *Inteligência Emocional* do psicólogo Daniel Goleman, colega de Gardner em Harvard. O livro de Goleman alcançou extraordinário sucesso mundial e no Brasil por muitos meses encabeçou a relação das obras mais vendidas, despertando interesse de editores que buscaram uma série de outras, não só de Goleman, mas de todos quantos falavam na inteligência emocional em todas as circunstâncias possíveis.

Mas existem algumas diferenças essenciais entre Gardner e Goleman. Enquanto o primeiro separa claramente a competência intrapessoal da interpessoal e mostra que uma autoestima e automotivação elevada nem sempre indicam o prazer em relações de empatia, Goleman parece integrar essas duas competências, mostrando que o estímulo a uma sempre conduz o progresso integral da outra. Não constitui propósito deste trabalho a análise, em muitos pontos polêmica, entre um e outro, mas o reconhecimento de que pais e professores, se empenhados em desenvolver um programa criterioso de estímulos e, sobretudo, se dispuserem de paciência por aguardar por seus lentos resultados, descobrirão satisfeitos um expressivo progresso da criança e do adolescente, não, é evidente, através da domesticação de suas emoções, mas pela progressiva descoberta da própria individualidade e da aquisição de formas de relacionamento consigo mesmos e com os outros. Isto torna sua vida mais aprazível e eles descobrem nos seus amigos os múltiplos fios do tecido de relacionamentos sociais imprescindíveis.

Os jogos propostos para estímulos dessas inteligências, em verdade, não podem ser apresentados como "lições de moral" enriquecidas de conselhos sobre procedimentos. Atividades conduzidas dessa forma são meramente informativas e raramente promovem mudanças atitudinais. Constituem, ao contrário, uma oportunidade de reflexão sobre a forma como as emoções conduzem muitos de nossos atos e, eventualmente, podem despertar um desejo de mudança dos mesmos. Esse aspecto é de grande importância: se um professor desenvolve um ensino motivador e explora as linhas de uma aprendizagem significativa na análise da matemática, ciências ou história, é provável que *todos* os alunos aprendam; mas se promove um jogo que ressalte a percepção sobre o autoconhecimento ou sobre a empatia, ainda que seja possível que todos percebam essa finalidade, isso não implica que todos os alunos mudarão seu comportamento emocional. Alguns não o farão porque simplesmente não querem, outros desejariam mudar, mas podem se sentir fragilizados pela persistência necessária. Essa imponderabilidade sobre o sucesso ou não de um projeto de alfabetização emocional, entretanto, não deve constituir limite à sua importância. A família brasileira, com as relações de trabalho e produção e com a globalização, se distanciou da família nuclear passada onde se forjavam estímulos emocionais intensos e, desta forma, é importante que descubra estratégias para que, junto com a escola, possa cuidar também do progressivo crescimento emocional das crianças e dos jovens. Os jogos propostos pretendem somente esse crescimento; não assumem a responsabilidade de construir "pessoas felizes", mas de oferecer à família e à escola uma oportunidade para repensar a educação qualitativa como inseparável complemento de uma educação quantitativa.

O trabalho com os jogos emocionais precisa estar associado a respostas neurológicas do ser humano. Antes que se forme o conceito de moralidade da criança é inútil propor estímulos sobre a mesma, como é inviável pedir a uma criança que ainda não ande que jogue futebol. Dessa maneira, o quadro da mudança dos valores do ser humano, em relação à amizade, parece sinalizar para o momento mais expressivo, para uma proposta de jogos sobre a automotivação e sobre a empatia.

Relações interpessoais	
Faixa etária	Conceito de solidariedade e empatia.
Até um ano	A criança é essencialmente egocêntrica. O outro não existe.
1 a 2 anos	A mãe e, em alguns casos, o pai são os grandes amigos.
3 anos	Descobre-se um amigo. Já se aceita um companheiro para brincadeiras.
4 a 5 anos	Torna-se agradável ter uma "turminha" e aprontar peraltices.
5 a 6 anos	Começam a se formar os clãs, grupos fechados de amigos, quase sempre do mesmo sexo.
7 a 8 anos	É a fase do "grande" amigo. A empatia cresce como valor imenso e se fortalecem os sentimentos de fidelidade, traição e desprezo.
9 a 13 anos	Os amigos são muito importantes, ainda que um ou outro possam ser os melhores confidentes. É o momento de se aprofundar as estruturas do autoconhecimento, da comunicação interpessoal e da empatia.
13 a 16 anos	Solidificam-se as amizades e as rivalidades. Ampliam-se os sentimentos de paixão, mas também as visões críticas e idealistas. O sexo oposto é um desafio a conquistar.

Não constitui tarefa fácil relacionar as linhas de estimulação para os jogos propostos. Em primeiro lugar existe espaço para a dúvida se, efetivamente, esses jogos estimulam e sensibilizam o comportamento emocional e, em segundo lugar, porque essas linhas, multiplicadas por dez, seriam provavelmente insuficientes para todo o vasto volume das emoções. Restritos desta forma a esses limites, estabelecemos jogos para a *percepção corporal*, possivelmente os únicos válidos para crianças até seis anos de idade, e ainda jogos para sensibilizar o *autoconhecimento e as relações interpessoais*, jogos para propor "casos" válidos para a *administração das emoções*, outros estimuladores do sentimento de *empatia e ética* e, finalmente, alguns que visam destacar a importância da *automotivação e da comunicação interpessoal*.

Os jogos estimuladores da percepção corporal visam alfabetizar a criança para a descoberta progressiva e funcional de seu corpo e para a exploração significativa de suas múltiplas funções. Com jogos voltados para o autoconhecimento está se buscando a descoberta das emoções e a forma como as mesmas se manifestam, assim como a possibilidade de se fazer opções conscientes, gostar de si mesmo dentro dos limites naturais ao ser humano, além de aprender a pensar e construir um sentimento de autorrespeito. Na linha de estimulação de administração de emoções, busca-se abrir perspectivas para que seja possível o voluntário controle dos impulsos, a dispersão da ansiedade, a interpretação de indícios emocionais em outros e as etapas de uma tomada de decisão, que comporta: analisar as alternativas, proceder a um balanço de benefícios, desenvolver um cálculo das contingências, e o ato de decisão. Os estímulos para o trabalho com a ética e a empatia desenvolvem a alfabetização com as "ferramentas da empatia", com a busca da compreensão dos conhecimentos e apreensões no outro, com a percepção progressiva sobre como as outras pessoas se sentem em relação aos eventos emocionais e às diferenças entre a moral e a ética. Na área da automotivação e comunicação interpessoal, os jogos buscam meios para se fundamentar posições otimistas e construtivas, estratégias para lidar com a raiva, o medo, a ansiedade e a depressão e os limites das várias linguagens intrapessoais.

30
A condução dos jogos para a estimulação das inteligências inter e intrapessoal

Muito mais importante que conhecer jogos e, eventualmente, mobilizar um grupo de alunos para se empenharem em sua execução, é saber usá-los para os propósitos de uma sensibilização emocional. Considerando esse aspecto, julgamos importante realçar que todo jogo emocional deve ser proposto sempre em dois atos, ou dois momentos diferenciados. Costumamos denominar esses momentos de "maquete" e de "garimpagem".

A maquete é sempre o primeiro ato e caracteriza o jogo propriamente dito. Possui esse nome porque estimula emoções e sentimentos de maneira breve. Resume em alguns minutos procedimentos que, muitas vezes, se processam em anos de inter-relação. São, dessa maneira, uma pequena "maquete" de atos e eventos que coloca o ser humano em permanente desafio consigo mesmo e com os outros.

A maquete, entretanto, não propicia "descobertas" e não estimula a reflexão. Deve, assim, ser seguida pela garimpagem, momento de discussão sobre o primeiro ato, onde o alfabetizador emocional "garimpa" opiniões, conceitos, críticas, pontos de vista. Jamais para julgá-los "certos" ou "errados", mas para abrir uma discussão em que todos são estimulados a refletir e transferir as ações percebidas na maquete em indícios ou processos de nossa ação sobre as emoções. É essencial o papel do "educador" para quem está passando por essa etapa. Os debates devem ser conduzidos de maneira serena e tranquila, desenvolvidos por alguém muito mais disposto a ouvir que a falar, mas um mediador firme, pronto para tirar a palavra, com doçura, dos mais expansivos e para extrair depoimentos dos mais tímidos.

31
A avaliação do desempenho emocional

Toda avaliação subordina-se aos propósitos e objetivos que se buscava construir ao iniciar o projeto. Antes, pois, de se discutir como avaliar é importante estabelecer os limites de quais metas se buscava desenvolver quando da implantação do projeto de alfabetização emocional. Parece-nos ingênuo acreditar que esse projeto pretenda "mudar a emoção" dos alunos; mais coerente seria acreditar que os jogos poderiam propiciar um melhor conhecimento de si mesmo e dos outros e, portanto, construir relações humanas mais serenas e laços de afetividade mais sólidos. Trabalhamos há alguns anos com projetos nessa área e temos a extrema alegria de descobrir que jamais "mudamos estruturalmente" um aluno ou que pudemos propor "dicas" para que este aluno "disciplinasse" suas emoções. Alegrou-nos a serena confiança de que essas estratégias levavam o aluno a se conhecer melhor e ser visto por seus colegas e professores não apenas como um estudante estereotipado, mas como um ser humano em processo permanente e irreversível de autoconstrução. Se são esses os objetivos que se busca, *parece-nos essencial eliminar a ideia de uma avaliação que use valores máximos como paradigma* (e que, praticamente, caracteriza todo procedimento de avaliação de conteúdos cognitivos na escola brasileira), *substituindo-a por outra que acompanhe aluno por aluno em seu efetivo e incomparável progresso*. Nesse contexto, desaparecem as listas de notas e os detestáveis boletins e surgem relatórios individuais, altamente explícitos, que contam as etapas da travessia do aluno em seu percurso de autodescoberta.

Como se trabalha simultaneamente o auto e o heteroconhecimento do aluno (e, portanto, sua inteligência intra e interpessoal), é interessante acrescentar aos relatórios de avaliação do progresso do aluno os gráficos que registram "como o aluno se vê" nos diferentes componentes do programa desenvolvido e como o mesmo é visto por seus colegas e por seus professores.

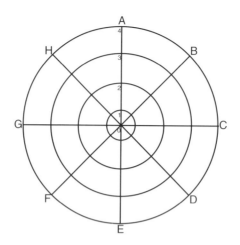

O gráfico pode propor em seus eixos (de A até H) oito elementos do desempenho emocional do aluno. Por exemplo:

A	Como é seu conhecimento sobre seus sentimentos?
B	Gosta de si mesmo. É otimista?
C	Sabe controlar seus impulsos?
D	Compreende os sentimentos e apreensões dos outros?
E	Sabe lidar com a ansiedade? Com a raiva? Com a tristeza?
F	Mostra-se prestativo? Solidário? Sabe manter amizades? É franco? Aberto? Espontâneo? Parece ser sincero?
G	Sabe ouvir? Revela interesse pelo outro?
H	Sabe se comunicar? É claro? Mostra-se ponderado?

Ao mesmo tempo, cada um dos círculos concêntricos propostos abriga valores de 0 a 4, destacando o progresso do nada ao ótimo e que assinalado com um ponto, segundo a visão pessoal do aluno, e também segundo a visão coletiva do grupo, pela união desses pontos às linhas, permitirá a expressão do auto e do heterojulgamento.

Esse mesmo instrumento, após a coleta de opiniões entre o grupo de alunos (e, eventualmente, professores), levaria o gráfico a se apresentar mais completo. Por exemplo:

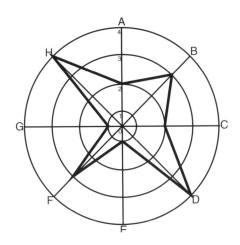

É possível, agora, identificar-se alguns valores lançados. Na ilustração acima, o indivíduo avaliado recebeu o conceito 2 para o item A, 3 para o B, 2 para o C, 4 para o E, e assim por diante. A esta linha, eventualmente registrando o autojulgamento, poderia ser acrescentada uma outra, de outra cor, destacando o julgamento do grupo de colegas e, ainda, uma terceira, com a opinião dos professores. Esse instrumento, se aplicado progressivamente, facilita bastante o acompanhamento do progresso e, sobretudo, os desvios entre a maneira como nos vemos e como somos vistos, abrindo espaços para um expressivo e significativo trabalho de orientação.

É evidente que esses gráficos não precisam ser utilizados apenas na área do acompanhamento emocional. Seus eixos podem sugerir a avaliação de habilidades operatórias e, em outros casos, também da própria manifestação individual da multiplicidade das inteligências. Apenas como ilustração, é fácil substituir as letras de A até H pelo registro da capacidade do estudante em:

A	Comparar
B	Classificar
C	Analisar
D	Descrever
E	Deduzir
F	Sintetizar
G	Relacionar
H	Interpretar

Ou pode-se prestar também para o acompanhamento do progresso individual nas inteligências múltiplas. Por exemplo:

A	Inteligência linguística ou verbal
B	Inteligência lógico-matemática
C	Inteligência espacial
D	Inteligência musical
E	Inteligência cinestésico-corporal
F	Inteligência naturalista
G	Inteligência pictórica
H	Inteligências pessoais (inter e intrapessoal)

32
Jogos para a estimulação das inteligências pessoais

| Nº 319 | Gr. 08 – A | Inteligências Pessoais |

Habilidade	Nome	Outras estimulações
Percepção corporal	Tipos humanos	Observação e lateralidade

Preparação:
Reunir muitas revistas com gravuras representando seres humanos em diferentes tamanhos e posições, posturas, colar em cartolina.

Utilização:
Os alunos devem ser estimulados a formar conjuntos com atributos comuns, percebendo a distinção entre pessoas louras, morenas, pretas, ruivas, altas, baixas, magras, gordas, velhas, crianças, jovens, de pé, sentadas, deitadas, e discutir em classe o tipo físico das pessoas, suas atitudes, desassociando estereótipos e trabalhando eventuais preconceitos. Devem associar a postura das pessoas a possíveis atitudes e colocar em discussão a tendência que revelamos em antecipar julgamentos. É importante que o professor seja, em sala de aula, um mediador, ouvindo os alunos e permitindo que alcancem suas próprias conclusões.

Nº 320	Gr. 08 – A	Inteligências Pessoais

Habilidade	Nome	Outras estimulações
Percepção corporal	Carinhas	Observação e autoconhecimento

Preparação:

Desenhar círculos em folhas de papel sulfite e deixar aos alunos lápis, lápis de cera ou canetas hidrocor.

Utilização:

Os alunos devem desenhar nos círculos os olhos, o nariz, as orelhas e as bocas nas caras, mas fazê-lo segundo estados de ânimo das pessoas, relatados pelo professor (por exemplo: Luciana perdeu um amigo e está triste, como seria o rosto de Luciana?), e muitas outras situações análogas. O objetivo essencial da atividade é levar o aluno a perceber suas próprias emoções e poder, progressivamente, fazer "leituras" de sentimentos em si mesmo e em outras pessoas.

Nº 321	Gr. 08 – A	Inteligências Pessoais

Habilidade	Nome	Outras estimulações
Percepção corporal	Montando o corpo humano	Auto e heteroconhecimento

Preparação:

Reunir uma grande quantidade de figuras humanas, mais ou menos do mesmo tamanho, de revistas, e colá-las em cartolina. Cortar as cabeças formando um conjunto à parte. A atividade explora muito mais profundamente o auto e heteroconhecimento quando a coleção incluir pessoas diferentes e diferentes expressões. Peças desenhadas cumprem muito bem esses objetivos.

Utilização:

Os alunos devem ser estimulados a criar situações que envolvam emoções diferenciadas (alegria, raiva, frustração, euforia, mágoa e outras) e buscar compor pessoas a partir da união das cabeças com as expressões correspondentes ao seu corpo. A atividade visa estimular a identificação e a legitimação das emoções.

Nº 322	Gr. 08 – B / C	Inteligências Pessoais

Habilidade	Nome	Outras estimulações
Autoconhecimento e relacionamento social	Estudos de caso	Legitimação de estados emocionais

Preparação:
Reunir inúmeros "casos" simples envolvendo situações familiares e escolares que despertem diferentes estados de emoção (por exemplo: "O caso Henrique" – que defendeu um amigo ausente e que ficou em situação "difícil" em seu grupo; "O caso Renata" – que, coagida, denunciou a colega que furtara um doce da lanchonete e perdeu uma amizade; e inúmeros outros).

Utilização:
Relatar o caso em sala, se possível, dramatizando a situação e colocando as eventuais perspectivas para cada caso para a discussão dos alunos. É muito importante que nessas discussões o professor tenha uma participação *não opinativa,* dando ou tirando a palavra aos alunos, levando-os todos a discutir, mas sem intervir de forma moralista. Ao final dos debates, pode concluir, sintetizando o caso e mostrando diferentes opiniões que essas situações podem ocasionar. Se considerar válido, pode solicitar aos alunos que exponham também "seus" casos.

Nº 323	Gr. 08 – A	Inteligências Pessoais

Habilidade	Nome	Outras estimulações
Percepção corporal	Boneco articulado	Vocabulário

Preparação:
Desenhar sobre uma folha de papel de tamanho grande o contorno do corpo de um aluno. Colar em cartolina e fazer recortes, com partes para se encaixar em que evidenciem a cabeça, o tronco, os braços e suas partes, a coxa, a perna, o pé. Quando possível, usar esse material em madeira fina. Uma improvisação pode ser feita com peças menores em cartolina apresentando diferentes partes do corpo humano. Em lugar do papelão ou madeira é também possível utilizar-se feltro ou outro tecido.

Utilização:
Os alunos devem ser estimulados a identificar cada peça do jogo com a parte correspondente do próprio corpo. Devem desmontar o boneco, sendo capazes de nomear cada peça retirada e, depois, recolocada.
(Existe no comércio: Boneco Articulado em Pé [Úki-Úki].)

Nº 324	Gr. 08 – A	Inteligências Pessoais

Habilidade	Nome	Outras estimulações
Percepção corporal	A linguagem do olhar	Observação e poder de comunicação não verbal

Preparação:

Os alunos devem estar sentados em círculo e o professor escolhe um, depois outro e mais outros alunos. Estes recebem uma mensagem (escrita ou sussurrada pelo professor) e devem comunicá-la à classe apenas usando o olhar (por exemplo: uma mosca voando, uma partida de tênis, um avião pousando).

Utilização:

Os alunos devem ser estimulados a utilizar-se de diferentes formas de expressões não verbais, descobrindo a mensagem. Progressivamente, as mensagens podem ir sendo ampliadas e, além do olhar, outros atributos da comunicação corporal podem e devem ser utilizados. O professor deve explorar essas formas de comunicação como instrumento para permitir que os alunos descubram que a linguagem oral é apenas uma das muitas formas de comunicação utilizadas pelo ser humano.

Nº 325	Gr. 08 – E	Inteligências Pessoais

Habilidade	Nome	Outras estimulações
Comunicação interpessoal	Mímica	Linguagem corporal

Preparação:

Organizar um conjunto de mensagens para serem transmitidas pelos alunos, que envolvam manifestações corporais (por exemplo: andar a cavalo), mas também situações emocionais diversas (raiva, alegria, entusiasmo, tristeza etc.). Escrever essas mensagens em uma tira de papel e reunir em uma sacola de plástico ou pano.

Utilização:

A tarefa dos alunos ao sortear sua mensagem é transmiti-la aos demais, levando-os à possível descoberta, sem o uso da palavra. A atividade tem como principal objetivo a comunicação interpessoal e, depois de uma primeira experiência, outras mais complexas podem ir progressivamente sendo propostas. É interessante encerrar a atividade com um círculo de debates com os alunos sobre as muitas formas de comunicação e sua importância no auto e heteroconhecimento.

Nº 326	Gr. 08 – E	Inteligências Pessoais

Habilidade	Nome	Outras estimulações
Autoconhecimento e comunicação interpessoal	Crachás	Sociabilidade e interação

Preparação:
   Pedaços de cartolina e alfinetes para que os crachás sejam fixados na blusa.

Utilização:
   Os alunos devem confeccionar crachás onde, além do nome e da maneira como gostariam de ser chamados, escrevam algumas sentenças que expressem seus gostos e seus sentimentos. Exemplo: a) *Nome...*; b) *Gosto de ser chamado de...*; c) *Fico contente sempre que...*; d) *Nada me aborrece mais que...*; e) *Meu maior sonho na vida é...* Esses crachás devem ser usados em uma atividade pouco rotineira ou mesmo em um dia específico e os alunos devem circular pela sala com os mesmos. Ao final é indispensável um círculo de debates, onde cada aluno expresse sua impressão sobre a atividade e, principalmente, revele suas descobertas. O professor não deve permitir que nas aulas seguintes os elementos dessa atividade sejam esquecidos. Deve ser um ponto de maior aprofundamento interpessoal dos alunos e como tal ser continuamente explorado.

Nº 327	Gr. 08 – E	Inteligências Pessoais

Habilidade	Nome	Outras estimulações
Auto e heteroconhecimento	Quem será?	Empatia e sociabilidade

Preparação:
   Os alunos devem estar reunidos em uma sala, sentados em círculo.

Utilização:
   Depois de solicitar que todos os alunos olhem-se e percebam os detalhes nas roupas e, sobretudo, nas expressões de cada um, solicita que todos tenham seus olhos vendados. Um aluno, silenciosamente, é retirado da sala pelo professor. A seguir as vendas devem ser tiradas e os alunos devem descobrir quem foi retirado da sala, descrevendo suas características físicas e elementos de seu temperamento, sua automotivação, capacidade de administração das emoções e muito mais. Um círculo de debates sobre a importância da atividade no heteroconhecimento deve ser estimulado.

Nº 328	Gr. 08 – C	Inteligências Pessoais
Habilidade Administração das emoções	**Nome** Sinais de trânsito	**Outras estimulações** Observação e Autoconhecimento

Preparação:

Seria interessante que o professor montasse um mural na sala de aula contendo o retrato de cada um dos alunos e abaixo do mesmo seu nome. Ao lado desse mural uma caixa com inúmeros círculos nas cores verde, amarela e vermelha, com lixas no verso para sua fixação no mural (caso seja revestido de feltro) ou então taxinhas para que essas figuras geométricas sejam fixadas no mural.

Utilização:

Os alunos devem ser orientados a perceber seus estados de emoção e, todo dia, ao entrar na sala escolham uma das cores da caixa para fixar embaixo de seu nome (verde = estou ótimo, feliz, entusiasmado; amarelo = estou com uma sensação de apatia, indiferença, conformismo; vermelho = estou muito aborrecido, chateado, inseguro). O aluno deve ter ampla liberdade para falar ou não de seu estado emocional e o professor, dependendo do grau de afetividade com que se relaciona com os alunos, pode procurá-los, independentemente da cor colada ao mural, para falar desse estado de emoção. Procurar apenas os "vermelhos" pode atrair uma atenção especial e alunos forjarem situações para serem notados.

Nº 329	Gr. 08 – A	Inteligências Pessoais

Habilidade	Nome	Outras estimulações
Percepção corporal	Você ficou diferente?	Observação e Autoconhecimento

Preparação:

Uma sala para que os alunos possam se colocar em círculo.

Utilização:

O professor atribuirá um número a cada aluno até a metade dos componentes. Inicia, depois, a mesma numeração dos demais, de maneira a existir dois alunos de número 1, dois de número 2 e assim por diante. Cada aluno deve observar atentamente seu par por alguns segundos; a um sinal do professor viram-se de costas para o centro do círculo e alteram um detalhe de si mesmos (por exemplo: solta fio do sapato, tira uma correntinha etc.). A um sinal do professor voltam a se observar, tentando descobrir qual a alteração feita.

A atividade explora a percepção e a identidade visual do outro e deve ser repetida várias vezes, observando-se se há progresso e, consequentemente, aumento de dificuldades em se proceder mudança de detalhes não notados. Uma outra forma é chamar dois alunos para o centro do círculo, procedendo-se à mesma experiência.

Nº 330	Gr. 08 – D	Inteligências Pessoais

Habilidade	Nome	Outras estimulações
Empatia	O lado positivo	Relacionamento interpessoal Autoconhecimento

Preparação:

Uma sala para que os alunos possam estar sentados em círculo.

Utilização:

O professor divide os alunos em grupos de quatro a seis componentes. Passa tantas meias folhas de papel para cada um dos participantes quantos forem os integrantes desse grupo e solicita que no mesmo escrevam um pequeno texto positivo, que explore um dos aspectos realmente bons de cada um dos integrantes do grupo, dobrando depois essa folha. O redator do texto não deve se identificar. A um sinal do professor, os textos são abertos e cada aluno deve reunir todos que a ele se referem. Após a leitura das mensagens recebidas o professor desfaz os grupos e, formando um círculo com todos, coloca em discussão as mensagens recebidas e como cada um se coloca diante da circunstância de considerá-las identificadoras ou não da imagem que faz de si mesmo. Se julgar, após longo processo de alfabetização emocional, que o grupo está suficientemente amadurecido pode desenvolver a atividade oposta: "o lado negativo".

Nº 331	Gr. 08 – E	Inteligências Pessoais

Habilidade	Nome	Outras estimulações
A comunicação interpessoal e suas falhas	Quem conta um conto	Hetero e Autoconhecimento

Preparação:
Uma pequena história que envolva detalhes e diferentes pessoas. Uma notícia sobre uma briga de trânsito ou um mal-entendido se presta bem a essa atividade.

Utilização:
O professor solicita que quatro alunos se retirem da sala, mantendo-se em local fácil de serem chamados. Lê a história, solicitando atenção geral, pois escolherá um dos alunos presentes para relatá-la a um dos ausentes, que em seguida chamará. Chama um dos alunos que não ouviu a história e escolhe alguém do grupo para passar-lhe esse conteúdo. Esse aluno ficará encarregado de, diante de todo grupo, contar a história a outro ausente que é chamado e assim por diante. As enormes alterações ou supressões que "transformam" a história original constituem excelente experimento para que se abra uma discussão sobre a comunicação interpessoal.

Nº 332	Gr. 08 – D / E	Inteligências Pessoais

Habilidade	Nome	Outras estimulações
Comunicação e empatia	Autógrafos	Hetero e Autoconhecimento

Preparação:
Uma folha de papel em branco distribuída a cada aluno, que deverá anotar ao alto e com letra de fôrma o seu nome. Lápis ou caneta para todos os participantes.

Utilização:
Os alunos deverão conquistar em sua folha, em um espaço de tempo de um a dois minutos, autógrafos dos demais participantes, pedindo que os colegas assinem seus nomes, de forma legível, em sua folha. Inicia a atividade, lembrando que ao terminá-la todos os alunos devem ter suas folhas em mãos. Passado o tempo estabelecido, encerra a atividade e solicita aos alunos que contem os autógrafos obtidos. Indaga a alguns alunos quantos autógrafos obtiveram e a outros, quantos autógrafos deram. É perceptível que existe maior facilidade em se identificar as "conquistas" que as "ofertas" e essa situação cria alternativas para uma discussão final sobre dar e receber autógrafos e perceber em casa, na escola e em outros ambientes se damos mais ou se recebemos mais autógrafos.

| Nº 333 | Gr. 08 – A / B / C | Inteligências Pessoais |

Habilidade	Nome	Outras estimulações
Conhecimento sobre o emocional do aluno	Questionários	Relacionamento interpessoal Autoconhecimento

Preparação:

A aplicação de questionários para avaliar a consciência emocional do aluno, desde que analisados criteriosamente, representa excelente recurso para identificar os quadros emocionais existentes na classe. Abaixo, o modelo de algumas questões que poderiam ser formuladas, ajustando-as ao nível etário e ao universo vocabular do aluno:

Questões:

1. Como reage quando vê um amigo ou um adulto perder a calma e tornar-se agressivo?
2. Em situações muito tensas, quais costumam ser suas reações?
3. Quais circunstâncias que o deixam inteiramente "fora de si"?
4. Em quais situações vive estados de medo? Felicidade? Tristeza? Esperança?
5. Na sua opinião, qual a diferença entre alegria e felicidade?
6. É capaz de perder horas de sono por causa de alguma grande preocupação?
7. Consegue falar de seus sentimentos para outras pessoas? Quais pessoas?
8. Quais fatos, ocorridos com outras pessoas, o(a) fazem sofrer sinceramente?
9. Você se acha uma pessoa muito querida em sua casa? E na escola?
10. Você seria capaz de matar um animal pequeno, sem qualquer sentimento?
11. Sei, com clareza, quem eu amo e sei, também com clareza, quem me ama?
12. Como você não sabe dizer "não", muitas vezes faz coisas que detesta?
13. De zero a dez, a nota que dou para minha timidez é...
14. Situações que me deixam muito aborrecido são as que...
15. Toda vez que tenho que tomar importante decisão, sinto...
16. Como você se apresenta ao *aceitar* e *manifestar* carinho?
17. Qual sua capacidade em aceitar afirmações, mesmo negativas, sobre suas emoções?

18. Como você se apresenta ao *pedir* e ao *aceitar* desculpas de outras pessoas?
19. Você é uma pessoa que, sem ajuda, consegue encontrar motivos suficientes para o que necessita fazer?
20. Como você administra uma situação muito frustrante?

É evidente que as respostas dos questionários devem levar à construção de um perfil emocional do aluno, progressivamente alterado e permanentemente analisado pela equipe docente encarregada de trabalhar a alfabetização emocional.

Nº 334	Gr. 08 – B	Inteligências Pessoais

Habilidade	**Nome**	**Outras estimulações**
A comunicação interpessoal e suas falhas	Caixa de correio	Hetero e Autoconhecimento

Preparação:
Uma caixa de sapatos com uma abertura, que será a caixa de correio. Os alunos são trabalhados para que escrevam suas queixas e seus problemas e depositem, anonimamente, na caixa de correio.

Utilização:
Periodicamente o professor abre a caixa de correio e lê as queixas e os problemas apresentados, colocando em debate eventuais propostas para solucioná-los. É importante que a atividade se desvie de queixas de natureza material para as de natureza emocional, propiciando um clima de mais agudo auto e heteroconhecimento e para uma aberta discussão sobre problemas que envolvem as relações interpessoais entre os alunos e, eventualmente, seus professores e funcionários administrativos da escola.

Nº 335	Gr. 08 – B / D / E	Inteligências Pessoais
Habilidade Comunicação e empatia	**Nome** Resposta sorteada	**Outras estimulações** Hetero e autoconhecimento

Preparação:

Alunos sentados em círculo. Folhas com questões diagnósticas do comportamento emocional. Nome dos alunos para serem sorteados.

Utilização:

O professor inicia a atividade lembrando da importância do auto e heteroconhecimento e faculta a cada aluno não responder a questão sorteada ou, apenas uma vez, tentar trocá-la por outra. Iniciada a atividade, sorteia o nome de um aluno e este deve tirar uma das folhas das questões diagnósticas e respondê-la, assim como arguições do professor e de seus colegas sobre essas questões. Após essa resposta, outro aluno é sorteado e assim por diante até que todas as questões tenham sido respondidas. Um círculo de debates fecha a atividade.

Exemplos de questões diagnósticas:

Quem sou eu / O que não gosto em mim / Meu lado melhor / O que mais e menos admiro em outras pessoas / O que eu mudaria em mim, se pudesse / O que se espera de um amor / Só o amor dá direito a ele / Coisas que me deixam inseguro / Pessoas que admiro etc.

Nº 336	Gr. 08 – C	Inteligências Pessoais

Habilidade	Nome	Outras estimulações
Administração de emoções	*Script*	Autoconhecimento e empatia

Preparação:

Os alunos são encarregados de preparar o texto de uma minipeça teatral onde participam no máximo seis pessoas e no mínimo três, que desempenham o papel de *Salvador, Algoz* e *Vítima*. Com alunos menores, o próprio professor pode preparar esse texto. Selecionado(s) o(s) texto(s), os alunos dispõem de algum tempo para os ensaios.

Utilização:

Papéis:

O *Salvador* cuida dos que deveriam tomar conta de si mesmos, protegendo-os e dificultando a tomada de suas próprias decisões; o *Algoz* critica todas as atitudes e seu relacionamento com os outros se apoia na aplicação de "culpas" e sanções; a *Vítima* é sempre incapaz de tomar decisões próprias, deixando que sua vida seja conduzida por outros.

Após a(s) dramatização(ões), todos os alunos devem participar de um círculo de debates sobre a presença desses três personagens no cotidiano, com depoimentos pessoais sobre esses personagens e a circunstância de assumirem, também na vida, esses papéis.

A atividade permite outras adaptações e, naturalmente, inúmeros outros papéis.

Nº 337	Gr. 08 – B / E	Inteligências Pessoais

Habilidade	Nome	Outras estimulações
Comunicação e empatia	Relatório I	Hetero e autoconhecimento

Preparação:

Os alunos recebem uma folha com a relação de 6 itens indicativos de sua estrutura emocional. Devem responder com absoluta sinceridade e, em aula, o professor sorteia cada um dos itens e verifica qual ou quais entre os alunos gostaria(m) de falar a respeito, abrindo um espaço para debates com todos os demais sobre essas formas de conduta. É importante destacar que o papel do professor não é "corrigir" as apresentações, mas ouvi-las e indagar aos participantes opiniões e conclusões a respeito das mesmas.

Utilização:

Alguns itens do Relatório:

1. Sou vítima (ou sou agente) do jogo do poder? 2. Sinto-me (ou não) manipulado em algumas circunstâncias? 3. Uso (ou não) a mentira em poucas circunstâncias? 4. Respeito os sentimentos dos outros (ou não) e sinto que nem sempre respeitam os meus? 5. Sei (ou não sei) pedir desculpas e sei (ou não sei) substituir minhas ideias por outras superiores? 6. Sei (ou não sei) aceitar desculpas e "esquecer" erros em outras pessoas?

| Nº 338 | Gr. 08 – B / D / E | Inteligências Pessoais |

Habilidade	Nome	Outras estimulações
Comunicação e empatia	Relatório II	Hetero e autoconhecimento

Preparação:
Semelhante ao proposto no Relatório I.

Utilização:

1. Esta semana descobri a meu respeito que... / 2. Acho que mereço ser cumprimentado esta semana por... / 3. Não gostei de mim mesmo esta semana, pois... / 4. Uma interessante ideia a meu respeito e que penso colocar em prática é que... / 5. Pessoas que, esta semana, mereceriam meu elogio, foram... (apresentar motivos) 6. Minha capacidade de persistência foi colocada à prova esta semana e os resultados foram...

Nº 339	Gr. 08 – B / C	Inteligências Pessoais
Habilidade Administração das emoções	**Nome** Leilão	**Outras estimulações** Hetero e autoconhecimento

Preparação:

Alunos sentados em círculo. Recebem cem pequenas folhas de papel onde estão registrados valores de R$ 1,00. Cada aluno receberá o equivalente a 100 reais. São orientados a participar de um leilão, onde pagarão valores que julgarem coerentes para cada uma das "qualidades" que serão leiloadas pelo professor. Os alunos sabem que serão leiloadas "de cinco a oito" qualidades, sem saber quais são.

Utilização:

Iniciada a atividade, o professor, literalmente, promove um leilão das "qualidades" que vai extraindo de uma sacola. Pode iniciar o leilão, indagando quanto pagam por "Amizade", coloca depois em leilão a "Família"; pode prosseguir colocando à venda "Férias", "Automóvel", "Esportes", "Religião", "Amor correspondido", "Mudança de casa", "Viajar para o exterior" e inúmeras outras.

Não é essencial avaliar como o aluno "administrou seus bens", mas levá-lo à reflexão sobre a hierarquia dos valores que considera essenciais ou que considera supérfluos.

Um círculo de debates é indispensável para dar oportunidade de proposições por parte dos participantes e, se julgar válido, o professor pode sugerir outras qualidades e solicitar que os alunos distribuam seus reais de maneira a classificá-las por sua importância pessoal.

Nº 340	Gr. 08 – E	Inteligências Pessoais

Habilidade	Nome	Outras estimulações
Comunicação e empatia	Diálogo	Pictórica e memória verbal

Preparação:

Sala com alunos dispostos em círculo. Uma folha onde existe um desenho de seis retângulos dispostos de forma irregular (essa disposição deve ser livre e feita previamente pelo professor; todos os retângulos devem se tocar por uma de suas arestas).

Utilização:

Avisar aos alunos que um dentre eles será escolhido para transmitir uma mensagem verbal sobre uma ilustração e que todos os demais devem desenhá-la em uma folha de papel. Não será permitido ao emissor da mensagem fazer gestos ou mostrar a ilustração. Um aluno é escolhido e com a folha com a ilustração em mãos, usando apenas recursos verbais, tenta transmiti-la aos demais para que a desenhem. As dificuldades são enormes e a atividade mostra as limitações de uma transmissão verbal.

Após a experiência, reunir todo o grupo e abrir um debate sobre as dificuldades da comunicação oral e as propostas para aprimorá-la como meio de mais intensa interação.

| Nº 341 | Gr. 08 – E | Inteligências Pessoais |

Habilidade	Nome	Outras estimulações
Comunicação interpessoal	Balanço	Coordenação motora

Preparação:

Uma série de cartões onde estará escrito o nome de diferentes objetos de uso doméstico ou profissional. Preparar quatro a cinco jogos de cartões, de maneira que cada objeto apareça em vários cartões (exemplo: chaleira – em 3 cartões; projetor de *slides* – em 5 cartões; taça – em 4 cartões; ventilador – em 2 cartões; jogo de porcelana – em 4 cartões etc.). Uma sala para que os alunos possam se movimentar livremente. Uma opção diferente é substituir o nome de objetos pelo nome de atividades esportivas (futebol, volley, rugby, tênis, golfe etc.).

Utilização:

Cada aluno deverá retirar um dos cartões e corporizar o objeto descrito, com gestos e movimentos, procurando encontrar na sala outros iguais. O objetivo da atividade é levar o aluno a atuar através do código corporal, sem linguagem verbal e, desta maneira, identificar as muitas "linguagens" necessárias à efetiva comunicação interpessoal.

Após algumas tentativas, formar um círculo com todos os presentes para debates sobre bloqueios encontrados para diferentes formas de comunicação interpessoal. O papel do professor, nesses debates, não é aferir quem possui conclusões mais corretas e, menos ainda, expor "suas" conclusões, e sim estimular as descobertas pessoais através de uma discussão grupal.

Nº 342	Gr. 08 – E	Inteligências Pessoais

Habilidade	Nome	Outras estimulações
Comunicação interpessoal	Sonorização	Musical

Preparação:
   Uma sala para a atividade, com vários instrumentos sonoros (pandeiro, caixa de papelão com baqueta, sino, campainha e muitos outros) e cartões onde estejam escritos diferentes tipos de emoções, por exemplo: tristeza, raiva, ansiedade, medo, culpa, amor, empatia, antipatia etc.

Utilização:
   Os alunos deverão dispor de um minuto para concretizar a emoção tirada de um dos cartões usando apenas os meios sonoros existentes, não podendo dispor de qualquer outra ação (como a mímica, por exemplo) para expressar a transferência dessa emoção. O jogo é difícil e seu propósito é tentar a transferência da informação emocional, destacando que o código musical pode, muitas vezes, expressar sentimentos sem a racionalização que, em certas situações, acompanha a palavra.

Nº 343	Gr. 08 – E	Inteligências Pessoais

Habilidade	Nome	Outras estimulações
Comunicação interpessoal	Re+leitura	Coordenação motora

Preparação:
   Uma série de cinco a seis jogos de cartões onde estará escrito o nome de diferentes estados de emoção, como *ansiedade, insegurança, ternura, timidez, raiva, paixão, frustração, tédio, aborrecimento* e outras. Sala onde os alunos possam estar sentados em grupo.

Utilização:
   Os alunos são divididos em um número par de grupos e a cada um são apresentados os cartões. Os integrantes de cada grupo escolhem o cartão que melhor corresponde ao estado emocional que sentem no momento. Os grupos são reunidos dois a dois e um dos grupos, usando ideias bastante abstratas, deve tentar comunicar ao outro quais os cartões selecionados e a que alunos os mesmos correspondem. O objetivo do jogo é estimular a leitura de estados de emoção através de ideias não diretas e a busca de significados emocionais em expressões abstratas. É importante, ao final, discutir as reflexões sobre a experiência.

Nº 344	Gr. 08 – B / E	Inteligências Pessoais

Habilidade	Nome	Outras estimulações
Autoconhecimento e comunicação interpessoal	Eleição	Empatia e aproximação interpessoal

Preparação:

Folha de papel em branco e caneta ou lápis para cada participante. Cada aluno, ao receber sua folha, deverá dividi-la em 4 partes, escrevendo ao alto de cada uma delas seu nome.

Utilização:

Cada aluno deve anotar em um dos pedaços de papel três a quatro aspectos de seu temperamento que acreditam ser identificadores de sua personalidade (por exemplo: *coragem, simpatia, bondade, solidariedade, companheirismo, lealdade, franqueza, covardia, timidez, insegurança, revanchismo* ou outras). Enquanto os alunos estão anotando esse "autorretrato emocional", o professor deverá percorrer suas carteiras recolhendo os outros três pedaços de papel em branco, onde está apenas registrado o nome do autor e, em seguida, distribuir para cada aluno três papéis em branco, não permitindo que os alunos vejam o nome nos mesmos escritos. Após um sinal, solicitar que, em silêncio, verifiquem esses nomes, trocando um ou mais papéis caso tiverem nomes repetidos ou recebido seu próprio nome (cada aluno deve ficar com três papéis com nomes diferentes). Pedir que cada aluno preencha esses papéis, escrevendo elementos do temperamento e do caráter de cada uma das pessoas cujo papel recebeu. Após o tempo necessário para esse triplo preenchimento, solicitar que cada aluno entregue (e receba) os papéis, conversando com seus colegas sobre as impressões colhidas e transmitidas. Encerrar a atividade com um debate sobre as "descobertas" realizadas.

Nº 345	Gr. 08 – C / E	Inteligências Pessoais

Habilidade	Nome	Outras estimulações
Adm. de emoções	Geschenk	Conhecimento e empatia

Preparação:

Alunos divididos em grupos (4 a 6 integrantes) dispondo de lápis e papel e sentados em círculo.

Utilização:

Cada aluno deverá escrever em uma folha de papel, em silêncio, o nome de todos os integrantes do grupo. Depois, seguindo orientação do professor, deverá assinalar um ou mais asteriscos ao lado de cada nome pelo qual tenha alguma admiração. Permitir uma discussão grupal, para que todos os alunos discutam essas opiniões e os elementos caracterizadores de cada um, segundo a visão de seu colega.

Após essa etapa, cada grupo receberá uma folha de cartolina, onde se registrarão as opiniões apresentadas, sem identificar o nome do emissor e do receptor. Reúnem-se todos os grupos e cada um apresenta a cartolina preparada, estimulando debates que visem a identificação dos alunos cujas características estão anotadas na cartolina.

Nº 346	Gr. 08 – B / E	Inteligências Pessoais

Habilidade	Nome	Outras estimulações
Ética e estereótipos	Rótulos	Empatia e aproximação interpessoal

Preparação:

Um conjunto de etiquetas gomadas para cada grupo. Essas etiquetas devem conter, com letras bem visíveis, as palavras *SOU SURDO(A)* – GRITE / *SOU PODEROSO(A)* – RESPEITE / *SOU ENGRAÇADO(A)* – RIA / *SOU SÁBIO(A)* – ADMIRE / *SOU PREPOTENTE* – TENHA MEDO / *SOU ANTIPÁTICO(A)* – EVITE / *SOU TÍMIDO(A)* – AJUDE.

Utilização:

Formar grupos de cinco a sete alunos e sugerir que, durante 4 a 5 minutos, discutam um tema polêmico qualquer, proposto pelo professor. Avise que, entretanto, na testa de cada um dos integrantes do grupo será colocada uma etiqueta (rótulo) e que o conteúdo da mesma deve ser levado em conta nas discussões, sem que seu possuidor, entretanto, saiba o significado. Com os rótulos na testa, os grupos iniciam a discussão que torna-se, naturalmente, inviável. Ao final do tempo, solicitar que os grupos exponham suas conclusões que é, entretanto, impossível. Após essa tentativa, os alunos devem retirar a etiqueta e debater as dificuldades que os muitos rótulos que recebemos impõem a relações mais profundas. A estratégia permite aprofundar os problemas de comunicação e relacionamento impostos pelos estereótipos e pelos preconceitos.

| Nº 347 | Gr. 08 – C / E | Inteligências Pessoais |

Habilidade	Nome	Outras estimulações
Comunicação interpessoal	Mess	Conhecimento e empatia

Preparação:

Cada aluno recebe um pedaço de papel onde está descrita uma situação que deverá dramatizar por um minuto. Devem existir tantas situações diferentes, quantos participantes houver. É importante orientar que o desempenho da situação deverá ser feito com movimentos e mímicas, mas sem expressões verbais (exemplos: tocar saxofone / praticar surfe / andar de bicicleta / jogar cartas / caminhar sobre a neve / atravessar um rio / brigar com um elefante / jogar cartas / trocar um pneu / jogar de goleiro / digitar / disputar cabo de guerra / servir uma mesa / ensinar balé / cavalgar um touro / jogar tênis e muitas outras).

Utilização:

Iniciada a atividade, cada aluno deve cumprir seu papel e, na medida do possível, observar os demais. Um debate deve permitir aos alunos que relatem quais as funções que observaram. O objetivo do jogo é desenvolver em uma pessoa concentrada em uma atividade a percepção dos demais. Um debate no encerramento da atividade deve estabelecer relações entre nossas ações e a importância da percepção "do outro" e os alunos devem expor suas impressões sobre essas relações e sua ação pessoal na percepção do outro.

| Nº 348 | Gr. 08 – B / E | Inteligências Pessoais |

Habilidade	Nome	Outras estimulações
Autoconhecimento	*Personality*	Empatia e aproximação interpessoal

Preparação:

Os alunos são divididos, por sorteio, em duplas e, durante dois minutos, cada elemento da dupla deve aprofundar seu conhecimento sobre o outro, completando as questões seguintes: *Sou uma pessoa que... / Costumo sonhar que... / O que tenho de melhor é... / O que não gosto em mim mesmo é...* Folhas de papel em branco e lápis.

Utilização:

Completada essa apresentação, cada aluno recebe uma folha de papel em branco e um lápis, anotando ao alto seu nome e, no verso, o nome do parceiro. Tomando por base as respostas que apresentou, cada aluno, abaixo de seu nome, desenhará de maneira abstrata ou figurativa uma "imagem" de como se vê. A seguir vira a folha e baseando-se no que ouviu desenha uma imagem sobre como vê seu colega. Os desenhos devem ser explicados e as duplas transformam-se em quartetos onde cada um dos elementos explicará os desenhos aos outros. Eventualmente, o professor pode unir dois quartetos formando um grupo maior.

Um debate final abre espaço para a análise das "revelações" e das "descobertas" ocorridas no grupo.

| Nº 349 | Gr. 08 – C | Inteligências Pessoais |

Habilidade	Nome	Outras estimulações
Administração das emoções	Símbolos	Conhecimento e empatia

Preparação:

Os alunos são divididos em grupos de cinco a seis elementos e em cada grupo deve ocorrer um debate sobre as conclusões pessoais em relação ao problema proposto. Exemplo de um problema: Um naufrágio isola em uma ilha cinco pessoas e entre estas apenas quatro podem ser trazidas pelo barco salva-vidas. Quem ficará na ilha? – Um sacerdote de 75 anos / Uma menina deficiente mental / Um jovem saudável, mas extremamente presunçoso / Um jovem talentoso, mas acusado de homicídios / Um inteligente matemático homossexual. Inúmeros outros componentes podem integrar diferentes tipos de propostas.

Utilização:

Iniciada a atividade, cada grupo deve buscar o consenso para suas conclusões pessoais. Após algum tempo o professor deve abrir um círculo de debates para discutir os conceitos éticos, as exclusões e os motivos que nos levam a exercitar diferentes formas de preconceitos. A atividade permite ser transferida para a análise comportamental de cada um em particular e dos muitos grupos sociais com os quais se convive.

Nº 350	Gr. 08 – D	Inteligências Pessoais
Habilidade Administração de emoções	**Nome** Painel de fotos	**Outras estimulações** Empatia e comunicação

Preparação:

O professor prepara uma folha com doze fotos de pessoas de ambos os sexos, extraídas de revistas, cria um nome para cada um dos "personagens" dessas fotos e providencia uma cópia para cada grupo. Os alunos são divididos em grupos de quatro a sete participantes.

Utilização:

Observando as fotos, os grupos procuram buscar um consenso separando os "simpáticos" dos "antipáticos" e elegendo quem levariam e quem não levariam a um eventual passeio. Após registrar em um quadro-negro os nomes dos personagens "escolhidos" e dos "rejeitados", solicitar que tentem adivinhar qual dentre os personagens é um "criminoso potencial", "uma pessoa caridosa", uma "pessoa inteligente", uma "pessoa pouco inteligente" e inúmeras outras situações que se resolver criar.

Em geral, os grupos não revelam qualquer dificuldade em "rotular" os personagens, abrindo a possibilidade de uma intrigante discussão sobre a impressão que nos causam as pessoas apenas quando levamos em conta sua expressão, ou seus trajes, sua idade ou eventualmente outros estereótipos.

| Nº 351 | Gr. 08 – E | Inteligências Pessoais |

Habilidade	Nome	Outras estimulações
Comunicação interpessoal	Narciso	Autoconhecimento e empatia

Preparação:

Os alunos são divididos em grupos de cinco a seis elementos e cada aluno recebe uma folha de papel em branco e um lápis e sem colocar seu nome nessa folha responde em letra de fôrma questões do tipo:

1. Uma coisa que adoro é... / 2. Nada mais me aborrece que... / 3. Sou uma pessoa que... / 4. Se não fosse eu mesmo, gostaria muito de ser... / 5. Quem não me conhece bastante ignora que eu...

Utilização:

Após as respostas tem início a atividade, e o professor recolhe todas as folhas depositando-as em um maço, à frente do grupo, com a parte escrita voltada para baixo. Solicita que cada aluno retire uma folha do maço, trocando-a caso tenha pego a própria. Na parte em branco da folha devem responder as mesmas questões, depositando-a novamente no maço.

Após essa etapa, o professor apanha uma folha qualquer, lê seus dois lados, e debate com o grupo a tarefa de tentar identificar a quais alunos se referem as respostas, combinando que os alunos que apresentaram essas respostas não devem se deixar identificar.

Após essa tentativa, vai apanhando outras folhas submetendo-as à apreciação do grupo. Ao final, deve abrir um debate sobre as "descobertas" e o conhecimento maior entre os elementos do grupo, vivenciado com a atividade.

Nº 352	Gr. 08 – B / E	Inteligências Pessoais

Habilidade	Nome	Outras estimulações
Autoconhecimento	Apresentação	Empatia e aproximação interpessoal

Preparação:

Os alunos são divididos em duplas, e cada um deve ter em mãos uma folha de papel em branco e um lápis. Deve haver uma sala ou um espaço preferivelmente sem carteiras por onde possam se deslocar livremente.

Utilização:

Cada elemento da dupla deve escrever na folha de papel uma resposta para as questões abaixo, sem se identificar.

1. Acho que você é uma pessoa que... 2. Creio que você adora... 3. Acho você uma pessoa insegura, toda vez que...

Após essa tarefa cada aluno recebe outra folha de papel em branco e, também sem se identificar, deve responder as mesmas questões em relação à sua pessoa. Após essa etapa as folhas devem ser depositadas em dois maços, no primeiro com as impressões sobre o outro e no segundo com as impressões pessoais. Concluída essa tarefa, as folhas, ora de uma pilha, ora de outra, devem ser retiradas e todos os alunos devem apresentar sugestões sobre a quais colegas as mesmas se referem. Somente após algum debate é que o aluno, caso não tenha sido identificado antes, deve se apresentar aos demais.

Um debate final abre espaço para a análise das "revelações" e das "descobertas" ocorridas no grupo.

Nº 353	Gr. 08 – C	Inteligências Pessoais
Habilidade Autoconhecimento e relacionamento pessoal	**Nome** Painel de relacionamentos	**Outras estimulações** Empatia

Preparação:

A atividade requer uma sala onde os alunos possam circular livremente. Os alunos são divididos em duplas e, durante alguns minutos, devem conversar sobre suas emoções, respondendo algumas das questões que envolvam opiniões pessoais sobre *tristeza* ou *mágoa, raiva, felicidade* ou *alegria, ansiedade, medo, amor, amizade, vergonha* e *culpa*.

Utilização:

Após essa etapa, duas duplas indicadas pelo professor formarão um quarteto. No mesmo, cada elemento da dupla anterior apresenta o parceiro, que não deve acrescentar elementos a essa apresentação. A seguir, dois quartetos devem formar um grupo maior onde os três elementos do quarteto apresentam o colega e depois este é apresentado por seus colegas. Nessa etapa novas questões podem ser respondidas. Após essa atividade, cada grupo de oito elementos se apresenta aos demais, podendo para essa atividade usar uma cartolina onde construíram desenhos indicativos de cada um dos personagens.

Nº 354	Gr. 08 – B / E	Inteligências Pessoais

Habilidade	Nome	Outras estimulações
Autoconhecimento	Representação	Empatia e inteligência naturalista

Preparação:

Quatro folhas de cartolina, lápis de cor e pincel atômico de várias cores. Alguns instrumentos sonoros.

Os alunos são divididos em cinco grupos e cada grupo deve criar em uma folha de cartolina uma obra artística sobre o tema "natureza" ou sobre algum tipo de emoção como as propostas no jogo anterior. Um dos grupos criará sua obra de forma plástica, o outro através de uma linguagem sonora que não inclua palavras, o terceiro de forma escrita ou verbal, o quarto através de uma dramatização e o quinto de forma pictográfica.

Utilização:

A finalidade do trabalho, além de uma integração grupal, são as revelações pessoais e a criatividade de cada elemento usado para essa representação.

Um debate final abre espaço para a análise das "revelações" e das "descobertas" ocorridas no grupo.

Nº 355	Gr. 08 – C	Inteligências Pessoais

Habilidade	Nome	Outras estimulações
Administração das emoções	Surpresa	Conhecimento e administração das emoções

Preparação:

Espaço onde os alunos possam ficar sentados em círculo. Ao centro do grupo uma caixa que, sem que os alunos saibam, conterá um espelho.

Utilização:

Um aluno, escolhido pelo grupo, deverá dirigir-se até a caixa e sem revelar o que viu na mesma tentará, *sem o uso da linguagem verbal,* dizer o que está nessa caixa.

A atividade estimula os participantes a ter autonomia quanto à sua imaginação criativa; mas também para dar-se a conhecer. A atividade se encerra quando o grupo descobrir qual a "surpresa" contida na caixa.

Nº 356	Gr. 08 – E	Inteligências Pessoais

Habilidade	Nome	Outras estimulações
Autoconhecimento e automotivação	Motivação	Empatia e administração das emoções

Preparação:

Sala onde os alunos possam circular livremente. Na lousa, relação de alguns *fatores de motivação abaixo relacionados*. Folha de papel e lápis para cada aluno.

Fatores da motivação:

1. É muito interessante / 2. A turma adora / 3. É bem fácil / 4. É uma tarefa importante / 5. Sou capaz de fazer / 6. Temo o castigo se não fizer / 7. Isso despertará a admiração dos outros / 8. Sinto que isso me faz crescer / 9. Com isso posso ter lucro / 10. A maior parte de outras pessoas desiste.

Utilização:

Cada aluno deve, em uma folha de papel, sem que os colegas vejam, relacionar três a quatro fatores de motivação que com mais frequência utiliza. Após relacionar esses fatores, deve discutir suas opiniões com os colegas. Após esse debate, o grupo deve relacionar os fatores consensualmente mais utilizados e anotá-los na lousa.

O professor desenvolve um debate, comparando as posições apresentadas pelos diferentes grupos, verificando se existem "propostas" e/ou "sugestões" sobre outros fatores essenciais à automotivação.

| Nº 357 | Gr. 08 – C | Inteligências Pessoais |

Habilidade	Nome	Outras estimulações
Administração das emoções	Auto e heteroconhecimento	Conhecimento e empatia

Preparação:

Espaço onde os alunos possam ficar sentados em círculo. Anotada na lousa uma relação de *"Informações Pessoais"*. Alunos reunidos em grupo de três a quatro elementos.

1. Sou muito transparente em relação às minhas emoções / 2. Sou um bom ouvinte / 3. Demonstro que sou amigo(a) de meus amigos(as) / 4. Encorajo e animo meus amigos / 5. Sou tímido – Conceitos: *1) Quase nada / 2) Pouco / 3) Bastante / 4) Muito.*

Utilização:

Em cada grupo, cada aluno deve atribuir um conceito de 1 a 4, sobre como se percebe com relação aos itens das informações pessoais e atribuir também conceitos a cada um dos seus colegas. Discutir com o grupo como se percebe a relação com esses itens e qual a percepção que os colegas têm a seu respeito. Um debate final é muito útil para que cada aluno possa expor as identidades e diferenças entre seu auto e seu heteroconhecimento.

Nº 358	Gr. 08 – C	Inteligências Pessoais

Habilidade	Nome	Outras estimulações
Administração das emoções	Painel grupal	Empatia e autoconhecimento

Preparação:
Sala onde os alunos possam circular livremente.

Utilização:
A atividade é desenvolvida em três etapas:

1. Os alunos são divididos em cinco grupos e durante aproximadamente cinco minutos buscam uma conclusão e um consenso sobre cada um dos temas seguintes (ou eventualmente outros, de interesse do grupo, segundo orientação do professor):

1) – Para alcançar a paz é essencial... 2) – Para que exista lei e ordem é necessário... 3) – Para unir todos em torno de um mesmo objetivo é preciso... 4) – Para que toda democracia seja exercida, precisamos... 5) – Somente poderemos crescer, se...

2. Enquanto os alunos discutem, o professor passa em cada um dos grupos e atribui a cada componente uma letra do alfabeto de A até E (havendo mais que cinco alunos em algum grupo, dois terão a mesma letra). O professor desfaz os grupos originais e organiza outros, tomando por base as letras atribuídas. Nesses novos grupos, os alunos expõem as conclusões a que chegaram na primeira parte da atividade.

3. Abre-se um debate geral para se chegar às conclusões e à visão que os alunos possuem sobre os fatos discutidos.

| Nº 359 | Gr. 08 – D | Inteligências Pessoais |

Habilidade	Nome	Outras estimulações
Conhecimento grupal	Elenco sensacional	Autoconhecimento

Preparação:
Espaço onde os alunos possam ficar sentados em círculo.

Utilização:
O professor solicita o empenho de todos para indicar entre os alunos presentes os eventuais personagens para um filme que irá produzir, lembrando que deverá haver alguma identidade entre o papel e a maneira de ser do aluno. A seguir, propõe os "papéis" e deixa que o grupo sugira entre os alunos os personagens mais adequados. Apenas como exemplo, alguns dos papéis propostos poderiam ser: *uma pessoa tímida; uma pessoa falante; uma pessoa emotiva; uma pessoa que "esconda" suas emoções; uma pessoa muito religiosa, uma pessoa excêntrica, uma pessoa pessimista* e muitas outras.

Formado o elenco, o professor pode abrir uma discussão grupal, indagando a cada um como se sentiu com o papel atribuído e indagando ao grupo os fatores que o levaram a essas escolhas. Uma outra opção pode dividir os alunos em grupo e cada grupo atribui os papéis propostos a seus membros.

N° 360	Gr. 08 – B	Inteligências Pessoais

Habilidade	Nome	Outras estimulações
Autoconhecimento	Barbante	Automotivação

Preparação:
Um pedaço de barbante de cerca de 30cm de comprimento para cada aluno.

Utilização:
Cada aluno deve ser convidado a segurar o barbante com a mão direita, ligeiramente distante do corpo, e imaginar quantos nós poderia dar nesse barbante em um minuto, sem apoiá-lo ou encostá-lo no corpo. Deve, depois, imaginar quantos nós poderia dar, também em um minuto, segurando o barbante com a mão esquerda. Deve anotar sua expectativa.

Após essas anotações, o professor sugere que executem a tarefa.

Ao término da mesma deve fazer um levantamento total dos nós anotados como expectativa e o total de nós efetivamente feitos. Em geral, há uma expressiva diferença no conjunto de alunos quanto à expectativa e o número real, sempre bem mais alto. Essa diferença abre espaço para um debate sobre o autoconhecimento e sobre a tendência em minimizarmos nossas reais possibilidades.

Nº 361	Gr. 08 – C	Inteligências Pessoais

Habilidade	Nome	Outras estimulações
Empatia e relacionamento interpessoal	Emoções figurativas	Autoconhecimento

Preparação:
   Escrever em folhas de sulfite, com pincel atômico, diferentes emoções como "amor", "culpa", "raiva", "alegria", "felicidade", "frustração" e muitas outras. Fixar às costas de cada participante uma dessas folhas sem que o mesmo possa ter visto.

Utilização:
   Os alunos, com as palavras às costas, circulam por alguns minutos e, após, os integrantes do grupo tentam fazer com que cada aluno descubra a emoção que traz escrita em suas costas, através de mímica, portanto, sem qualquer comunicação verbal.
   Procede-se à garimpagem, discutindo com o grupo as conclusões e os sentimentos desenvolvidos com a experiência.

Nº 362	Gr. 08 – B	Inteligências Pessoais

Habilidade	Nome	Outras estimulações
Autoconhecimento e relacionamento pessoal	Construção	Percepção das limitações

Preparação:
   Espaço onde os alunos possam ficar sentados em círculo. Cartolina cortada em vários tamanhos e formatos. Papel sulfite, papel alumínio, tesoura, cola, grampeador e fita colante para cada dupla. Venda para os olhos e barbante para amarrar as mãos.

Utilização:
   Os alunos são divididos em duplas, onde *um representará o papel de cego* e, portanto, terá venda cobrindo os olhos e o outro *terá suas mãos atadas às costas*, com barbante. A tarefa proposta a cada dupla será a de confeccionar um recipiente para armazenar água, uma vez que é simulada a contingência de estarem como náufragos em uma ilha deserta. A dupla disporá de um tempo entre cinco e oito minutos para preparar seu recipiente. Após o mesmo, inverte-se o papel e reinicia-se a atividade.
   A experiência é interessante para acentuar o papel da cooperação e um debate sobre a transferência das ações para o cotidiano pode enriquecer o sentimento de solidariedade.

| Nº 363 | Gr. 08 – D | Inteligências Pessoais |

Habilidade	Nome	Outras estimulações
Descoberta das emoções no outro	Papéis complementares	Autoconhecimento

Preparação:

Espaço onde os alunos possam ficar sentados em círculo. Papel e lápis para todos os participantes.

Utilização:

O professor deverá escrever em tiras de papel o nome de um profissional e, em outra tira de papel, seu complemento ou o nome de um personagem social e sua complementação, como por exemplo: policial x delinquente / mãe x filho / juiz x réu / professor x aluno / médico x paciente e outros. Preparará tantas tiras de papel quantas duplas de alunos formar. Em caso de turmas numerosas, organizar grupos de ação e outros de observação e, posteriormente, inverter os papéis. Os alunos apanham uma tira de papel sem identificar previamente seu conteúdo. Através de mímica, cada integrante deverá dramatizar o papel sorteado e, após, procurar seu complemento, formando duplas. Após as identificações é possível que as duplas criem uma cena para que todo grupo possa identificá-los.

Concluída essa atividade, proceder à discussão dos elementos emocionais projetados.

Nº 364	Gr. 08 – E	Inteligências Pessoais
Habilidade Comunicação interpessoal	**Nome** Bola imaginária	**Outras estimulações** Autoconhecimento

Preparação:

Espaço onde os alunos possam ficar sentados em círculo.

Utilização:

Os alunos são dispostos em círculo, de pé. Seguindo a orientação do professor, cada um deverá imaginar que tem em mãos uma bola. Ao comando do professor, essa bola mudará de tamanho e de cor, passando a ser uma bola de tênis, de basquete, de futebol, de isopor, de chumbo, bolas grandes e pequenas e cada aluno através da mímica simulará estar brincando com a mesma.

Após um tempo, todas as bolas desaparecem, e passa a existir, simbolicamente, apenas uma, para ser jogada por todos os participantes, repetindo-se os comandos do professor.

Desenvolver em um círculo a análise da experiência e a "garimpagem" da transferência da mesma com a administração dos sentimentos de ética e de solidariedade.

| Nº 365 | Gr. 08 – E | Inteligências Pessoais |

Habilidade	Nome	Outras estimulações
Empatia	Confronto	Autoconhecimento

Preparação:
Papel sulfite e lápis para todos os participantes. Espaço para que os alunos possam ficar sentados em círculo.

Utilização:
A uma determinação do professor, cada aluno deverá dizer ao colega à sua direita o que mais aprecia no mesmo. O ouvinte não deve fazer qualquer comentário, e proceder da mesma forma com seu colega sempre à direita. Concluída essa etapa repete-se o mesmo processo no sentido inverso, ou seja, para o colega da esquerda, até que todos se expressem. Concluída essa etapa, reinicia-se o ciclo, mas desta vez cada um diz algo que não gosta em seu colega.

O professor abre um círculo de debates para que cada um possa apresentar uma autoanálise, expressando o que concorda e o que não concorda sobre os pontos positivos e negativos que ouviu.

| Nº 366 | Gr. 08 – C | Inteligências Pessoais |

Habilidade	Nome	Outras estimulações
Administração de emoções	Emoções à venda	Empatia

Preparação:
Espaço onde os alunos possam ficar sentados em círculo. Lápis e papel para cada aluno.

Utilização:
Cada aluno deve escrever em uma folha de sulfite, sem se identificar, um anúncio com até trinta palavras onde expõe suas qualidades e defeitos, destacando as razões pelas quais alguém poderia se interessar em sua "compra". Esses anúncios são colocados ao centro do círculo e os papéis são retirados com uma leitura em voz alta e a tentativa de identificação sobre o autor desse anúncio. Eventualmente, esses anúncios podem trazer desenhos ou outras formas de comunicação pictórica.

Após algumas tentativas abrir uma discussão com o grupo sobre como cada um se identifica e qual a impressão que desperta em seus colegas.

| Nº 367 | Gr. 08 – E | Inteligências Pessoais |

Habilidade	Nome	Outras estimulações
Comunicação interpessoal	Bazar de trocas	Autoconhecimento

Preparação:
Espaço onde os alunos possam ficar sentados em círculo.

Utilização:
O professor monta um bazar imaginário, onde existem emoções e sentimentos colocados à venda, mas que somente podem ser obtidos através de trocas. Essas emoções e/ou sentimentos (por exemplo: amor, ódio, ternura, carinho, alegria, compreensão, segurança, honestidade etc.) podem estar escritos em folhas de papel em pequena quantidade e oferecendo em troca o que possuem em quantidade maior.

Um círculo de debates onde se explora o aprofundamento das relações e do autoconhecimento encerra a atividade.

| Nº 368 | Gr. 08 – E | Inteligências Pessoais |

Habilidade	Nome	Outras estimulações
Comunicação interpessoal	Quem falou?	Autoconhecimento

Preparação:
Espaço onde os alunos possam ficar sentados em círculo.

Utilização:
Com todos os alunos formando um grande círculo, o professor sorteia um que deve, por alguns instantes, retirar-se da sala. A seguir três ou quatro alunos devem apresentar frases verdadeiras e positivas a respeito do colega ausente. Essas frases podem ser anotadas na lousa.

O aluno é convidado a voltar, ler o que se encontra na lousa e tentar identificar os depoentes. Acertando ou não, estes não devem ser revelados. Outro aluno é escolhido para sair da sala e assim por diante.

Um círculo de debates finaliza o jogo, colhendo-se a impressão dos presentes e a construção de elementos caracterizadores do auto e heteroconhecimento.

Conclusão

Em minha vida de professor convivi com colegas geniais, que desenvolviam jogos operatórios com maestria e paixão. Como aluno, se bem me lembro, alguns professores deixaram marcas significativas, ainda que na escola de seu tempo não houvessem espaços para jogar. Mas, sem dúvida, meu professor inesquecível, meu grande mestre de jogos, foi meu pai. Lembro-me dele, sentado nos fundos da cozinha, falando dos livros que havia lido. Poucos, é verdade, mas saboreados em cada linha, interpretados em cada pensamento, transformados em estímulos em cada lição. Impossível esquecer seu amor pela mulher, sua incomparável Zezé, pelos filhos, pela natureza e pelo silêncio; pelos inúmeros jogos da vida. Não esquecerei jamais sua integridade e doçura. Deixou imensa saudade, mas jamais foi embora. Está atualizado e revisto nos netos que tão pouco conheceu. No Luli, com seus jogos frenéticos, e no Ceri, com seus jogos serenos. Também na Lúcia, na Regina e na Márcia. Escrevo livros interpretando seus sonhos e dedico-os a todos que, como ele, são imensos sonhadores, artífices dos jogos que educam e constroem.

Celso Antunes

Referências

AGUIAR, J. Serapião de. *Jogos para o ensino de conceitos*. Campinas: Papirus, 1998.

ALMEIDA, P.N. *Educação lúdica*. São Paulo: Edições Loyola, 1987.

ANDRADE, Cyrce Junqueira de, et al. *Educação infantil*: muitos olhares. São Paulo: Cortez, 1994.

ANTUNES, Celso. *Marinheiros e professores*. Petrópolis: Vozes, 1997.

_____. *Alfabetização emocional*. São Paulo: Terra, 1996.

_____. *Manual de técnicas de dinâmica de grupo, de sensibilização, de ludopedagogia*. Petrópolis: Vozes, 1987.

_____. *As inteligências múltiplas e seus estímulos*. Campinas: Papirus, s.d.

AZEVEDO, M.V.R. *Jogando e construindo matemática*. São Paulo: Unidas, 1993.

BOMTEMPO, Edda. Brinquedoteca: o espaço de brincar. In: FRANÇA, Gisela, W. et al. *O cotidiano da pré-escola*. Série Ideias, 7. São Paulo: FDE, 1990.

BALDWIN, A.L. *Teorias de desenvolvimento da criança*. São Paulo: Livraria Pioneira, 1973.

BRUNER, J.S. *Uma nova teoria da aprendizagem*. Rio de Janeiro: Bloch Editores, 1969.

CRATTY, B.F. *A inteligência pelo movimento*. São Paulo: Difel, 1975.

CUNHA, Nilse Helena Silva. *Brinquedoteca*: um mergulho no brincar. São Paulo: Maltese, 1994.

_____. Brinquedoteca: definição, histórico no Brasil e no mundo. In: FRIEDMANN, Adriana et al. *O direito de brincar*: a brinquedoteca. São Paulo: Scritta, 1992.

_____. *Brinquedo, desafio e descoberta*: subsídios para utilização e confecção de brinquedos. Rio de Janeiro: FAE, 1988.

_____. *Material pedagógico* – Manual de utilização. Vols. I e II. Ministério da Educação e Cultura. Convênio MEC/Cenesp/Apae de São Paulo: São Paulo, 1981.

FRIEDMANN, Adriana. Jogos tradicionais. In: FRANÇA, Gisela, W. et al. *O cotidiano da pré-escola.* Série Ideias, 7, São Paulo: FDE, 1990.

FRIEDMANN, Adriana et al. *O direito de brincar:* a brinquedoteca. São Paulo: Página Aberta, 1992.

FREIRE, Paulo. *Pedagogia da autonomia:* Saberes necessários à prática educativa. São Paulo: Paz e Terra, 1997.

GARDNER, Howard. *Inteligências múltiplas* – A teoria na prática. Porto Alegre: Artes Médicas, 1996.

_____. *A criança e o pré-escolar* – Como pensa e como a escola pode ensiná-la. Porto Alegre: Artes Médicas, 1995.

_____. *Estruturas da mente* – A teoria das inteligências múltiplas. Porto Alegre: Artes Médicas, 1995.

GOLEMAN, Daniel. *Inteligência emocional.* São Paulo: Objetiva, 1996.

GOTTMAN, John & DeCLAIRE, Joan. *Inteligência emocional e a arte de educar nossos filhos.* São Paulo: Objetiva, 1997.

GRANATO, M.A.G. et al. *El juego en proceso de aprendizage.* Buenos Aires: Humanitas, 1992.

GUISELINI, J.P. *Educação física na pré-escola.* Belo Horizonte: Imprensa Universitária, 1983.

HUIZINGA, Johan. *Homo ludens.* Madri: Alianza/Emecé, 1984.

JACQUIN, G. *A educação pelo jogo.* São Paulo: Livraria Editora Flamboyant, 1963.

KHISHIMOTO, Tizuco Morchida. *O jogo e a educação infantil.* São Paulo: Pioneira, 1994.

LÉVY, Pierre. *As tecnologias da inteligência:* O futuro do pensamento na era da informática. Rio de Janeiro: Editora 34, 1993.

LOUGHLIN, Alfredo J. *Recreodinámica del adolescente.* Buenos Aires: Libraria del Colégio, 1971.

MACHADO, Nílson José. *Epistemologia e didática.* 2. ed. São Paulo: Cortez, 1996.

MARCELINO, N.C. *Pedagogia da animação.* Campinas: Papirus, 1990.

MIRANDA, Nicanor. *200 jogos infantis.* Belo Horizonte: Itatiaia, 1984.

MÜTSCHELE, M.S. & GONSALES FILHO, J. *Oficinas pedagógicas* (Volumes I e II). São Paulo: Loyola, 1996.

OLIVEIRA, Marta Kohl de. *Vygotsky*. São Paulo: Scipione, 1993.

PAPALIA, Diane E. & OLDS, Sally W. *O mundo da criança* – Da infância à adolescência. 2. ed. São Paulo: Makron Books, 1998.

PIAGET, Jean. *Formação do símbolo na criança*. Rio de Janeiro: Zahar, 1971.

_____. *Nascimento da inteligência*. Rio de Janeiro: Zahar, 1971.

_____. *Psicologia e pedagogia*. São Paulo: Companhia Editora Forense, 1970.

RIZZI, Leonor & HAYDT, Regina Célia. *Atividades lúdicas na educação da criança*. 2. ed. São Paulo: Ática, 1987.

RODRIGUES, Marlene. *Psicologia educacional*: uma crônica do desenvolvimento infantil. São Paulo: McGraw-Hill, 1976.

RONCA, Antônio Carlos Caruso & ESCOBAR, Virgínia Ferreira. *Técnicas pedagógicas* – Domesticação ou desafio à participação. Petrópolis: Vozes, 1982.

RÓMAN, José Maria; MUSITU OCHOA, Gonçalo; PASTOR, Estanislao et al. *Métodos activos para ensenanzas medias y universitarias*. Buenos Aires: Cincel/Kapeluzs, 1980.

SACKS, Oliver. *Um antropólogo em Marte*. São Paulo: Companhia das Letras, 1995.

_____. *O homem que confundiu sua mulher com um chapéu*. São Paulo: Companhia das Letras, 1994.

SANTOS, Marli Pires dos. *Brinquedoteca*: Sucata vira brinquedo. Porto Alegre: Artes Médicas, 1995.

TERZI, Cleide do Amaral & RONCA, Paulo Afonso Caruso. *A aula operatória e a construção do conhecimento*. São Paulo: Edesplan, 1995.

VYGOTSKY, L.S. & LURIA, A.R. *Estudo sobre a história do comportamento*: o macaco, o primitivo, a criança. Porto Alegre: Artes Médicas, 1996.

MODELOS PARA RECORTE

DOMINÓS

(Para recortar e montar – Colar em cartolina e, eventualmente, plastificar.)

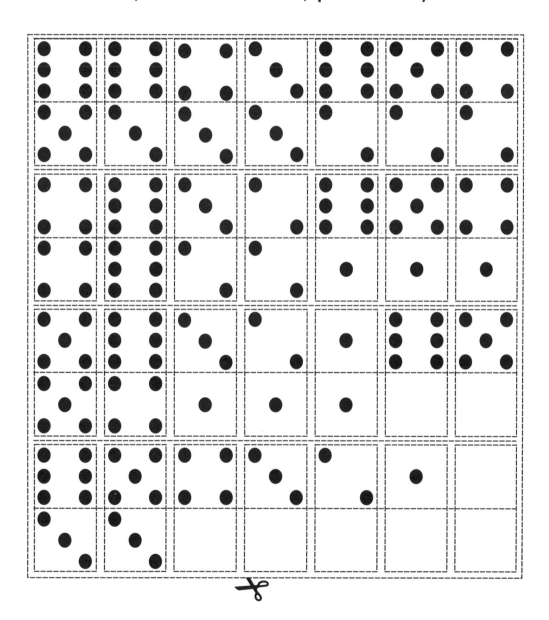

HEXÁGONO (para recortar e montar)

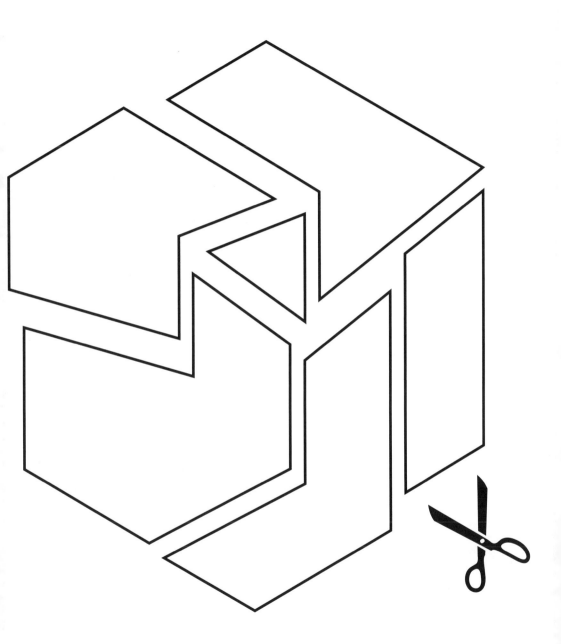

(Jogo 128 – Raciocínio lógico)

TANGRAN (CHI-CHAE PAN)

(Para recortar e montar)

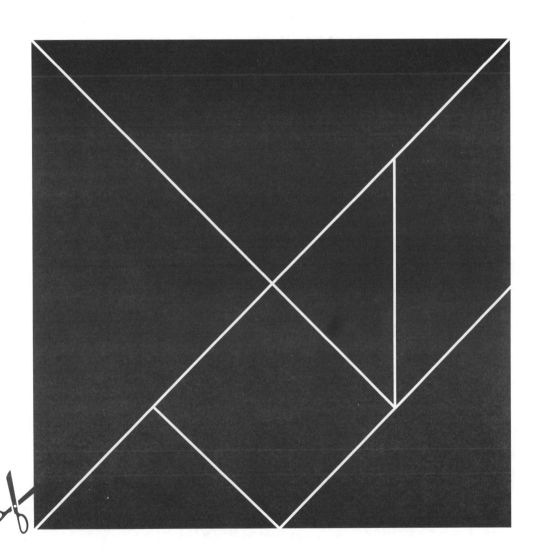

PEÇAS MONTADAS COM TANGRAN

DADOS

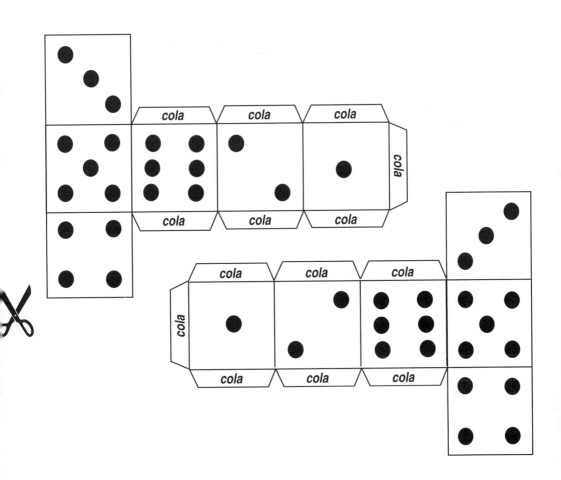

Conecte-se conosco:

f facebook.com/editoravozes

@editoravozes

X @editora_vozes

youtube.com/editoravozes

+55 24 2233-9033

www.vozes.com.br

Conheça nossas lojas:

www.livrariavozes.com.br

Belo Horizonte – Brasília – Campinas – Cuiabá – Curitiba
Fortaleza – Juiz de Fora – Petrópolis – Recife – São Paulo

EDITORA VOZES LTDA.
Rua Frei Luís, 100 – Centro – Cep 25689-900 – Petrópolis, RJ
Tel.: (24) 2233-9000 – E-mail: vendas@vozes.com.br